福建城池考——漳州

楼建龙 著

海峡出版发行集团
THE STRAITS PUBLISHING & DISTRIBUTING GROUP
福建人民出版社

图书在版编目(CIP)数据

福建城池考. 漳州 / 楼建龙著. --福州:福建人民出版社,2022.12(2024.11 重印)

ISBN 978-7-211-09034-1

Ⅰ. ①福… Ⅱ. ①楼… Ⅲ. ①古城遗址(考古)—研究—福建 Ⅳ. ①K878.34

中国版本图书馆 CIP 数据核字(2022)第 253197 号

福建城池考——漳州

FUJIAN CHENGCHI KAO——ZHANGZHOU

作　　者: 楼建龙
责任编辑: 何水儿
美术编辑: 林　玲
责任校对: 李雪莹
出版发行: 福建人民出版社　　电　　话: 0591-87533169(发行部)
地　　址: 福州市东水路 76 号　　邮　　编: 350001
网　　址: http://www.fjpph.com　　电子邮箱: fjpph7211@126.com
经　　销: 福建新华发行(集团)有限责任公司
印　　刷: 福州德安彩色印刷有限公司
地　　址: 福州市金山浦上工业区 B 区 42 幢
开　　本: 787 毫米×1092 毫米　1/16
印　　张: 15.75
字　　数: 233 千字
版　　次: 2022 年 12 月第 1 版　　2024 年 11 月第 2 次印刷
书　　号: ISBN 978-7-211-09034-1
定　　价: 98.00 元

本书如有印装质量问题,影响阅读,请直接向承印厂调换。

Contents
目录

概 述

今天的漳州，地处北纬 23°34′ ～ 25°15′、东经 116°54′ ～ 118°08′ 之间，行政区划内陆域面积 1.26 万平方千米、海域面积 1.86 万平方千米。漳州属福建最南部，东西介于台湾海峡与博平岭山脉之间，地貌上属于闽南山地—丘陵—沿海平原地带。全境地势西北高、东南低，最大河流九龙江，为福建第二大河，干流总长 258 千米，流域面积 1.47 万平方千米，分为北溪和西溪两大支流；九龙江下游的漳州平原是福建最大的平原，面积 567 平方千米。在九龙江以南，还有鹿溪、漳江、东溪等河流，由西北向东南各自独流入海。

历史上的漳州，呈现缓慢扩张的过程，管辖范围远远大于现在的行政区域。因为地处闽粤交界，且东西两侧地形地貌差异明显，漳州自唐垂拱二年（686 年）建州起，所辖区域及上下隶属关系等都有着明显的变化。初期的漳州仅下辖梁山南北两侧的怀恩、漳浦二县；开元二十九年（741 年），撤怀恩入漳浦，并增加原属于泉州的龙溪县入属，使漳州北界扩至九龙江南岸；唐大历十二年（777 年），原属于汀州的龙岩县改属漳州，漳州府辖西北扩至九龙江北溪上游之龙岩新罗、漳平等地；宋太平兴国五年（980 年），地处九龙江北溪下游之北侧支流龙津溪流域的长泰县从泉州归入漳州，使漳州版图开始涵盖九龙江全域及其南侧至分水关之间的广大地区。这一行政区域稳定延续了700多年，至清雍正十二年（1734年），龙岩及漳平、宁洋等县才从漳州析出，独立建制为龙岩州。因为龙岩州在历史上长期属于漳州，故本书所指之“漳州城池”，亦包括现在龙岩市的新罗、漳平等在内。

漳州是典型的南方之地，素称“花香故里”，北纬25°线从府治北侧横穿而过。就气温而言，25℃是“常温”的代名词，当气温计指向25℃时，室内温度最适宜人类居住；就纬度而言，25°处于回归带上（南北纬15°～35°之间），在这一带状区间内的自然景观自西向东呈现着不同风貌，因而漳州地界满目绿野，气候湿润，植被繁茂，孕育着世间的万千生灵；就人类活动而言，倾斜25°的建筑能争取良好的日照条件，避免西晒，使日照均衡。由此，漳州孕育出了福建较早的史前文化。

境内最早的人类活动记载是古史传说中的太武夫人。可靠的考古资料显示，漳州古人类的活动史迹可以追溯至40万年前的莲花池山旧石器时代遗址。经历着海洋文明与陆地文明的长期、持续碰撞，度过了相对独立而又漫长且“波澜不惊”的土著族群自我发展阶段后，距今4000年左右的漳州地区发展出具有鲜明地方特色的“浮滨文化”，产生了极有可能就是《周礼》所记“七闽”中位置最南的古闽族。战国后期，漳州之地属于闽越与南越的往来相争之地。汉武帝翦灭闽越后，尽徙其民，“东越地遂虚”，遗留之民复入山林，人称“山越”。魏晋时期中原移民入闽，汉人沿着闽江干流由西北而东南，再沿闽江南岸支流溯溪而上，跨越闽中大山，进抵晋江、九龙江上游区域。漳州境内的土著受迫于移民的强大势力，渐次退往山区，于博平岭山脉及周边九龙江、漳江、潮江（汀江）沿线与移民势力对峙。直到大唐王朝的陈政、陈元光父子先后受命，统领府兵与广东方向的军队南北进逼，最终将强悍的土著之民分而化之，纳入官府管辖，漳州之地才进入大一统的发展时期。

“土著与客族”“本土与外来”势力的长期纷争，使漳州的各个历史阶段深深地折射出军事征服与管理教化的烙印。这一历史进程在实物方面的最大遗存，就是长期延续并且广泛分布的以各类大小城池为代表的防御设施及所属建筑群。

城池，是指外围修筑有城墙或壕沟等防护设施的聚落与城邑。“城”主要指城墙及城门楼等地面建筑物，“池”是沿着城墙周边挖掘的护城壕及沟渠等构筑物。就构筑物而言，有水者称“池”，无水者叫“隍”；同理，有水之沟曰“濠”，无水之沟作“壕”。“城”与“池”合而并称，在空间范围上涵盖了以城、濠圈护的聚落或城邑的内部以及外部相邻地界上的建筑与设施；“城”与“隍”合而并称，就成了整座城邑的神权象征。由此，某地城池不只是府县城，还包括辖区内用城墙或濠堑围筑的卫城、所城以及各类巡检司城、汛城和大型民间寨堡、土楼等；城池也不仅仅是那些起着围合作用的高矮城墙，还包括城墙内外的各类防御设施、街坊里巷、公共建筑以及景观标志，是区域范围内最具故事和内涵的人文综合体。

漳州境内的上古城池，文献记载中最早的是西汉初年闽越王与南越王在相持阶段修筑于梁山的盘陀城。近年的考古材料，新增了位于九龙江入海口的许林头汉代烽燧遗址等。7 世纪中叶，唐朝军队强势介入并击破土著或“蛮獠”武装、平定地方时，沿着九龙江之柳营江段掘濠插柳为营，可以视为中古时期有确切记载的漳州城池的开始；随后，漳州地区进入“置州、开府、立县”的王朝教化进程。根据城池的形制变化，漳州的历代城池可以分为 4 个发展阶段，即起源期、肇建期、拓展期、繁盛期，分别对应着漳州历史上的汉晋、唐五代、宋元、明清等历史时期。

初期的漳州城池较为简陋，随着人口增加与社会管理的需要，漳州府城在进入北宋后，始“筑土为子城”，建有城墙的城池数量日益增多，逐渐蔓延至辖下各地，形成严密的防御体系。漳州地处福建最南方的山海接合部，与广东交界，又有着漫长的海岸线，建州之后始终面临着严峻的“守土卫民”职责。在漫长的历史进程中，漳州的大小城池经历着频繁的重建与修复，规模不断扩大，面貌也适时更新，其中最典型的就是有着突出防御功能且数量巨大的土堡和土楼。土堡和土楼是城池形制的“见微而知著”者，也是当地社会矛盾长期激化、各类建筑与防御需求日趋结合

柳营江（引自清光绪版《漳州府志》）

后，在城池营造方面的新生事物。

官方的大小城池与遍布乡间的土堡、寨堡、土楼一起，占据着漳州的各处城镇要津、交通枢纽和乡间聚落，不仅用于“教化斯民”，同时捍外御内，挽地方上下于狂澜而不倒，为漳州经济繁荣与社会发展起着至关重要的“保驾护航”作用。

第一章　拓土与固疆

无论地理意义还是行政隶属，“漳州”这一建制都是到了唐代才真正开始。更早以前的漳州区域，人称“闽之极南”，也就是福建的最南部。按地理上的区域划分，唐代以前的福建南部，主要指福建第二大河即九龙江之全域，涵盖现在的漳州市所属以及龙岩市的新罗、漳平等地，以及九龙江以南至闽粤分水关之间的大小河流。

漳州有着悠久的土著文化，但是以城池为代表的早期文明，主要源自外来文化的影响。中国城池按照形态结构和功能布局的演变，一般以东汉末、五代末为界，划分成上古、中古、近古 3 个大的历史时期。上古时期，从仰韶晚期到东汉末年，约公元前 3000 年至公元 220 年，这一时期的城池较小，以保卫城市管理者为主；中古时期是成长期，从三国至五代十国，公元 220 年至 960 年，其时代特征是官民兼顾，城区轴线清晰，功能分区明显；近古时期，指北宋至清代，公元 960 年至 1911 年，这一时期城池扩大，商业及商品贸易兴起，坊巷互通，官署宫庙与民居等不再严格分区设置。福建地区目前证据确凿的上古时期城池，主要是闽江上游的武夷山城村汉城遗址，在历史年代上属于战国中期至西汉中期；漳州地区最早城池的出现时间与之相仿，也可以追溯到“百越杂处”这一时期。

特殊的地理位置，导致漳州土著与外来各方势力处于长期的尖锐冲突状态，而具有完善防御性能的城池一经“引进”，就在漳州地区“生根发芽”，并“茁壮成长”。参照上述中国古代城池发展的演变分期，可以将漳州的城池发展史区分为起源、肇建、拓展、繁盛 4 个时期，其时间段的划分与上古、中古、近古前段、近古后段大致匹配。

起源期，史前至东汉末年，是漳州早期闽文化与闽越文化的形成时期，大型防御性建筑开始出现，代表着地方土著居民之间的争斗加剧。

肇建期，三国两晋至五代十国，为城池这一建筑形式在漳州的形成时期，城池形态从原始转向成熟，代表着中央军事力量对地方社会管理的强势介入。

拓展期，宋元时期，为漳州各地城池数量增加、规制完备阶段，也是王朝教化思想普及、社区秩序体系逐步走向完善的时期。

繁盛期，明清时期，各类大小城池数量剧增，严峻的山海防御形势导致社会矛盾激化，地方及家族防御势力壮大并崛起。

总体而言，漳州地区的城池营造历史相对短暂。文献以及考古发现的资料能够确证的早期防御建筑，只有唐朝垂拱（685—688）建州之前，九龙江南岸至梁山盘陀岭之间的闽越国或南越国至汉代的堡垒；建州之后，漳州城池经历了早期发展缓慢、中期中规中矩、晚期勃然而兴的过程，恰好与其主要历史阶段的社会面貌息息相关。

一、九龙江畔

城池作为社会文明发展到较高阶段的综合体现，往往有着自身成长成熟的过程。这一进程对于山海之间的福建南部地区而言，显得更为漫长。

随着近 30 年来福建全境考古工作的持续开展，已经获得的证据显示，漳州恰恰是福建境内人类最早进化的区域，随后的文化发展虽有缺环，但其阶段式的进步却极具地方特色。漳州境内各地史前聚落的形成与发展并不均衡，契合并反映着山海之间的这片土地从远古孕育文化的时期进而步入文明的曲折进程。

1. 远古传太武

在漳州市龙海区港尾镇东南约 10 千米处，有一座山峰虎踞于烟波浩渺的东南海滨，以其姿态雄伟，被称为南太武山。

南太武山海拔 560 米，与金门的北太武是“姐妹山”。其东北濒临大海，与厦门、金门鼎立相望；西北紧靠平原，一水清流，列峰秀出，绿野无垠。明万历《漳州府志》卷 33 载：“太武山……《图经》云山上有太武夫人坛。前记谓：闽中未有生人时，夫人拓土以居，因以名山。”太武夫人的传说，反映的正是闽南地区远古时期的母系氏族社会。

从人类发展史看，旧石器时代是人类发展的最初阶段，因以石器为主要劳动工具而得名。旧石器时代与地质时代更新世的开始时间大致相当，约为距今 258 万年。考古学家通常将漫长的旧石器时代划分为早、中、晚期：早期距今约 258 万年到 12.4 万年，地质时代相当于早、中更新世；中期距今 12.4 万年到 5 万年，相当于晚更新世早期；晚期距今 5 万年到 1.1 万

南太武山（引自清光绪版《漳州府志》）

年，与晚更新世晚期大体相当。福建旧石器时代考古工作起步较晚，1987年初文物工作者在东山县调查时，从当地渔民手中收集到一批更新世哺乳动物化石和一件“东山人”的右侧肱骨残段，从而揭开了福建旧石器时代考古的序幕。

漳州地区旧石器时代以降的史前考古工作却相对较早，可以追溯至20世纪30年代。厦门大学人类学系林惠祥教授对漳州沿海地区进行多次考察，发现了一些新石器时代及商周时期的遗址。1957年春和1958年夏，福建省博物馆考古队在漳州地区开展工作，再次发现多处史前遗址。至1986年冬，经过第二次文物普查，漳州地区登记在册的古文化遗址和地点达到了274处。1989年，漳州文物工作者又在漳州市区北郊发现了100多处小石器地点，采集到1400多件燧石打制的小石制品。这些石制品具有与其他同时期遗址或地点石制品不同的特征，考古学家因此将晚更新世晚期至全新世早期漳州地区的史前文化命名为“漳州文化”。[1]“漳州文化”是小石器传统在东南沿海的延续，但某些石核和石片遗留的痕迹又反映了细石器文化传统的影响。“漳州文化”的发现，为东南沿海地区新、旧石器时代文化遗物和地层关系的研究提供了新的资料，在我国的史前考古学研究上有着重要意义。

以打制细小石器为特征的“漳州文化”，在南靖、华安、漳浦、平和、龙海、东山、云霄、长泰、诏安等晚更新世晚期至全新世早期的红黄色砂质土层中均有发现。考古学家尤玉柱由此认为，第一批早期智人进入福建境内可能有3条路线：其一从浙江沿海进入闽东北；其二由江西沿较大的河谷或山谷入闽北、闽西，再沿江延伸至闽中、闽东；其三从岭南向东，进入闽南，并发展出具有地方色彩的“漳州文化”。

随后，福建博物院与漳州市文物管理委员会办公室联合组成考古工作队，于1990年、2005年冬至2007年春对漳州北郊莲花池山遗址进行了两次考古发掘。国家文物局专家组认定：莲花池山遗址至少含有3个明确的

(1) 尤玉柱主编：《漳州史前文化》，福建人民出版社1991年版，第28页。

文化层，其中，下文化层出自带菌丝状黄斑的网纹红土中。经与我国华南地区地层序列以及有关测试年代比较，网纹红土的文化层年代有可能大于40万年。[①]

新、旧石器时代的区分，主要以当时人类所能熟练掌握的石器制作方式来界定。旧石器时代向新石器时代的进化，是一个漫长而又复杂的过程。除了石器制作工艺从以打制为主转向以磨制为主的区分之外，进入新石器时代的标志还有陶器和农业或家畜饲养业的出现，社会形态也因此发生了巨大变化。研究表明，在早期中国，华南地区在公元前18000至前9000年间率先进入新石器时代早期，而长江以北包括中原、华北、东北等地，要迟至公元前9000至前7000年间才有了相似的文明。

福建已知最早的新石器时代遗址，当属龙岩漳平的奇和洞遗址。奇和洞的史前文化处于旧、新石器时代之间，其堆积可以分为3期：最早一期的文化遗存距今15000—13000年，只见打制石器，磨制技术有少量的应用，相当于旧石器时代向新石器时代的过渡时期；第二期遗存距今12000—10000年，已经使用较多低火候的夹砂粗陶，有一些器形较为简单的磨制石器，相当于新石器时代的早期；第三期遗存距今10000—7000年，属于新石器时代的中期，已经有了夹砂陶和泥质陶的区分，以及多种纹饰的出现。

奇和洞遗址的发现，标志着福建南部地区早在公元前1万年左右就跨入了新石器时代。但是相对于闽江流域，闽南地区发现的新石器时代遗址数量较少，仅东山大帽山、诏安腊州山、芗城覆船山、龙海万宝山、漳浦香山遗址等，年代在距今6000—4000年间。

以东山大帽山遗址为例，其所在的东山岛是福建的第二大岛，位于东海与南海的分界处，东濒台湾海峡，西临诏安湾。遗址所在的大帽山是主岛的第二高峰，于2002年和2005年进行了两次考古发掘，出土各类石、陶、玉、骨器等。经过对采集到的两种海贝进行测定，遗址年代在距今

---

① 福建博物院编著：《莲花池山遗址——福建漳州旧石器遗址发掘报告（1990—2007）》，科学出版社2013年版，第8页。

5000—4300 年间。考古分析认为，大帽山的陶器应该是本地制造，与澎湖群岛锁港遗址出土的陶器基本相同。同时，产地研究证实，大帽山遗址出土的石锛也与澎湖有着密切关系。由此可见，在距今 4000 年前，福建南部沿海地区的居民已经发展出成熟的航海技术，可以经常性地往返于海峡两岸，从而使闽南地区与台湾岛和澎湖群岛之间形成同一个文化区。①

2. 东南起浮滨

在距今 4000 年左右，福建进入了青铜时代。从时间上看，福建地区的青铜时代可以分为早、晚两期。早期距今 4000—3000 年，相当于中原的夏、商和西周早期；晚期距今 3000—2200 年，相当于中原的西周中晚期和春秋战国时期。福建发现的青铜时代文化遗址已有数千处，大大超过新石器时代的遗址数量，且全省各地均有分布。漳州地区的发现主要是浮滨文化。

浮滨文化是分布于闽南和粤东地区的青铜时代早期文化，因发现于广东省饶平县浮滨遗址而命名。浮滨文化在广东的榕江、韩江以及福建的九龙江、晋江 4 个流域都有广泛分布，其中漳州地区的浮滨文化遗址据初步调查已有 300 多处。李伯谦在《我国南方几何形印纹陶遗存的分区、分期及其有关问题》中，把我国南方地区几何形印纹陶划分成 7 个区，其中“粤东闽南区”作为一个文化整体，得到大部分学者的认同。

浮滨文化以长颈大口尊、圈足豆、带流壶、釉陶器、直内无栏石戈、三角形石矛、凹刃石锛组合为特征，拥有少量的青铜兵器、青铜生产工具，并使用刻画于陶器上的简单文字。浮滨文化因为带有若干黄河流域商文化的色彩而引起考古学界的关注，来源于中原的石璋、玉质牙璋等是众所周知的商文化中的重要礼器和祭祀中的宗教神器，也是浮滨文化的重要断代器物。在普宁下架山镇牛伯公山遗址，通过地层采样测定了一批标本的碳 -14 年代数据，6 个标本的年代范围在距今 3390—2870 年，证实粤东地区浮滨文化的年代大约处在商代中晚期至西周前期。

① 焦天龙、范雪春：《福建与南岛语族》，科学出版社 2020 年版，第 125 页。

按《尚书·夏书·禹贡》的记载，夏朝之时天下共分九州，分别为冀州、兖州、青州、徐州、扬州、荆州、豫州、梁州、雍州，闽南位属“扬州之南”。至周代，《周礼·夏官·职方氏》有记：“职方氏，掌天下之图，以掌天下之地，辨其邦国、都鄙、四夷、八蛮、七闽、九貉、五戎、六狄之人民。”其中的“七闽”地域甚广，包括今天的福建全部、广东东部潮梅一带，以及浙江旧温、台、处三府属地，当然也包括闽南的早期先民在内。“七闽”正是中原人在向东南方向开拓过程中获得的对闽地先民的认知。在浮滨文化出现后，中原文化与闽粤土著文化的融合进程就被大大地加快了。

关于浮滨文化的性质、来源，尚存在多种不同的看法。浮滨文化在铜器、陶器、石器以及埋葬习俗上与商周文化有着千丝万缕的联系，而在凹石、印纹陶、条纹褐釉灰硬陶系、有段铜锛等方面则反映出浮滨人所具有的土著特征。商周之际，为了掠夺南方的铜矿、食盐和作为流通货币的南海贝壳，中原王朝开始向长江以南及闽粤地区扩张。经济的开发、财富的掠夺，同时也带来文化的交流。中原文化以江西清江吴城为基地，溯赣江而上，经汀江而影响漳、潮。这支商文化一方面兼容了本地的土著文化，另一方面也接受土著文化的影响而发生变异，产生了粤东和闽南境内不同于诸越文化的浮滨文化。

福建南部地区发现的浮滨文化遗址，主要有 1986 年发现、1988 年进行抢救性考古发掘的云霄墓林山遗址，2001 年发掘的漳州市东北郊虎林山遗址、漳州市西郊松柏山遗址，2002—2003 年发掘的南靖县鸟仑尾、狗头山遗址，以及 2008 年发掘的云霄刺仔尾山遗址等。在虎林山遗址中发现的礼器石璋、装饰器玉玦、石玦、石钏，以及大量石器、陶器，充实了浮滨文化的内涵；而青铜戈、矛、铃与凹弧刃石锛、长颈尊、釉陶壶、圈足豆共存的现象，可以作为浮滨文化进入青铜时代的主要证据，也把福建青铜文化的历史由西周提前至商代晚期；同时，发现了较多的人形刻画符号，可与华安汰溪仙字潭石刻相印证。虎林山遗址的年代可以分为三期，分别为新石器时代晚期至夏商之际、商代晚期偏早或中期偏晚（距今约 3250 年）、商代晚期（距今 3200—3000 年）。

云霄刺仔尾山遗址

3. 汰溪镌岩画

“漳州文化”与“浮滨文化”作为漳州远古及夏商周时期先民智慧的代表，其实早在唐代即已负盛名，那就是九龙江畔华安仙字潭的岩画。

岩画是刻画在洞穴壁上或山崖峭壁、孤石上的图画，是先民记录在岩石上的形象史书。我国的岩画分布地域十分广阔，东北起于黄海之滨，西达昆仑山，北抵黑龙江，南至广西左江，东南止于台湾屏东以及福建漳州华安。

华安仙字潭岩画位于九龙江北溪支流汰溪北岸，隶属于华安县沙建镇苦田村。在距离水面 2 米以上大约 200 平方米的峭壁上，凿刻着许多风格基本一致、技法大致相似的画纹，似字非字，似画却具有相当程度的抽象性，千年莫辨，故有称之为“仙字”“仙书”“仙篆”者。宋《太平广记》引唐代张读所撰之《宣室志》云：“泉州之南有山焉，其山峻起壁立，下有潭，水深不可测，周十余亩……石壁之上有凿成文字一十九言，字势甚古，郡中士庶无能知者。”明代何乔远著《闽书》，也对仙字潭岩画进行了记述。

自唐至明清，仙字潭岩画一直被当地文人学士所注意。“唐宋八大家”之一的韩愈曾被贬潮州，“有客于泉者，能传其字，持至东洛”，请韩愈辨认，韩愈“见而识之”，但只辨其文而不辨其义。近代，岭南大学黄仲琴教授于1915年深入荆棘丛生的仙字潭做实地调查，发表了《汰溪古文》，就岩画的位置、形态、结构等第一次做了科学描述。1960年以后，仙字潭岩画逐渐引起学术界的重视，多位学者先后发表论文，从不同角度提出自己的看法。目前有两种针锋相对的意见：其一为文字派，认为其是记载部落战争的记功石刻；其二为岩画派，主张其是一种宗教性的娱神刻画。关于仙字潭岩画的年代也众说纷纭，有新石器时代说、青铜时代说，还有铁器时代说、商周说、秦汉说等等。

1986年，著名岩画专家盖山林考察了仙字潭岩画，认为其是福建秦汉时期的闽越族人所遗留。

汰溪仙字潭岩画

4. 要冲矗烽台

闽越文化的源流虽然可上溯到商周乃至新石器时代，但其真正确立文化特性的时间则要晚至春秋以后。从 2002 年开始，在查阅地方文献和各地文物普查资料的基础上，福建博物院文物考古研究所对漳州、厦门及所辖各区县的闽越文化遗址开展了系统的实地调查，所调查文化遗存的年代限定于春秋战国至汉代。

调查显示，闽越文化在福建南部呈现发现点少、分布零散、种类单一、面貌不清的特点。发现可能与闽越文化有关的遗址不足 30 处，多个县市还是空白，其中相对理想的地点只有长泰的石牛山、戈林山、犁头山，龙海的许林头山，南靖的虎头山，平和的龟仔头，华安庭安溪尾的山后坪等。这些地点一般都分布在河流沿岸突起的台地或一些低缓丘陵中。采集的标本数量很少，一般仅数块陶片，多则十几片；陶质以硬陶占绝大多数，质地坚硬，只有个别软陶；纹饰以方格纹最多，其他有长方格纹、“米”字纹、方格填交叉线和三角纹或实心三角块、水波纹、弦纹、条纹、附加堆纹等，可辨的器形有釜、罐、盒、钵等。

根据现场调查结果，考古队对龙海许林头山及长泰石牛山、戈林山等地展开发掘。其中许林头遗址中烽燧及大量板瓦的发现，证实战国至汉代筑造城台的技术已经影响到了九龙江的南岸地区。

许林头遗址所处的龙海平原，处于江海相接处，背负群山，前有大江，因而兼具渔猎之利。考古调查证实，龙海平原一带自新石器时代以来，一直有较多的人类活动遗迹。文献记载中先秦时期已有溪峒之民在此刀耕火种，结成部落。入秦汉，沿海夷越之民陆续南下，九龙江沿岸经济发展，生齿日繁。

遗址所在的许林头山也叫万宝山，是一处相对独立的元宝型小山包，东北距九龙江 3 千米，山脚即平坦的九龙江冲积平原；山势较陡，略呈椭圆形，南北长约 400 米，东西宽约 150 米，山顶海拔 29 ～ 33 米，相对高程在 25 ～ 29 米间。2004 年的考古发掘工作主要围绕许林头山南部山顶鼓起的一个直径约 15 米、相对高度 1.5 ～ 4.5 米的土墩进行，发掘出土自商代末期、下迄近代的8层文化堆积，探方发掘最深处达2.6米。许林头遗址出土的陶器大多器形破碎，难以分辨。根据出土物中大口尊判断，其早期年代可定为商代晚期；而晚期地层中出土有一定数量的原始青瓷以及大量饰有绳纹及乳钉纹的陶瓦等，陶瓦的形制及纹饰与武夷山汉城及福州汉代遗址的非常相近，其年代可定为西汉时期。因此，遗址的年代当在商代晚期至西汉末期之间。

许林头遗址的出土物，除陶器之外，最有特色的是大量的陶拍、凹石与石杵，以及陶瓦片等。陶拍上的纹饰多数可以与陶器上的纹饰相对应，证明许林头遗址的出土陶器绝大多数是当地烧造。此外，陶拍的数量较多，说明发掘区所在的位置及其周边很可能是一处陶器制作工场。凹石与石杵的出土，结合在遗址范围内发现的大量贝壳类堆积，说明当时的生活方式应是以渔猎为主，凹石与石杵主要是用来敲剥外壳、甲骨类食物。晚期地层中陶瓦的大量出现，说明在当时有一定规模的建筑物，建筑物上覆

许林头遗址

屋瓦可以有效地遮挡风雨。屋瓦规格较大、较重，说明当时建筑物的构造已经相对复杂、坚固。地表未见当时的柱础以及瓦当等构件，表明这些建筑物的规格可能不会太高。

许林头遗址所在的位置在唐宋以前是一处濒临海岸的独立山丘，地处九龙江入海口的南岸，所以成为当时进出漳州平原的咽喉所在。许林头遗址的性质可分为前、后两期：早期相当于商末至周，此时遗址有可能是一处陶器烧制工场，先民以渔猎为生，所依赖的食物以海生贝类为主；到后期即入汉之后，遗址地处要冲，在当时建造了较多的坚固建筑，其性质很可能是为适应军事需要而建造的卫堡或烽台类建筑。

二、跨越梁山

史载，汉武帝攻灭闽越国后，对福建实行“虚地迁民”的政策。但福建地广山僻，仍然有大量的遗民“遁入山林”，并在其后不久复出，继续繁衍生息，被称为“山越”。在福建南部地区开展的考古调查中，汉代器物的出土屡见不鲜，也证明了这一地区在两汉时期并非真空一片。留存下来的土著在当地延续发展，只是其社会化程度始终不高，在其后相当长的时期内，未能再次形成较大的中心聚落或原始城池。

漳州之地在西汉中期纳入中央版图后，长期以梁山为界，北归福建，南属广东。由于南、北两面距离当时的政治中心广州、福州都极其遥远，导致北起九龙江、南至潮江之间的大片土地长期为“蛮獠”所据，形成事实上的管理真空，也阻断了闽粤两地的有效往来。唐总章二年（669年），陈政以统岭南行军总管事之职南下九龙江，出镇梁山以南的绥安，再由其子陈元光完成靖边任务，于垂拱二年（686年）奏置漳州。建州之初以漳江之滨的绥安为中心，不久出于安全及管理上的需要而北迁至梁山以北、鹿溪一带的漳浦。之后，随着原属泉州的龙溪、汀州的龙岩等划入漳州，州治再次北迁，又回到了最初“龙兴之地”的九龙江畔。

梁山（引自清光绪版《漳州府志》）

1. 盘陀蒲葵关

梁山又称梁岳、圆山，近东西走向，东侧延伸接近海岸，主峰位于漳浦与云霄交界处，高近千米。以其由山入海的独特形态，横亘于福建通往广东的要道上，成为具有重要战略意义的地域分界。自汉迄唐，闽粤之间大致以梁山为界，山上的盘陀岭成为两省的界关，留下了许多过往其间的帝王将相的传说。

梁山巍然屹立在漳浦城南 15 千米处。从漳浦县城远眺梁山，群峰插天，绵亘百余里，巍峨秀丽，九十九峰如旌旗、如列戟。成书于战国至西汉间的我国第一部词典《尔雅》称："南方之美者，有梁山之犀象焉。"南宋王象之所撰《舆地纪胜》也有类似的记载，称梁岳为"闽中之望也"。

梁山山脉盘陀岭上的蒲葵关，是秦汉时期闽越国与南越国分界线上的重要关口，相传"吞汉将军"驺力曾在此屯兵抗汉。按《史记·东越列传》，驺力等曾入白沙、武林、梅岭，杀汉三校尉，其活动范围主要应在赣东北、闽北一线，也有可能复至闽南、揭阳一线。经实地勘察，在盘陀岭隘口北侧高约 60 米、东南距白云寺约 120 米处的山坡上发现一寨址。寨址居高临下，为一小型堡寨，平面略呈椭圆形，南北长 31 米，东西宽 19.4 米，周长约 88 米。堡东面开一门，门洞用块石（约 85 厘米 ×40 厘米 ×30 厘米）砌筑，朝向东偏北约 10°。堡墙土筑，东侧外部用条石围护，西侧保存较好，推测原墙体高可达 5 米；墙体剖面上小下大，顶宽约 2.4 米，由外侧的女墙与内侧宽约 1.5 米的跑马道组成。地表采集标本主要有灰板瓦、红板瓦、小红筒瓦、灰陶钵底片、褐釉罐片、青釉瓷片及砖块等，未发现确切的唐以前任何遗物，亦无从确认该寨址与闽越国的关系。

梁山景色奇秀多姿，群峰峻峭，有大峰 12 座，中峰莲花峰，又名齐帝石。旁峰有狮子峰、金刚峰、力士峰、双容峰（俗称二童讲书）、长剑峰、七星峰、八柱峰、观日峰、临海峰、晋亭峰、青阁峰。唐开元（713—741）年间，钟绍京任怀恩县尉时，又增添 24 座峰名，如双凤、玉乳、锦石、月桂、寿星、紫云、金鸡、丹灶、香炉等，故有诗云：“梁山重回首，翠峰三十六。”在漳浦史志中，还可以见到“梁山九十九峰，鹿溪九十九曲”的说法，这大概是就大小梁山的总数而言的。

除闽越史迹外，梁山的一些传说还与南北朝时的齐武帝有关。据《南齐书》载：武帝名赜，小名龙儿，是齐高帝萧道成的长子，曾经任过赣县令。晋安王子勋反，萧赜不从被抓，后被同族人破郡救出，但终因寡不敌众，避屯在揭阳山中。待聚众至 3000 人后，袭破子勋，才嗣承帝位。与齐武帝有关的史迹还有晋亭峰，在莲花峰西侧，传说晋代炼丹人葛洪率门徒住在这里，丹灶遗迹尚存。

唐宣宗大中（847—859）年间，卫国公李德裕被贬为潮州别驾，路过漳浦时，曾留宿岭上。唐大中十二年（858 年），岭南节度使杨发移镇南海道，出漳浦，留宿岭上驿楼时，听说李德裕曾留诗，寻访很久，才从士人家获得手迹，乃重镌其诗于碑上。诗云：“嵩少心期杳莫攀，好山聊复一开颜。明朝便是南荒路，更上层楼望故关。”

明末的著名学者黄道周是漳浦人。他曾遍历华山、黄山等诸名山大川，归来写了一篇有名的《梁峰二山赋》。他认为家乡的梁山和峰山堪与九华和黄山相媲美，故在赋的序言中说："临漳之南二十余里有都梁之山，络绎峻削亦数千仞，其峰有莲花、香炉、紫云、金光、爵目、瑞屏、齐帝、葛仙、隼立、鸟翔，九十有九，高峭遐邈，一一与九华相似，或有过之，当无不及。"

陈汝咸的《梁山歌》，对梁山之历史与人文述之甚详，曰：

忆昨沿牒向闽越，闽漳山水多奇绝。晴烟缭绕梁峰高，春光澹沱鹿水阔。临水看山搜遗迹，三年薄宦漳江客。敢言饮水留清操，不负名山期夙昔。名山形势各连绵，上逼象纬参青天。奇鬼猛兽森欲攫，飞鸾舞凤相钩连。就中峰峦谁最奇，金刚万仞磋险巇。晋亭潇洒岚光薄，齐帝孤高雷雨垂。水晶坪气夜如虹，吴公坪上杜鹃红。石梁赤城谁独步，太行王屋讵称雄。地跨蒲葵限闽粤，波流沧海东望豁。秋云冉冉披絮帽，远送山光欲排闼。爽气朝来入户牖，小阁焚香坐逾久。劳形案牍顿忘疲，遥劝山灵一杯酒。歌一阕兮酒一觞，梁山苍苍溪水长。他年回棹澳川去，却忆梁山是故乡。

盘陀岭蒲葵关（由南往北）

2. 绥安归龙溪

随着岭南、闽越归入大汉王朝版图，梁山至揭阳岭之间的广大山地重新成为山越族人的栖息地，也成为闽粤之间的“摇摆地带”。以梁山为界，福建南部从九龙江至潮江之间的广大区域，被划分成北境与南境两大块。

冶县是福建最古老的县，为会稽郡26县之一，治所在今福州，建立之初户口不及1万，主要集中在闽东和闽北山区，辖区大致相当于今天除漳州南境以外的福建全境，包括今漳州北境即梁山以北地区；而漳州南境即梁山以南地区属于南海郡的揭阳县。

揭阳是广东最古老的县之一，夏商之际属海阳国（或称南瓯国、瓯邓国）。秦始皇三十三年（前214年）南征百越，统一岭南，设立了南海、桂林、象郡3个郡。其中南海郡下辖4县，一说6县，即由番禺、四会、博罗、龙川4县再加上揭阳、洌江（今清远）2县。揭阳岭是历史上江西和福建通往广东的必经之地，因而又有“揭阳戍”之称。秦汉时期的揭阳县地域非常广阔，包括今天广东的揭阳市、汕头市、汕尾市、潮州市、梅州市的大部分，以及福建漳州市南部的云霄、东山、诏安、漳浦、平和等县。

三国吴永安三年（260年），析会稽郡南部为建安郡，辖建安、侯官、南平、吴兴、建平、东安、昭武、将乐、东平9县。今漳州北境属东安县，南境仍属广东的南海郡。晋太康三年（282年），析建安郡地增置晋安郡，改东安县为晋安县。今漳州北境属晋安县，南境属广东的东官郡（析南海郡之地而立）。晋咸和六年（331年），将揭阳县地划分为海阳、潮阳、绥安（县治在今云霄县境内）、海宁4县，隶属东官郡；义熙九年（413年），析东官郡置义安郡，郡治驻海阳县，辖海阳、潮阳、义招、绥安、海宁5县。这一时期，漳州之南境属东官、义安郡之绥安县，而北境仍属晋安郡之晋安县。

南朝梁天监（502—519）中，析晋安郡置南安郡，而漳州北境属之。大同六年（540年），析九龙江北溪下游地区及滨海地置龙溪县，县治在古县（今龙海区颜厝镇）；又在今九龙江西溪中、上游地区置兰水县，县治在双溪口兰陵（今南靖县靖城镇）。龙溪、兰水同属南安郡。陈永定元

北溪九龙潭（引自清光绪版《漳州府志》）

年（557年），在晋安郡置闽州（治所在今福州），为福建历史上的第一个省级建制，下辖晋安、建安、南安3郡。不久，改闽州为丰州。隋开皇九年（589年），改丰州为泉州，废建安、南安二郡，下领闽、建安、南安、龙溪4县。隋开皇十一年，改义安郡为潮州，州治驻海阳县，潮州辖海阳、潮阳、海宁、绥安、义招、程乡6县，漳州之南境属之。翌年并兰水、绥安入龙溪。大业二年（606年），改泉州为闽州，翌年改闽州为建安郡。至此，闽境之晋安、建安、南安3郡合并为建安郡，全闽9县也裁并为闽、建安、南安、龙溪4县。由于梁山以南的绥安已经并入北面的龙溪县，福建的南界随之延展到现在的闽粤边界一带。

3. 漳江朝九龙

唐武德元年（618年），改建安郡为建州，今漳州全境属建州龙溪县。武德五年，析建州地复立丰州，领南安、莆田、龙溪3县，今漳州境属丰州龙溪县。翌年，析建州闽县为泉州，置都督府，领泉、建、丰3州，今

漳江入海口

漳州境隶属于江南道泉州都督府丰州龙溪县。贞观九年（635年），废丰州，并入泉州，废都督府，今漳州境遂改属岭南道泉州龙溪县。

唐总章二年（669年），泉、潮间民苦“蛮獠”之乱，玉钤卫翊府左郎将陈政统岭南行军总管事，领兵出镇绥安。仪凤二年（677年），陈政卒，其子元光代领其众。广寇陈谦等结连诸蛮攻潮州，守帅不能制，陈元光以轻骑讨平之，开屯于漳水之北，即今云霄，且耕且守。垂拱二年（686年），陈元光请于泉、潮之间另建一州，以抗岭表。朝廷以陈元光父子久牧兹土，令其即屯所建漳州郡，并置漳浦县属之。漳之为州自此始。

垂拱二年（686年）建立的漳州郡，治所在今云霄县境内西林。这是漳州历史上第一个行政中心。唐开元（713—741）年间，漳州治所迁往梁山以北的李澳川，即现在的漳浦县境内，同时在梁山以南的绥安地界另置怀恩县。

在漳州建置之前的唐嗣圣元年（684年），析泉州（治所在今福州）之南安、莆田、龙溪置武荣州，州治在今南安丰州。久视元年（700年），武荣州迁至今之泉州市区，辖南安、莆田、龙溪、清源4县。景云二年（711年），武荣州改称泉州，即今之泉州；原来的泉州改称闽州都督府（省级建制机构），开元十三年（725 年）改福州都督府，辖福、建、泉、漳、潮 5 州。

都督府是军事机构，又称经略使、节度使等；“福建”之名，即开始于唐开元二十一年（733 年）设置的“福建经略使”。福建初隶岭南道，继则改隶江南东道，到元和（806—820）年间，才自成一道。

唐垂拱二年（686 年）建置漳州时，州治在云霄之西林，属岭南道，辖漳浦、怀恩 2 县。开元二十九年（741 年），撤怀恩县（因该县土地兼并，农户逃亡，户口未能达到立县邑标准），并入漳浦县。同年，析泉州龙溪县来属漳州。至此，漳州辖有漳浦、龙溪 2 县，仍属岭南道。

大历十一年（776 年），观察使皇甫政请析汀州龙岩县属漳州，翌年获准。至此，漳州下辖漳浦、龙溪、龙岩 3 县。

贞元二年（786 年），漳州治所迁往龙溪县，也就是现在的漳州城区。

4. 南州二十年

光启元年（885 年），淮南道光州刺史王绪由于无法应付大军阀秦宗权的勒索，悉举光州、寿州兵 5000 人，驱吏民渡江南下，由赣州南康入福建，攻陷汀州、漳州。后来，由于王绪滥杀部众，引发兵变，王绪被杀。光州固始人王潮被推举为新的统帅，攻克泉州，又于景福二年（893 年）攻克福州，占领福建全境，被任命为福建观察使。乾宁三年（896 年），升福建为威武军，王潮任节度使、检校尚书左仆射。次年，王潮病逝，弟王审知袭任节度使，后加平章事，封琅琊郡王。唐亡，后梁开平三年（909 年），梁太祖朱全忠加拜王审知为中书令、福州大都督长史；开平四年（910 年）又封其为闽王。

王审知“宁为开门节度使，不作闭门天子”，推行保境安民政策，对外睦邻通好，对内整顿吏治，使福建在混乱的时局中保持着相对安定的局面。后唐同光三年（925 年），王审知病故，其后子孙攻伐，不复安澜。长子王延翰继位后，正式建立闽国，自称大闽国王，奉后唐为正朔。后唐长兴四年（933 年），闽王王延钧称帝，即皇帝位，国号大闽，改元龙启。闽永隆五年（943 年），闽富沙王王延政于建州称帝，国号大殷，改元天德。天德三年（945 年），王延政改国号复称闽；同年，闽国为南唐所灭，立国时间仅 20 年。

王氏经营福建达 60 年之久。在其统治期间，光州、寿州移民散布于福建各地，发展繁衍，对福建人口影响很大。唐代福建地广人稀，唐末黄巢入闽后，福建人口又进一步减少，不过数万户而已，而入闽的光州、寿州移民达到数万人。若以 1 户 5 口计，仅仅这一批北方移民，可能就占了当时福建总人口的 1/5。

漳州属闽国的一州。王审知次子王延钧称帝后，升福州为长乐府，立为东郡，领福、泉、建、汀、漳、镛（将乐）、镡（延平）7 州。至闽国灭亡后的次年，南唐泉州散员指挥使留从效废刺史王继勋，割据泉、漳两州。南唐保大四年（946 年），董思安任漳州刺史时，因父名章，与“漳”同音，为避讳，改漳州为南州。至宋乾德四年（966 年），南州始复名漳州。

太平兴国三年（978 年）四月，陈洪进上纳地表，将其所辖漳、泉 2 州 14 县进献宋廷。至此，漳州正式纳入大宋版图。

三、北进西固

由唐入宋，中央朝廷对漳州的实际控制逐渐加强。漳州的行政中心从山多地少的云霄一迁漳浦，再迁龙溪。表面上看，只是从漳江冲积形成的云霄县城小盆地，北迁至开阔的九龙江下游平原地区；从深层次看，则是为了迎合不断迁入的中原移民以及大批朝廷驻军的需要。不论云霄还是漳浦，位置都太靠南；在漳州吸纳了政治上更加成熟的龙溪县和龙岩县后，管辖范围扩展至面积更为广大的九龙江北溪沿线，行政中心只能选择再次北移。九龙江是福建第二大河流，由九龙江冲击形成的漳州平原也是福建最大的平原，这里能够养活更多人口，能够维持更多的军队。九龙江畔的新行政中心地理位置优越，西北可达汀州，往南可到潮州，东北可抵泉州，便利的交通实现了对政区范围的有效管辖。因此，当漳州治所北迁至九龙江西溪北岸后，再无大的迁移。

九龙江北、西两溪交汇处

1. 北溪纳龙津

宋初的行政区划承袭唐朝的“道、州、县”三级制，但改“道”为“路”，成为“路、州、县”三级。宋代福建为独立的省级行政单位，称为“福建路”。“军”的称号始于唐代，常设于两道交界处，为驻扎有重兵的营垒；到宋代，军成为与州同级的行政区，但地域相对狭小。宋初，析泉州置兴化军，析建州置邵武军，改剑州为南剑州；宋室南渡后，升建州为

长泰县城

南靖靖城镇

建宁府。这样，福建路下辖共 1 府 5 州 2 军，福建因此而有“八闽”之称。

长泰在隋朝时属泉州南安县武德乡。唐乾符三年（876 年）始置武德场，以便输纳，后改名武胜、武安。南唐保大十三年（955 年）升为县，改名长泰。长泰县距泉州州治遥远，且地处九龙江北溪支流龙津溪流域，南邻漳州州治所在的龙溪县。宋太平兴国五年（980 年），武安场大使杨海等，以县去泉州 300 余里，征输不便，乞舍远就近，改隶漳州。泉守林金吾奏准朝廷，自此长泰归漳州。时漳州下辖龙溪、漳浦、龙岩、长泰 4 县。

2. 西溪析南胜

元初，地方设行省，行省以下设路、府、州、县。元世祖至元十六年（1279 年）撤州，漳州升为路，属福建行省，辖 4 县。至治二年（1322 年），因龙溪、龙岩、漳浦交界地距 3 县署偏远，且山岭连亘、不便管理，乃析置南胜县。漳州遂辖 5 县，即龙溪、漳浦、龙岩、长泰、南胜。

至正八年（1348 年），立漳州分元帅府。十六年，县尹韩景晦以县治地僻多瘴，徙于双溪之北，改名南靖。明正德十四年（1519 年），析清宁、新安二里置平和县。清雍正十三年（1735 年），割居仁里第一图车田十五保属漳浦。

四、苞桑丕固

元末明初，大批倭寇骚扰我国东南沿海。明初，被朱元璋消灭的张士诚、方国珍的残余势力逃窜海上，与倭寇相勾结；还有一些走私分子和海盗为了与官府对抗，也与倭寇狼狈为奸。以上种种，使中国东南沿海的倭祸在明朝初期日益严重。

据《明太祖实录》记载，洪武二十年（1387年）四月，“命江夏侯周德兴往福建……按籍抽兵，相视要害可为城守之处，具图以进。凡选丁壮万五千余人，筑城一十六，增置巡检司四十有五，分隶诸卫以为防御”。据《明史》记载，洪武二十一年，又命信国公汤和行视闽粤，筑城增兵：置福建沿海指挥使司五，曰福宁、镇东、平海、永宁、镇海；领千户所十二，曰大金、定海、梅花、万安、莆禧、崇武、福全、金门、高浦、陆鳌、铜山、悬钟。上述卫所中，隶属于漳州的有镇海卫、陆鳌所、铜山所、悬钟所。卫所与为数众多的炮台、烽燧、堡寨、关隘等沿海、沿边布置，共同形成明代漳州蔚为壮观的“海防长城”。明嘉靖（1522—1566）末年，倭寇内侵，惧镇海卫“锁钥海邦，扼其归路，因而速遁”，其作用可见一斑。

清顺治（1644—1661）末年，镇海卫及沿海各所被革。当时清廷为断郑成功军队补给，下令沿海“迁界”，将大量人口徙至内地。但镇海等卫所均建于山川雄秀之地，已然“人文蔚起，保聚日隆”，所以复界之后，各处武备、文教等迅速回升，不失当初“苞桑丕固之宏略也”。

1. 边海置卫所

明洪武元年（1368年），改漳州路为府，领县仍旧。城内置漳州卫，领左、右、中、前、后5个千户所。滨海置镇海卫，领左、右、中、前、后以及陆鳌、悬钟、铜山共8个千户所，又置铜山水寨、浯屿寨、悬钟寨等。

漳州卫，在漳州城内，洪武三年（1370年）设。置指挥使司一员，辖5个千户所，各统镇抚及百户。成化（1465—1487）间，调中所守御龙岩。弘治（1488—1505）间，调后所守御南诏。

镇海卫，明洪武二十年（1387 年）始置，统 8 个千户所。成化七年（1471 年），后所调戍龙岩，改属漳州卫。清顺治十八年（1661 年）迁界，奉旨裁去。

陆鳌所，在漳浦之东。洪武二十一年（1388 年），筑城备倭，置所设官，如卫千户所之制。

铜山所，在东山铜陵，三面环海。洪武二十一年（1388 年），筑城备倭，置所设官，如陆鳌之制。

悬钟所，在诏安。洪武二十一年（1388 年），筑城备倭，置所设官，如陆鳌、铜山之制。

南诏所，即现在的诏安县城，在漳浦南 75 千米处。处闽粤交界之地，弘治十八年（1505 年）因寇盗充斥而增设，并调漳州卫后千户所官军守御之。嘉靖十年（1531 年），设诏安县，所与县同城。

龙岩所，在龙岩新罗。成化（1465—1487）间，调漳州卫中所、镇海卫后所守御龙岩，并置龙岩所。清雍正十二年（1734 年），从漳州析出，独立建置为龙岩州。

铜山寨，为洪武（1368—1398）间江夏侯周德兴所置五大水寨之一。五大水寨即烽火、小埕、南日、浯屿、铜山，以卫官领兵守之。铜山寨原在井尾澳，景泰（1450—1457）间移至铜山西门澳。嘉靖四十二年（1563 年），改设钦依把总一员，建署于铜山所城外。所辖北自金石以接浯屿，南自梅岭以达广东，为漳郡滨海重镇。其中横屿、菜屿、井仔湾、大小甘山等，为“外洋岛屿最险者”。非汛期则屯泊寨澳，轮番出哨；遇汛期则分哨四出，前哨镇海、左哨陆鳌、右哨沙洲、后哨鲎壳澳。水寨原设福船、哨船、冬船、快马船等共 46 只，官兵 1141 名。

浯屿寨，属海澄地，在同安之南，孤悬大海中。左连金门、右临岐尾，水道四通。后以其孤远，移入嘉禾屿（即今厦门地），寨名仍旧。嘉靖三十七年（1558 年），倭泊浯屿，入掠兴、泉、漳、潮。事平，议复寨旧地，以孤远罢。原设兵 1070 名，福、哨、冬、鸟等船 48 只。

丹霞屿（引自清光绪版《漳州府志》）

悬钟寨，与悬钟所同地，额设官兵1103名，哨船20只，受铜山寨节制。

2. 析界增五县

元至明初，漳州府辖龙溪、漳浦、龙岩、长泰、南胜5县。至明代中叶，漳州府先后又增设漳平、平和、诏安、海澄、宁洋5县。

（1）成化置漳平

漳平之地旧属漳州府龙岩县。明成化七年（1471年），以居仁、聚贤、感化、和睦、永福五里距县邑绵邈而峻阻，另立县邑治理其地；以县居漳江上游万山之中，唯此地稍平衍，故曰漳平。

明嘉靖十五年（1536年），析出聚贤里，置大田县。

（2）正德设平和

正德十二年（1517年），南靖象湖、箭管等地发生大规模农民起义，提督军门王守仁发二省兵平之，于是南靖儒学生员张浩然、乡老曾敦立等呈

漳平双洋

请设县。正德十四年（1519年），王守仁奏请于河头大洋陂地方开设县治，割南靖清宁、新安二里地及漳浦二、三都属之，取寇平而民和之意，定县名“平和”。

清雍正十三年（1735年），割下林一保，归入漳浦。

（3）嘉靖初立诏安

嘉靖九年（1530年），析漳浦县二都（原一、二都）、三都（原海滨里）、四都（原遵化、修竹二里）、五都（原思政里）等地，立诏安县。

诏安本漳浦县南诏地。相传唐时有南夷人过此，云此地风景似南诏，故以南诏为名。宋为临水驿。元至正（1341—1368）间筑城。明弘治（1488—1505）间，广寇为患，调漳州卫后所官军御守，置守御千户所。正德十四年（1519年），设捕盗通判。嘉靖八年（1529年），乡民请设县。嘉靖九年，析漳浦县二、三、四、五都为县，名曰诏安。

（4）嘉靖末置海澄

海澄县治所为龙溪县的八都、九都，旧名月港。明正德（1506—1521）间，土民私自出海贸易，招致倭寇，屡禁不止。嘉靖九年（1530年），巡抚胡琏议请福建巡海道移镇漳州，于海沧置安边馆。二十七年，巡海道柯乔议设县治于月港九都，未果。三十年，建靖海馆，设通判。三十五年，海寇谢老突至，掳掠焚毁，军民筑土堡防御。未几，倭寇入，奸民乘机为乱，自号二十四将，结巢盘踞，遍掠人民。四十二年，巡抚谭纶招抚之，于靖海馆设海防同知。四十三年，巡海道周贤宣计擒巨寇张维等，地方大定。时听选官李英、陈銮等在京叩请设县。四十四年，知府唐九德议割龙溪县一都至九都及二十八都5图、漳浦县二十三都9图等地置县，赐名海澄。

清雍正十一年（1733年），以漳浦二十三都8图即原镇海卫之地划归海澄。

（5）隆庆立宁洋

隆庆元年（1567年），析龙岩县集贤里5图、大田县聚贤里3图，以及永安县二十八、二十九、三十都各1图，立宁洋县。

至此，漳州府下辖属县在明朝中叶短短不到百年的时间里，就从5个倍增至10个，即：龙溪、漳浦、龙岩、长泰、南靖、漳平、平和、诏安、海澄、宁洋。新增的县都位于寇乱较为严重的沿海或县与县交界地带，主要是以山区为主的西北部及九龙江、东溪两个入海口处，凸显出当时地方治安内外交困的形势需要，也反映出当时中央朝廷“设立县治以控御地方”的政策取向。

3. 重镇升州厅

明末，福建先后隶属于南京弘光政权和福州隆武政权，并两次被清军攻占。至顺治十八年（1661年）清廷实行迁界之前，福建沿海处于郑成功（奉南明永历为正朔）和清廷两个政权的争夺之中。清廷为断绝沿海民众与郑成功政权的联系，不准本地商船运货出海，又下诏沿海地区内迁30里。由于迁界等海禁政策的实施，漳州、镇海二卫及各所渐次裁革，就地入县，卫所等不复存在，取而代之的是集中驻扎于城的镇营。至清廷统一台湾后，虽允复界，准许商民出海贸易，但仍然实行闭关政策，沿海一带恢复缓慢，福建的对外贸易逐渐转为以厦门为中心，漳州、泉州为两翼的格局。

清朝省下分道、府、县 3 级。与府并行的有直隶厅、州；与县并行的有散厅。时福建设有闽浙总督和福建巡抚。清初福建下辖福州、兴化、泉州、漳州、延平、建宁、邵武、汀州 8 府，康熙二十三年（1684 年）增设台湾府。至清末，福建共有 9 府、2 州、58 县、6 厅。就漳州而言，清雍正十二年（1734 年），因龙岩一地人口、经济的发展，闽浙总督郝玉麟奏请升龙岩县为福建直隶州，并割漳平、宁洋两县属之。至此，漳州府下辖属县从 10 个减至 7 个，即：龙溪、漳浦、长泰、南靖、平和、诏安、海澄。

乾隆八年（1743 年），龙溪县石码镇升为石码厅，裁龙溪柳营司（原驻江东，于康熙五十九年即 1720 年移驻石码），派驻通判。

嘉庆元年（1796 年），福建巡抚姚棻奏请析漳浦县云霄镇为厅。嘉庆三年，析平和 25 保、诏安 2 保 13 村，连同漳浦县云霄镇 30 保归属。至此，漳州府辖 7 县 2 厅，这一格局延续至清宣统二年（1910 年）。

清宣统三年（1911 年），辛亥革命爆发，清王朝被推翻，石码厅改为龙溪县第六区。1913 年，改云霄厅为云霄县。

1916 年，以东山岛及其周边诸小岛（由诏安县析出）和古雷半岛（由漳浦县析出，1952 年归回漳浦）置东山县，县署设在铜山所城。时汀漳道下辖 20 县，其中漳州占 9 县。

1927 年，福建实行省、县两级地方制。1928 年，龙溪县西北侧华丰等地因离县城偏远，于是析龙溪县二十五都 11 保及二十三、二十四都 3 保，设置华安县。

1934 年，福建省将原辖 64 县划分为 10 个行政督察区，作为省政府之派出机构。1947 年，全省行政督察区及辖县重新调整，第五行政督察区辖龙溪、漳浦、长泰、南靖、平和、诏安、海澄、云霄、东山、华安 10 县。漳州 1 区 10 县的行政建制至此基本形成，并一直延续至中华人民共和国成立后。

第二章 筑城守冲要

漳州境域多山、近海，“多崇岗绝壑，负溟渤而控岭峤”。境内山系以九龙江北溪为界，往西为博平岭山脉，往东为戴云山余脉。地形总体是西北高、东南低，博平岭山脉横亘于西北部，戴云山余脉则深入北部境内，南部的乌山山脉与梁山山脉直逼海岸。平和境内的大芹山海拔 1544.5 米，是区域内最高峰。

境内水系发达，河流走向为北西和北东向，干流多与山脉走向垂直，支流与山脉走向平行，形成格状水系网。河流多发源于境内，属山溪型外流河。九龙江是漳州第一大河、福建第二大河，水量丰富，年径流量稳定，年内季节性变化较大，丰水期径流量大，枯水期径流量小。东溪、漳江、鹿溪等河流的流程短，流域小，河道比较平缓。全市流域面积在 100 平方千米以上的河流有 11 条。除芦溪、九峰溪流入韩江外，其余都在境内入海。

西北部山区以良岗山、天宝大山、花山溪、东溪上游河谷为界，往北重峦叠嶂、河谷深切，往西南则山势连绵。平和县大溪、安厚、国强、霞寨以及南靖县南坑、船场一线以西，南靖书洋以及平和芦溪、长乐、九峰一线以东地区，为全市地势最高处，也是九龙江西溪、漳江、东溪、芦溪、九峰溪等河流的发源地。山高谷险，进出于山区极其艰难，由此更加容易成为政权管理上的真空。

九龙江中下游平原区位于东侧的北部，地势平坦，河网密布。因为人口密集，财物积聚，成为富庶之地，也是木地区的防御重心，大小城池以及驻防的军事力量较多。

南部丘陵区，包括漳浦、云霄、诏安、东山 4 县及龙海、平和的一部分，面积约 5000 平方千米。区内河谷平原相间，河流向南独流入海，滨海分布有窄带状平原。本区沿海分布有一系列斜列式半岛，海岸线漫长。明中期以后海寇横行，催生出严密的海防体系，大大小小的卫所、营寨、巡司择要处而设。与此同时，各地豪族大姓营造了数量不等的大小堡城，与官方城寨相互呼应，保障一方平安。

一、依山水以定城址

漳州在唐垂拱二年（686 年）建置时，出于镇抚九龙江以南直至广东潮汕间广大地区的需要，将州治选在了梁山以南、漳江以北的西林地区，即陈元光所部之屯所。作为稳定地方的权宜之计，当时建造州治并没有严格的规制要求。不久，漳州治所往北越过梁山，迁至李澳川也就是现在的漳浦县境内。随着开元二十九年（741 年）原属泉州的龙溪县、大历十二年（777 年）原属汀州的龙岩县来属，漳州的管辖中心开始北移。

漳州自建州始，长期归属于岭南道管辖。自天宝元年（742 年），始归属江南东道；天宝十年，归回岭南道；到了上元元年（760 年），再次改属江南东道，之后隶属于江南道不变。隶属关系从岭南转而归向北面的江南道，说明了北向的政治需求已经逐步超越南方。贞元二年（786 年），漳州治所迁往龙溪县也就是现在的漳州城区，之后未有变动，印证了选址的科学性与优越性；而“漳州”之名的长期沿用，对于地方民众的心理凝聚以及家园认同的塑造，无疑起到了重大作用。

多山、近海、邻省的地理格局，决定了漳州无论哪个府县都面临着严峻的安全形势；但各处也都具有各种不同的地理优势，可以因地制宜以营筑坚城。漳州立府后，作为行政中心的府治经历数度变迁，固然与当时的

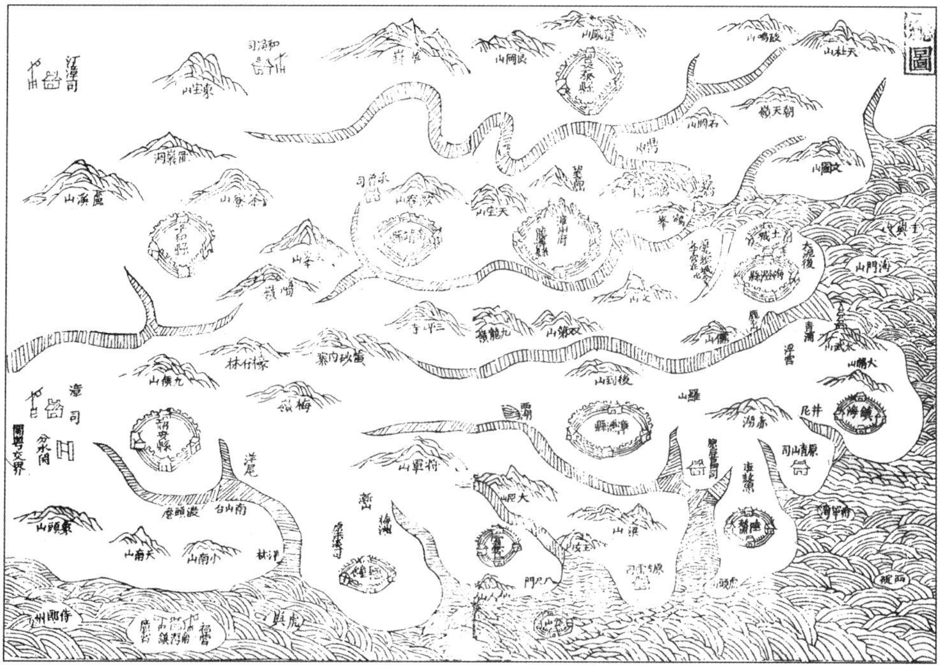

漳州府总图（引自清光绪版《漳州府志》）

军事形势变化有关，但更多的还是出于行政治理与有效管控的需要。地方人群的壮大以及社会经济的发展，必然引发一系列大小城池的筑造，并在选址等方面体现出对防御的切实考虑。

1. 龙溪：右亘崇岗，左濒巨浸

龙溪县，漳州之郡治，位于九龙江西溪之北。府志称“右亘崇岗，左濒巨浸”，“其名川则南有漳水，其镇山则北有九龙”，县志称“两溪合流，四山环胜。龙川、锦江萦带于前，麟凤、龟蛇耸翠于左”。以郡治为中心，近山有天宝、芙蓉、紫芝、碧玉等，远山有大峰、梁岳、太武、大帽、天柱等，重峦隐阜，深谷逶迤。《八闽通志》称“天宝紫芝奠于后，丹霞名第拱于前。鹤峰踞其左，圆山耸其右，面临大溪，背负千峰，一水清流，列峰秀出，地兼山海秀”。

漳州州治迁至龙溪后，龙溪就成为州府的附郭。其东距泉州府同安县景庄墓七十五里，西距南靖墨场三十二里，南距南靖九龙岭三十里，北距龙岩州漳平县梅水坑二百四十里。有龙溪八景，曰：南山秋色、西浦夕阳、虎渡春潮、龙江夜月、宝峰飞翠、圆峤来青、鹤岭晴烟、丹溪晓日。

《八闽通志》将龙溪的山水形势概括为“两山拥翼，二江襟带”。两山拥翼，即天宝山为主体和根基，圆山为西隅之藩屏；二江襟带，即发源于汀赣的九龙江和发源于汀潮的西江，为郡城左右襟带。

天宝大山，屹然为郡之镇，五峰峭立。去城三十里，周围百余里。上有宝岩洞、芙蓉城、百丈泉、鬼漈坑等。漳郡之山，多祖于此。天宝南行至郡，共有十二峰。第一峰名庵仔山，岩石磊磊，具雄伟轰烈之势。天宝之西为新岭，石磴盘回十余里，路通安溪、龙岩、漳平三县。西为揭鸿岭，其上有营头亭，去城西北四十里，汉唐时西北向长安故道，由安溪大田以行，今道废，下有唐屯军营故址。正德志云：元末有蔡公者，于山腰开新岭，一名蔡公岭，今为安溪、龙岩通道。白云山在水头山之前，上有白云岩，唐僧人虔诚所建也。宋朱子尝游此，书“与造物游”四字及对联。又其右为东山，去城南十五里，圆净秀特，俗又呼纱帽山。自太平岭去城南一十里，岭道坦夷，行者便之，故名太平。九龙岭，在府南三十里，两山夹峙，中萦石磴，凡十里许，路通潮、广。景泰（1450—1457）间，知府谢骞建亭其上，以憩行者。明陈克聪诗：“人道九龙山岭峻，去天仅仅隔纤毫。只缘未到山头立，才到山头天更高。”岐山之右侧为凤凰山，在县东二十五里，来自鹤鸣山，山势如飞凤展翼，故名。其中为万松岭，孔道出焉。近马岐，旧有亭，陈克聪植松以便行人，岁久无存，唯奇石簇立。万历（1573—1620）间，督学沈儆炌改为堆云岭。崇祯二年（1629年），知府施邦曜筑关其上。出万松岭十里，从柳营江左折半里许为邺山，一名蓬莱峡。明少詹事黄道周讲学于此，有邺山讲堂。

郡治去海尚百里而遥，潮汐应焉。其水自南靖来，为西溪。北源从和溪、永丰，南源从铜壶、小溪，至南靖合流后东流赴郡，经圆山之阴而绕郡城，为南河。漳州的河流多自大峰发源，流向四方。南区之水独而趋海者四，总中区、北区之水合而趋海者三。九龙大其宗，故千里连峰；漳水广其润，故百川会澜。流膏兴云，抱原设险，自为名区。

西溪，自郡城南疏为三台洲，南桥亘焉。下至方壶洲，水势微折而南，故又束以文昌之桥。其云方壶洲者，以西望员峤得名。过为诗浦溪。从北曲而抱城，乃东过浦头，出文山而合流于北溪。从诗浦溪上流分而出者，为田里港，旧港绝小，后洪水时至，港岸崩陷，西溪之水遂从此港直下，汇出陈洲之上，入于大溪。而诗浦旧溪沙壅，绕城之水甚微。诸绅士以有关形势，募众填筑，寻圮。康熙四十六年（1707 年），陆路提督郡人蓝理慨然引为己任，捐资数千金筑之，填塞坚固。从此西溪之水绕而抱城，数十年未竟之志一旦成功，立石以纪之。

北溪，古曰龙溪，亦曰九龙江，去城二十五里，源出延汀之界，合宁洋、龙岩州、漳平之水而下华丰，又合长泰之水过香洲渡，历峡中，出峡为柳营江，与西溪会流入于海。梁大同（535—545）间，有九龙戏江上，故名九龙江，与西溪相环带，为一郡形势。

九龙之上游有漫潭，自漫潭南流至香洲渡，又南出于两峡，亘虎渡桥。为东偏险要者，曰柳营江，去城四十里，唐时宿重兵于此。相传插柳

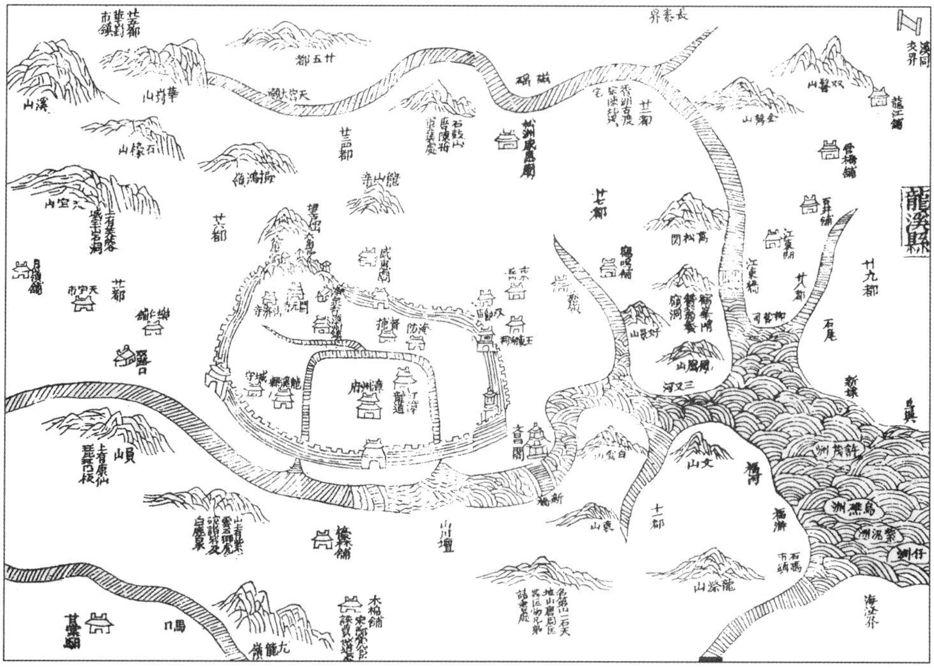

龙溪县图（引自清光绪版《漳州府志》）

为营，因号柳营。桥左为郧山，右为布衣先生里门。稍上与西溪合流，为三叉河，有汛防城。又稍上为福河，其东为锦江，中浮二洲间之，遂支为二港，其洲曰浒茂，曰乌礁，曰紫泥。其夹以浒茂、乌礁者，为中港；乌礁之南夹以石码、海澄者，为南港；浒茂之北夹以玉洲者，为北港；经白石、青礁、石美、壶屿，东与中南二港合纳南溪、浮宫之水，入于海。有圭屿屹立海中，又北有大观山，挺秀海表。

自南河入注于郡城者，曰东闸、西闸，河至中清桥而会焉。传闻先代海潮涨时，河水注入城濠；但溪身久浅，东、西二闸只是用作泄除城中之潦水，河水不能注入。

2. 海澄：席帽峙前，三洲拥后

海澄县，在府治东南五十里处。东界海门，六十五里；西界龙溪石码龙海桥，十五里；北界泉州府同安县新安，十里；南界南靖、漳浦马口溪，四十里。广八十里，袤五十里。

海澄县近海，有朝丹暮霞之谓，其山“有石朝色如丹，晚色如霞”。同时，又是潮汐吞吐之地，有鹿石槐浦，行过峡而迤蜒；龙头虎甲，折西方而交会；西溪北溪合海潮，奔迸于外；南溪倒港接海潮，旋绕于内。

儒山，俗呼蔡前山，圆秀特起，在西南二里许，县之主山。巡海道周贤宣登陟其上，号为宗龙山。

席帽山，距县六七里，耸秀圆净，状如冠帽。两旁有翅，一名笔架，一名观音独坐。与常春、鸿福相连，罗列于县治前。

鹿石山，在鸿江之东北，雄峭壁立，石多巉岩，环顾县治。绝顶处有大蚝壳，相传以为海潮至此。

铺头山，县西南十五里。南溪之水自橡浔而下，大海之水自浮宫而入，至此合会倒流，纡延而分绕于邑内，亦名倒港山。又西为大鳌之山。在县西南十里许，自六、七都而蜿蜒，巍峨耸立，二峰于左右为前宅、合浦，遥望宛若笔架然。

虎甲山，在县西一里许。俗名山美，上有石刻“虎甲山美”，字大数尺。龙头山，在虎甲山之西，山麓有石刻“龙头”二大字。中为陈坑山。在龙头、虎甲中间，一山突出，崭岩峭拔，远望若狮子昂首。

龙门岭，峰头有石，高十余丈。宋文天祥卫帝昺南奔过此，书“龙门”二字勒石。同安林希元有诗云：“翠壁丹崖不可攀，石门龙过海风寒。擎天力尽孤臣毙，唯存留题墨未干。”云岳岭，在一都，与同安分界，有宋大夫颜公几神道碑在焉。青礁，在一都，有颜、苏二大姓居焉，宋时科第最盛。白礁，则与清源之南封接壤，在一、二、三都，上有吴真君祠。真君名夲，祠首建于宋颜唐臣，旁有涌泉，即龙湫井，郡人岁祷于此。

浯屿，在同安界海上，林木苍翠，上有天后庙。水寨于此。胡使二屿，即《郡志》中荆屿、梁屿也，今呼为“海门”，在一、二、三都，上下延袤数里。先是居民凭海为非；正统（1436—1449）初，郡守甘瑛奏移其民，虚其地。嵩屿，《一统志》载：在县东北，三面临海，与厦中左所相对。宋少帝浮舟经此，适遇诞辰，群臣构行殿，呼嵩行礼，故屿因以名。今去二里许，遗址尚存，所谓祝圣堂是也。长屿，在县东北，去嵩屿、濠门甚近，居民数百家，有土堡。丹霞屿，一名赤屿。圭屿，一名鸡屿，在海口中央，其状如龟浮水面，亦名龟屿。隆庆六年（1572 年），知府罗青霄议移海门、濠门二巡检司，筑城其上。同知罗拱辰为城八面，以象八卦，名曰神龟负图。又周中丞起元尝建塔其上，为漳郡形胜。

澄江，海澄以海为百川委，大地东南之所同也。今举其川之入海者，曰港口江，亦名港口大溪，其源自延汀数百里而来，合九龙江及西南溪之水，同入于海。

南溪，距县六里许。源自三平，经马口，受渐山、檬浔诸水，沿大江浮宫，入于海。有普贤港，在九都。庐沈港，自石码镇下大江而入于海，上通龙溪。月港，在八、九都，外通海潮，内接淡水，其形如月，故名。

3. 漳浦：苍山万寻，涨海千谷

漳浦县，在府南一百里。东界陆鳌大海，一百里；西界平和三角径，五十五里；南界诏安猫狮桥，九十五里；北界南靖、海澄马口溪，四十

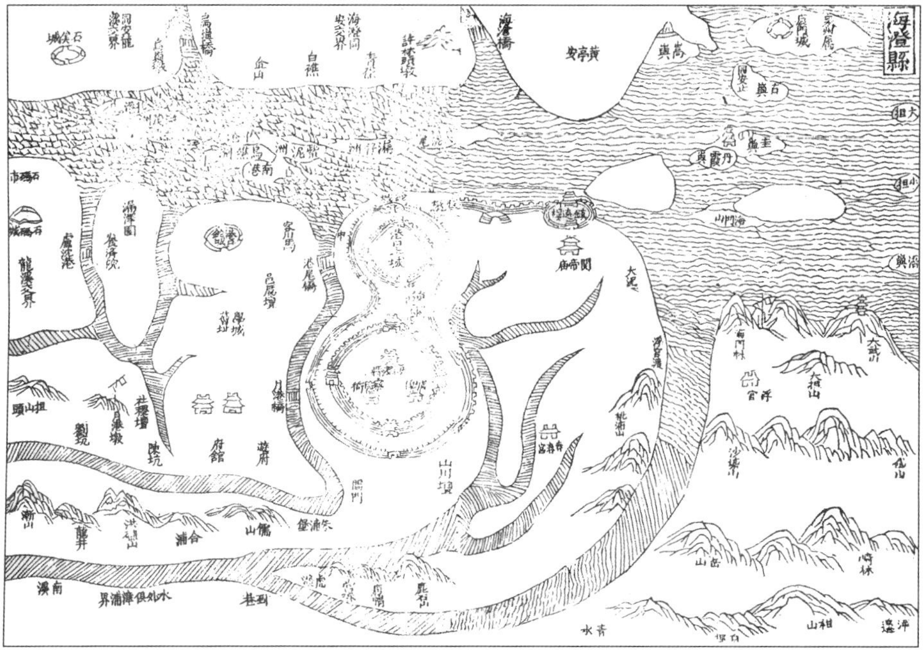

海澄县图（引自清光绪版《漳州府志》）

里。广一百五十五里，袤一百三十五里。

南北朝沈怀远有诗，称漳浦处八闽之极地，为汀、漳之要冲。前屏梁山，而顶存十二峰之并秀；旁环鹿溪，而派有八余溪之交清。

摩顶山，离县二十里许，山高而圆洁，其上平坦如佛顶焉。由摩顶东行，南折过御史岭，为后到山。与东罗山并峙，而高耸过之，为邑之屏山。蜿蜒而下，秀润清奇，形如双金。邑中视之如蛾眉然。左为白鹤岭，林峦幽秀，水石清奇。龟山为背，在县北二十里外，耸立横列，为邑东北之背。罗山来自后到山，诸山罗列拱揖，故名。附郭为虎山，而县治在其麓。虎山一名好景山，巅有石如虎，故名。下有泉甘美，名虎泉。

峰山，在县东南，鹿溪之涯。自梁山发脉而来，挺然独立，隔溪与柘港山对峙，为邑关锁，布溪水出焉，入于大溪，又名鳌峰山。

良山，又称梁山，在县东南十五里，其山高数百丈。东峰距海，西接南诏、潮阳等界。唐贤良潘存寔修业于此，故山以良名。又尽梁山之南境为棋山，在县西南一百五十里，昔乡人入山采药，得棋子，因以名山。

鼓雷山，鼓雷，一作古雷，在县东南八十里九都，断岸千尺，下瞰大江，潮音至声如雷鼓，山下为帝昺井。

海云山，去县东二十里，又名岩山，壁立端重，顶有石如龟，有田，有清泉，旱时不涸。有峰如莲花，半山有海云岩，相传有女人学仙于此。又有紫薇石洞，其石鳞奇如列笏列兽之状。马鞍山，与海云山相联并峙，状如马鞍，故名。

灶山，去县东五十里。叠嶂高大，周环四十里。上多怪石，有丹灶，有仙足迹，有石棋枰、石碾，多产石兰及黄精。山阳有田数十亩可耕。明季张若化、若仲居此，人称灶山为二张山。顶可望大江，有巨石，若仲题其上曰“一卧沧江”。西望者曰楼云山，圆净耸秀，上有楼，即云岩刹。

大帽山，即戴帽山，又称玳瑁山。山大而峻，四面林木蓊郁，独顶上有黄茅，形如戴帽。宋儒蔡元鼎及孙藻著书于此。其上有玉川瀑布、新村石鼓、龙漈潭、宝珠石之胜；又有天湖悟道、普陀、金仙、碧石、龙云、石狮、宏道八岩。

磁灶山，山多产茶，其对为太江。东至于虎岭，即麟山岭也，路通镇海卫，山林深阻，旧多虎患。弘治三年（1490 年），参议程廷珙命知县王臣祭以文，其虎遂息，改今名。

漳浦县名川有四。其近而绕城者，为古之李澳川，亦曰南溪，而东合于北溪。李澳川其源，一自平和五寨，一自龙岭崎溪，一自盘陀岭九曲溪，唐徙县治于其处。北溪自罗山白鹤岭，合西湖东门溪而会南溪。城南十里有双溪、石坝、大脚盆诸流，皆曲折绕城转入鹿溪，以至于海。后自决于石坝而泄于大脚盆，顺流直出鹿溪，遂使绕城十余里曲流竟成枯槁。明末署令陈修之，詹事黄道周为记，后圮。康熙三十四年（1695 年），邑绅黄性震捐资倡筑，邑令陈汝咸为记。乾隆十九年（1754 年）又加修筑。合流东行为鹿溪，入于海。有诗云：“宿雨初添溪水新，东方暖透绿波匀。”

甘棠溪，与龙溪接壤。东过于横口，其溪有浮石。又东至浮宫，入于海。

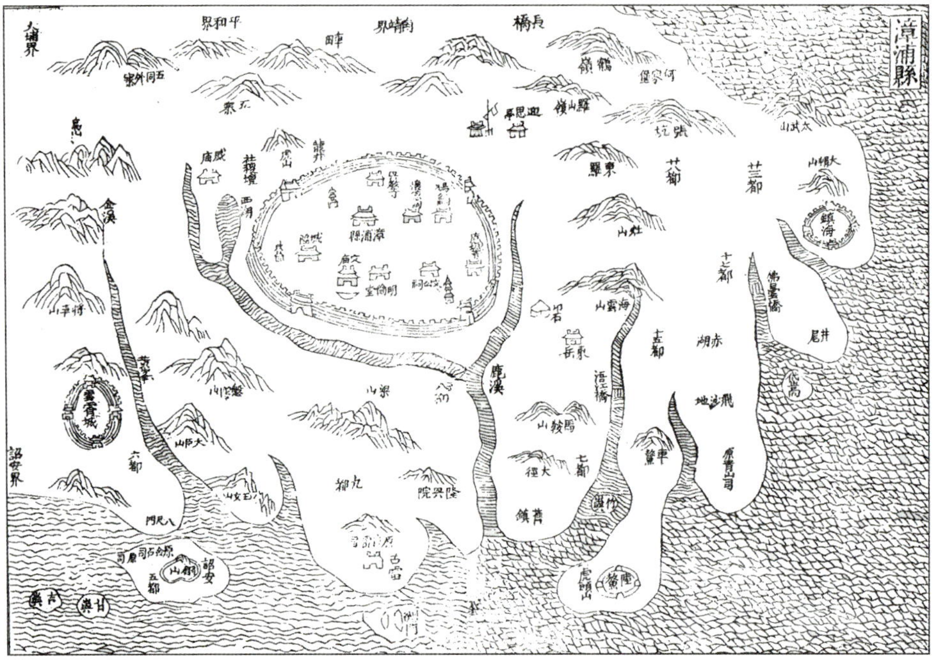

漳浦县图（引自清光绪版《漳州府志》）

4. 长泰：良岗衍脉，登科献秀

长泰县，在府东北四十里。东界泉州府同安县中岭，六十里；西界龙溪北溪，十五里；南界龙溪五里亭，五里；北界泉州府安溪县惠昭村，八十里。广七十五里，袤八十五里。

良岗衍脉于后，登科献秀于前，曷山左距，西峰右峙。晶山为辅翼之地，龙津注萦泂之波。

良岗山，县主山也。诸山崔嵬而穹崇，其大而端秀者，为同安县发源，故名。循安溪日观而来，盘礴于县之西北，良岗山在石铭里，距县五十里，山麓有良岗寺。

罗侯山，自良岗逶迤入县治，圆峰特起，县正枕其间。顶圆而秀，县治儒学在其麓。宋朱文公守郡行县，盖有仰止亭，曰“罗峰名胜”。万历（1573—1620）间，令方应时建捧日楼。

登科山，县前案山，旧名竞秀，又名来青，上有仙人殿。罗侯以左，东瞰大溪为新寨山，与罗侯相连，旧设泰安寨，宋时有寨官。其右曰水晶山，山如覆釜，上有水晶，故名。稍北曰重桂山，周围十丈许，为县治右臂。县壤地故蹙，五山环焉，位置自天设。

天柱山，县东三十里，山最高，岩洞殊胜。明邑绅戴燝等建有楼寺。绝顶有紫玉峰，可东望日出而下观海。山有两峰并峙，东峰尤高。折而东南曰朝天岭，岭高峻，故通京省道也，有天成洞，去县东南三十里。又南为双髻山，两峰双峙如髻。明天启（1621—1627）初，邑绅杨莹钟于此筑石寨，名曰天成。中多佳胜，遂家焉。

石冈山，在县南里许，学宫文峰也。山被民居，开掘为园，水冲成堑。万历四年（1576 年），令张应丁填补，方应时筑文昌阁于斯。二十六年，阁为风雨侵坏。诸生各捐金更筑，砌以砖石。先是役夫掘地，得古砖方二尺许，中有墨书“宋景定元年埋”，识其文云：“石冈平，四山明，文星现，贤才生。”

鼎山，在县正南五里。为县治案山，上有龙泰岩。近城以西曰西峰山。麓有五仙祠。西峰之外，圆立如螺形者曰螺山，又远曰吴峰山。

鼓鸣山，距县东北五十余里。下有洞，旧志云：“山洞窾窍，风吹成声。”唐元和三年（808 年），敕山为“鼓鸣”，封其神为威泽王，建祠。

桐岭，东北界于同安，上有观音岩，下有隘，多树木，又名曰桐林。上宁岭，有隘。接安溪界者曰磨锋岭，有隘。其山曰内方，叠嶂相连，可候云雨。

待诏山，在县之北。耸翠奇丽，下有岩、有亭，昔有孝子在此待诏，故名。

董奉山，距县北三十里。形如卓笔，上有丹灶、棋盘石、棋枰、琴室。淳祐志以为神仙董奉所游。“奉”一作“凤”。良岗之下，里为石铭，有良岗岭，高危险峻，长十余里。下翁岭，下有隘。

大帽山，山有石如角形者，曰龙角山，一名“牛角”。宋张汉杰登第之时，与罗山相应而鸣。近龙角有锣山。旧传常有锣鸣。合良岗、董奉、鼓鸣、吴田、天柱，是为五名山，环峙于东、西、北，为邑之望。

长泰县诸川萦纡澄漾，凡水皆东，唯武安之水西流，乃逆而合于九龙江，以入于海。

龙津溪，源发安溪界，由县东北境入。合诸溪水至戴干分流，又合至欧马分流，又合折城东，绕县治而西，过钦化洪沟。沟又分为两溪至双溪口，入龙溪界。

马洋溪，由恭顺里洪岩林发源，有二，历方成、钦化里，有虎渡等桥，至东溪入龙溪县界，合北溪。又有李宅溪、可陇溪，发源各里，俱入马洋。

高层溪，发源安溪县界，至石铭里大颅鹁崎滩，入龙溪界北溪。又杨陶溪，发源正达山，至下寮，亦入龙溪县北溪。

岩溪，龙津之支流，入龙津溪，舟人多泊舟于此，上有天后宫。东津溪，在东城下，自东流抵城湾绕而南。南津溪，自东城绕抱，复环而西。锦溪，在人和里。明教谕方定诗：“锦江春暖水溶溶，几片归帆落照中。

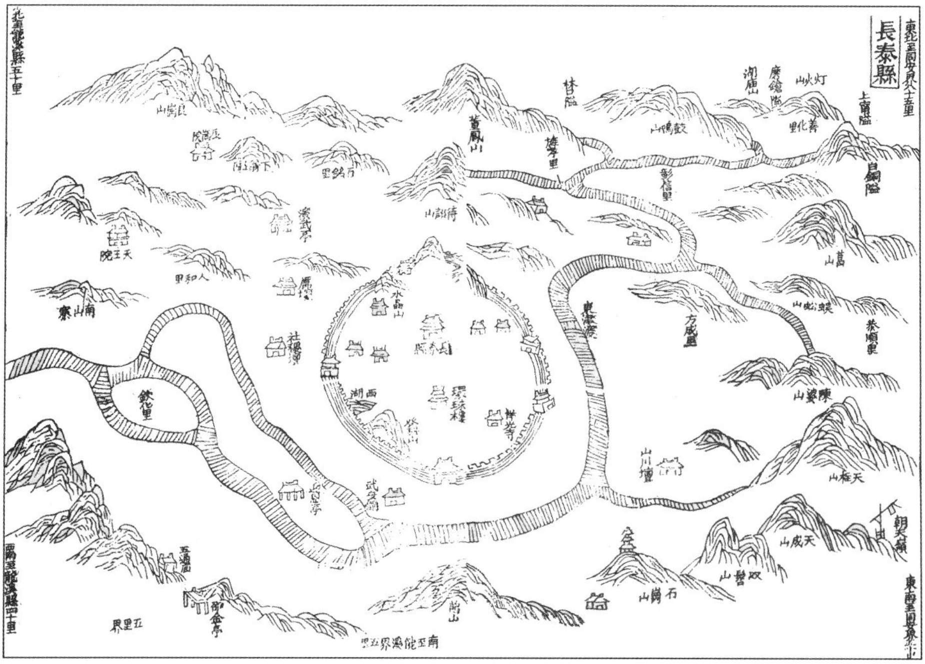

长泰县图（引自清光绪版《漳州府志》）

两岸轻风闲客棹，细歌渔唱过津东。”

诸溪之湍者为滩，则有钥钩滩，溪口粗恶，回曲如钥钩形，舟人至此，以身拽导。凤尾滩，有时鸣闻数里，有时澄静。跳头滩，溪多巨石，可跳。深者为潭，则有潮潭、鸬鹚潭、纬丝潭、凤尾潭、蛟龙潭等。

5. 南靖：大帽峙后，双溪环前

元至治元年（1321 年）置南胜县，时县治在南胜。至正十六年（1356 年）时，迁县治于兰陵（今靖城），并更县名为南靖。到 1938 年，迁县治至今所，即山城（荆城）。本文所引文献所载之南靖县治，均指 1938 年之前的兰陵所在。

南靖县在府西四十里。东界龙溪，溪南抵下渡头，二十五里，溪北抵塔下、上釜、田寮，三里；西界龙岩州林田岭，一百里；南界漳浦车田长桥，九十里；北界龙溪内洞，二十五里。广一百三十里，袤一百二十五里。

县治周边山水盘旋，土地平衍，员山东南，镜山西北。水陆可通，食货易集。

五凤山，五峰自天宝西麓列峙，为县少祖，分支劈络，石巘清峭。峰苍岭，在习贤里，距县十六里，以峰高入云、四时苍翠，故名。欧寮山自此山而生，石磴盘回，路通汀、赣，上有亭及公馆。南折为华坪岭，耸高冈为欧寮山，一名大帽山，又名三凤，方圆百余里，端重挺特，衍为平畴，县治创焉。

镜山，在县西北五里。每夕阳反照，炫然有光，故名。宝珠山，在县西五里，形圆如珠，夹于镜山巨石之间，号曰二龙争珠。其巅多怪石，下有溪流回绕，盖雁塔、南坡等社之镇口也。又其西为辅者，则有紫荆山，距县西二十五里，连峰耸翠，中有龙潭，云出则雨。万历（1573—1620）间知县陈宗愈匾曰“雨仙洞”，上有遇雨亭。

麒麟山，距县西十里许。峰头高仰，状如麒麟。远在东南为拱抱者，曰鹅头山，一名天马山，距县五十里，山形如鹅昂首然。林璧山，一名榜

眼尖，与鹅头山相连，出水晶，以李贞生于此，故人称今名。在东南为照耀者，曰西天山，亦名狮山，列障如翡翠成屏，郡城望为西房焉。石盘山，距县二十五里，山顶有岩，有一石平坦如盘，故名。

鼓旗山，其正南有几案之层峦，县治俯焉。为县治案山，内圆如鼓，外展如旗，俗呼“扳旗山”。又有湖山，在县城南，隔溪近案山，下有湖，故名。山麓有慈济宫、石璧庙，为县治水口第一重关锁。峡口山，距县东南二十里，两山相夹如门，为县治水口第二重关锁。此外有员山，崇圆峻拔，左郡而右邑，百里之内风云应之。在县东南三十里，为县治水口第三重关锁。卓立巽维，插天文笔是也。其西南高出列峙者，则有虎头山，在县西南九十里，形状如虎，故名。老龟山，在县南八十里，崒嵂奇特。鸟翠山，在县南六十里，秀色如翠削，其下有湖。观音独坐山，距县南五十里，在程溪之内，挺特庄严，形如大士，巉岩峭拔，插入云端，为漳南第一高峰。

鹅髻山，距县北七十里，高峙盘山，头起顶戴石，形如老鹅头。金山，与鹅髻相连，上尖下广，形如金字，高大丰厚，秀丽非常。五云山，距县北八十里，数峰联翩，开屏列峙，万石嶙峋。浮山，在五云山下，屹立中流，形如覆瓯。

双溪，以二溪合流得名，其上实有广源焉。在县治前西南，其一发源平和界葛竹，由鳌港历书洋、龟洋、船场，至山城为西溪，下受平和小溪，经岭仔至县治南；又一发源龙岩界，自员沙、坂场，历金山涌口，至中峬，并深渡之东溪合流，经县治西门汇西溪，南绕县前，东流赴郡入海。东溪之派有涵溪，在县西北四十里，源出黄竹坑，历竹围，趋海渚潭，入于东溪。西溪之支有象溪，在县西六十里，源出岭脚，历小山城入西溪。又有古旧溪，在县治南，上受沥水，过黑潭纡湖山，抵石壁而出溪头。旁源来会者，有九团溪，源出漳浦，历洋头，经下里后市，出铜湖溪口。横溪，源出小坪山，至溪口。小隔溪，源出三峰，经侯山。翠微溪，源出翠微社，历三平寺，经圆济桥下。

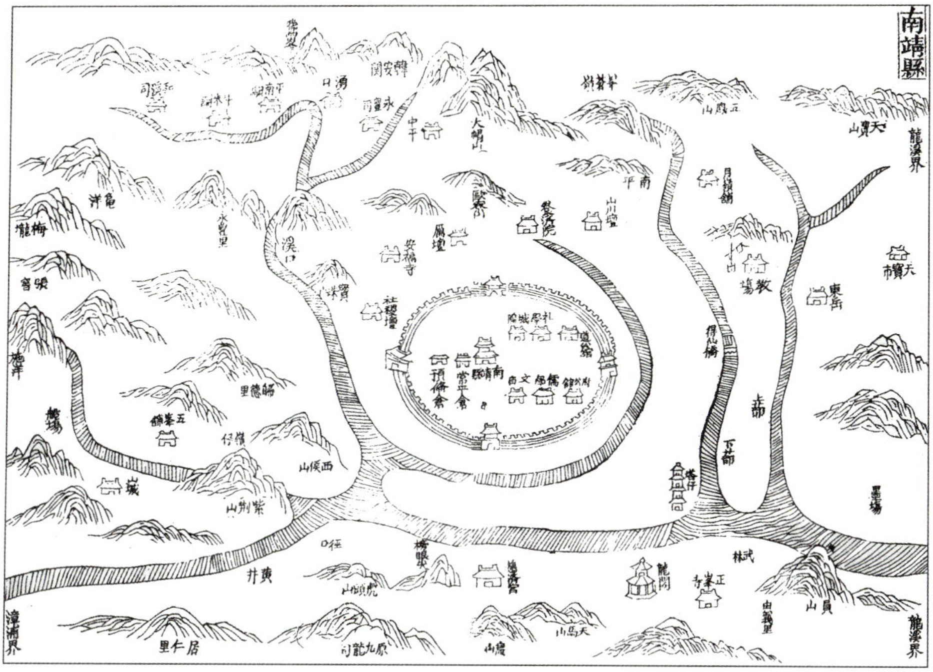

南靖县图（引自清光绪版《漳州府志》）

6. 平和：长卢峙后，天马揖前

明正德十四年（1519 年）析南靖、漳浦县置，县治在今九峰。溪水西环，家有膏腴之亩，户有桑梓之林。

平和县，在府西南二百余里。东界南靖小田坑，一百五十里；西界广东潮州府饶平县柘松关，二十里；南界漳浦三角径及云霄，俱一百八十里；北界汀州府永定县朱公畲，一百三十里。广一百七十里，袤三百里。

环邑皆山也，故又多岭多径。崎岭，在崎岭铺。东陀岭，在和平社。小坪岭，在霞寨。石梯岭，在山市。鱼鼓岭，在小陂。葛布岭，在大溪北。磨石岭，在下河。陈旗岭，在马铺。大伯径、三角径、上五岭二径，俱新安里。宝珠径，在崎岭社。虎头径，在和平社。客寮径、半地径，俱清宁里。

双髻娘山，双峰并峙为双髻，发源逶迤，以趋县治。石人山，山起石峰数丈，如人挺立。五凤山，五峰迭起，高出云际，形如飞凤。双髻山，县治在其麓，脉起双髻娘，亦双峰并峙，为邑治之胜境。陈琎有诗云：“春林留雨脚，双髻上微烟。乍合轻云卷，中分细黛连。”辏环于四郊者，东有九和岭，在县东郊，九峰矗起，形如列屏，亦为邑景之胜。天马山，在县西南，每烟雾起时，有腾空飞跃之象。双塔山，为县治案山，双峦秀媚，上建二塔，拱秀文庙，又为邑之文笔。其峰之最秀者五斗山，在县东，尖秀特出。鹅公髻山，在县东；狮子岩山，在县西，亦左右拱辅焉。

九牙山，又名矾山。九峰耸立如牙笏，故又名九牙山。相传漳山多祖于此山，产矾石，煎而成矾，故名。

管山，山麓即南胜县址，今小溪地。元末李志甫起义，后其地被铲平，今居民甚盛。又东新岩山，即旧县山，中有瑞雪岩，崇祀朱文公。

长卢山，尖峰特秀，为旧县后山，去平和八十里。洪濑山，在后坑社，为东溪巨镇。

三平山，岩谷深邃，结曲崎危。旧志云：“登者必历三险三平，乃至岩顶。”有三平寺，中多名胜。

大峰山，在大溪，发源大琼，下趋漳浦。高峻巉岩，卓拔群岫，邑之望镇也。旧志载陈元光改葬其父坟于大峰山，即此处。一名大峰溪山，崿起石峰十有七，自山麓至巅可五十余里，登陟一望，远近城邑一盼而尽。番船之商，海中望见此山，则喜见闽境矣。中多巨灵斧迹，又多巨石，岩洞窈窕若化人居。有狮子口，攀缘丈许方得入，中可坐三十余人。此岩立半山，历险架梯而上，人迹罕至。又有佛祖、灵通等岩，皆名胜。大峰山之支别为笔架山、龙冈山，俱在大溪南。

朱家山，在县西南，与诏安、饶平交界，峻岭深林。顺治十七年（1660 年），山寇李晚常聚众于此。最远北峙者金溪山，与饶平县接壤。横坑山，与广东大埔接界，绵亘数十里，蓊翳阻险。

芦溪山，在县西北八十里，山势雄壮。象湖山，在县北九十里，旧有二象，因以名山。

平和诸水，于郡为井络之源。唯大峰山泉流四注，画地而成川。

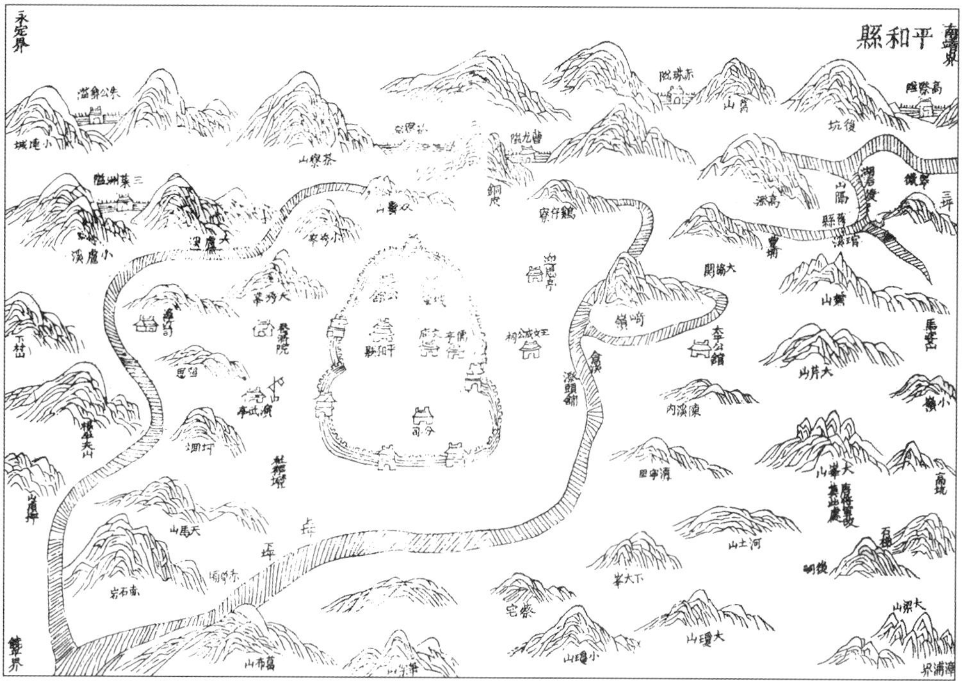

平和县图（引自清光绪版《漳州府志》）

自正西出者，曰高山，水流西，其下为粗溪，又西过楼宅，经县治，曰河头溪。河头溪在县治东南，清冽可掬。至三河，合芦溪，以达于海。芦溪出三圆，南流至三河坝，合河头溪，流出赤石岩，下潮阳，入于海。

其东北出者，曰高山，水流东，其下为高山溪，自大峰山分源，出大小坪溪口，土人呼为高坑石神。东流至溪口，合铜壶、坂仔诸水，入溪口溪。又东北流，曰溪口溪，左自大小坪，右自南胜之溪，至小溪西出，合为大溪，直抵郡城。

其东南出者，曰河上溪，自旗山发源，流出西林。至西林曰西林溪，又南流至云霄为漳江，入于海。西林溪又有南溪、北溪，二水合焉，至云霄乃合梁山诸水入海。

其正南流者，曰徐坑溪，南为合溪，亦名双溪，过葛布岭而鱼鼓溪、马溪皆入焉，会于大溪，过诏安为东溪，入于海。云大溪者，因上坑之旧，诏安人仍称东溪。将入海又分派为四。

支流旁潴者，曰和尚潭、赵陂潭、鳖潭、虎头潭。其濑，有鲂濑、下坂濑、粪箕濑。

7. 诏安：山环九侯，水汇象溪

诏安县地极七闽，境连百粤。山环九侯，赤坑之雄秀；水汇象溪，大海之吐吞。南峰双耸如天闲立马，点灯叠嶂如玉笋联班。

诏安县，在府西南二百六十里。东界铜山大海，八十里；西界广东潮州府饶平县分水关，二十里；南界悬钟大海，三十里；北界平和龙过岗，一百里。广一百里，袤一百三十里。

山当闽封之极，南控引潮、粤。

点灯山，即赤坑山之祖。其山多雄峙，自平和大峰山南行，在县北三十里，夜有腾光之色，故名。自点灯山分为三支，其一支曰赤坑山，在县西三十余里，势若五星聚讲，上有佛寺；一支自西去潮州黄岗，至大澳而上；一支自东北来县治，至徐渡而止。

小篆山，俗名犁头山，嵯峨高大，为县龙之祖，丛险盘纡，可当要害。

良峰山，为县之主山，在县西一里，耸拔奇丽，有良峰寺在焉。旁为九上落山，其山九上九下，在县东北十五里。先是，路出北门，恶少窃伏崖谷中，时出剽掠，行旅患之。嘉靖二十四年（1545 年），知县廖暹改从东门出，设东溪、洋尾二渡，即凤头山立凤山铺，以半砂关民兵守之。

真武山，在县东五里，自厚广分脉，状若真武之神。前有官屿山，其形如龟；右有洋尾石桥，其状如蛇，人谓真武踏龟蛇云。其一支曰初稽山，在县北二十五里，半山有三潭，大旱不竭。元末陈汶辉尝结庵讲学于此。其上有巨石，出泉清冽，久藏不变，号“玉泉”，可和药。

乌山，在县北二十五里，与九侯相连，峰头巨石嵯峨，半插天表。北接云霄镇，东联橡仔林山，为诏邑后山屏障。其形似火，或称火焰山。

九侯山，在县北二十五里，九峰并列，故以侯名。上有九侯书室、九侯山寺。

厚广山，为邑后扆，在县东北二十里，一名和广。其山势自初稽九侯而来，崒嵂耸秀，界三四都之交，为邑治屏障。其正南作朝宗者，曰大南山、小南山，在县南十五里，两峰锐秀，县治儒学向焉，俗名曰大尖、小尖。万历（1573—1620）间，庠士佥呈知县郑化麟，垒土于小尖之顶，以为文笔。山之右绵亘数十里，若巨屏森列，与龟山相接。

龟山，在县西南二十五里，上有巨鳌，相传有潜龙，祷雨多应。有石洞，可容数十人。度象头而止，山外为潮境矣。

橡仔林山，在县东北五十里。崖石林立，有石屋数十处，可容百人，称十八洞。嘉靖（1522—1566）末，盗寇啸聚谷中，出没靡常，大为民害。后盗稍息，而奸慝常遁居焉。菁林要害，尤一邑之吃紧者。此山实与九侯相连，为邑之镇山。

葵冈山，在县东四十五里。山势绵亘，跨于深田铺上下，中有两小山相峙，称相见岭。有古关隘，即蒲葵关，垒石而成，宋为沿海道巡海所。明末以上湖后港诸村豪黠劫掠，拨浙兵守之。

余甘岭山，在县东六十里。上至深田铺，下至径心铺、磨石溪而止，盖漳浦、诏安接壤山也。旧路从山岭行，崎岖不便。万历二十五年（1597年），令夏宏改由山腰而行，士民称快，颂德纪之石。

渐山，屹立于东南海上者，曰有石榴遗洞存焉。在县东五十里，高峭千仞，顶分二峰，中有潭，深不可测。宋进士翁待举、陈景肃、杨仕谨、杨仕训，筑室山腰，读书其间。山岐跨至港口渡西南，巨石若屋庐然，内有泉清冽，远近汲之。

双岐山，在县东三十五里，与渐山相对。众水汇处，一邑关镇，双峰高峙，苍翠如画。敏州山，离县三十里，距悬钟所十里，濒海之地。漳之洋舶先实发于此。原设公馆，主簿镇焉。后诏安设县，镇除。

东溪，在县东，源出平和之大峰山，入诏安赤岭村，过白藤径、林婆畲，小篆溪自南会，樊沙溪自北会，南至河龟径，历麻寮西南，受白叶洞水，抵南坑、马洋后复北注，经大布寨、走马塘，出金溪，下石垄，至溪东村，会长田、塘东诸溪水南注，经东溪石桥，至象头，会南山横岭渡入

诏安县图（引自清光绪版《漳州府志》）

海。其支流，一由官洋头主流，至东沈村，为新溪；一由东门外，过林都，为考溪，至洋尾，同入于海。而上游为站前溪，即东溪上游，溪之上有断桥遗址。塘东溪，源出二都下河山，至塘东村，跨有石桥，历岑头、黄塘诸水，至赤水溪，会于东大溪。

港头溪，源自长坑、五斗，过磁窑等村，至港头，会湖水，经平寨溪桥，至象头入海。

大陂溪，在四都，经马洋山，至大陂，南绕梅洲村，复抵渐山，以入于海。

走马溪，在五都，距悬钟、梅岭俱二十里，地称要害，合流而东入大海。

8. 龙岩：九龙源起，岩据梁山

龙岩县地处闽西，地势东北高、西南低，境内山秀而水丽。晋太康

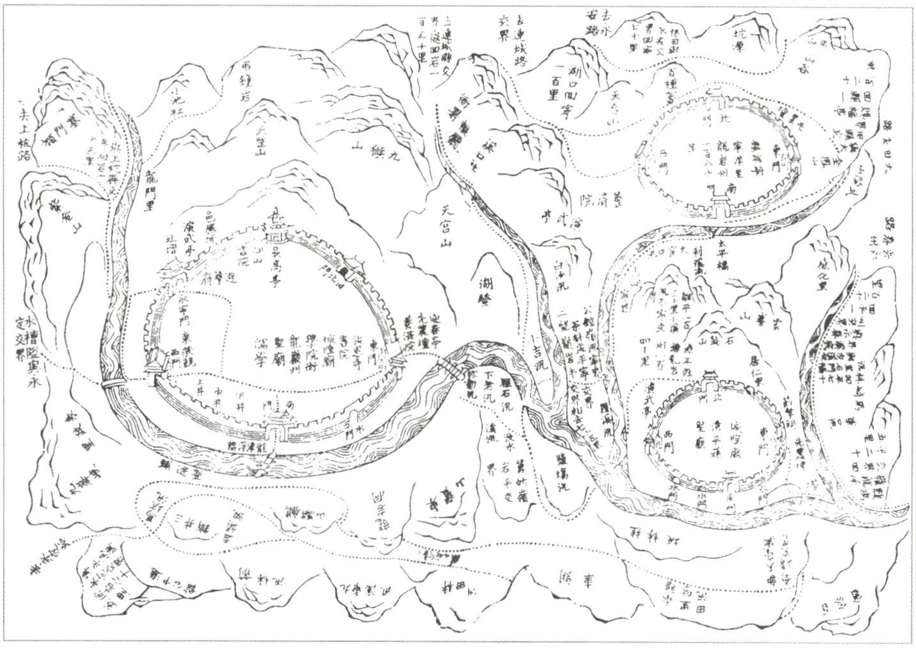

龙岩州属总图（引自清光绪版《龙岩州志》）

（280—289）时，此地曾设新罗县；唐天宝（742—756）时改名为龙岩县；大历十二年（777 年）归属漳州；清雍正（1723—1735）时升龙岩县为直隶州；民国时废州复置为龙岩县；1997 年设地级龙岩市，龙岩县改为新罗区。

龙岩城选址于九龙江上游谷地，背靠梁山余脉，山川环绕，郭外层峦叠嶂，美不胜收。邑有八景，曰龙川晓月、虎岭松涛、双井流泉、九侯叠嶂、东宾春云、紫金晴雪、奇迈岚光、登高独秀。

九龙江之北溪发源于永定县高陂乡赤峰溪村后（属玳瑁山脉），至龙岩城关汇龙门溪、象溪后流向东北，称雁石溪，与万安溪汇流后入漳平市地界，再折向南入华安。北溪与西溪的溪谷自古为漳州通往龙岩的交通走廊。

9. 漳平：漳水宁洋，此地独平

漳州于明成化七年（1471 年）立漳平县，隆庆元年（1567 年）置宁洋县，清时二县改属龙岩州。1914 年划宁洋县属福建省汀漳道，后废道，宁

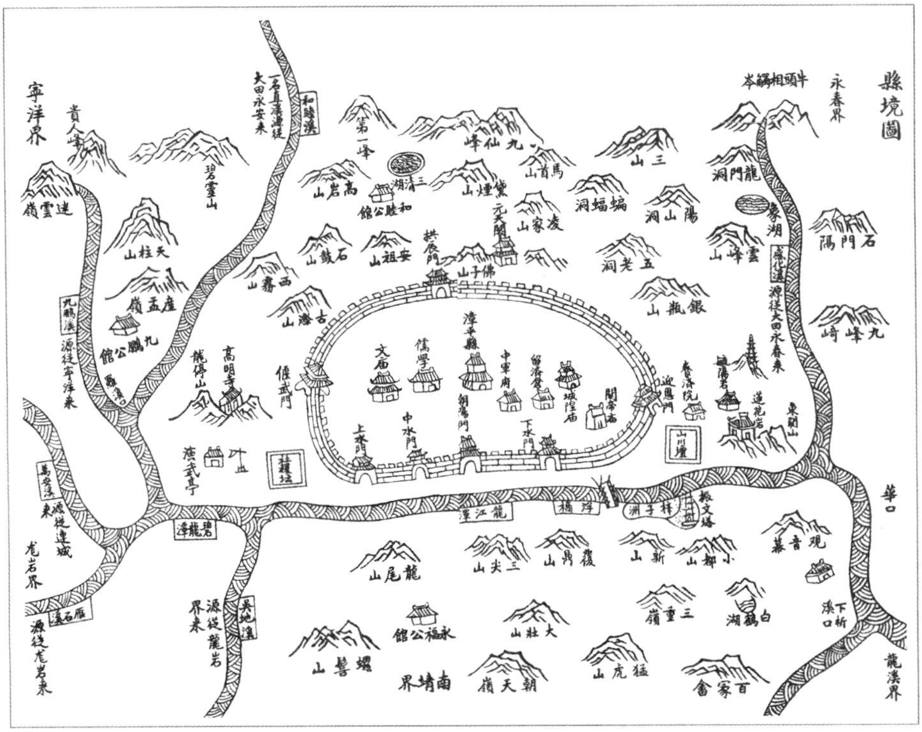

漳平县图（引自民国版《漳平县志》）

洋县直属省政府。1956 年宁洋县撤销，划归漳平县；1990 年漳平县改市，1997 年后由地级龙岩市代管。原宁洋县治所在地即今漳平市双洋镇。

漳平地处龙岩东北，境内峰峦耸峙，水流萦绕，黛烟山、九仙峰踞其北，东关山、龙停山分峙东西，九龙溪绕城之南。漳平之山峻坦，适得其平。接延、泉之界，耸然特起者，为第一峰。南趋北跸，而为一邑之镇者，曰九仙峰。其南行为黛烟山，巉岩峭壁，耸拔插天。将至邑为仙帽山，并峙而稍远者曰石鼓山，附郭而雄耸者曰古磜山，迤而东为佛子山，县治扆焉。分峙为邑之左右臂者，西则曰龙停山，东则曰东关山。南方之秀如卓笔者，曰三尖山、九峰崎、龙尾山。皆可凭而数焉。

漳平八景，即苍尖列鼎、龙江虹渡、高明周眺、碧潭澄鉴、石鼓迎仙、碧灵启秀、鹤湖三瀑、龙津三清，纳山川之巧与人文之胜。

宁洋邑境西、东、南三面环山，清康熙版《宁洋县志》记载：“麟山峙其左而巩南方之秀，玉岗迤其右而擅北门之雄。”有评论曰：“环宁皆山也，叠峦列巘，迤逦而来，朝飞湛露，暮布彩霞。”金凤山、玉屏山位于县东，麒麟山位于县南，玉岗山、双桂峰、芙蓉山、贵人峰位于城西，于城池形成环抱之势。诸水由县城北、西、南三面环绕而过。

宁洋水有三源。一名西溪，源出县西北田头；一曰南溪，源出县东北；一曰北溪，源出县北。三流合绕。南溪发源东北方，一自盖竹洋流由新村，一自马家山流由半岭至山谷，合而南流为石坑溪，过县南会于西北溪。西溪发源西北方田头，赤水至岭兜会香寮之水，折而南，由员当穿石隔，复转西行赤洋埔至县前，与南北二溪会而南流。北溪发源北方，由百种会流于凌坑，谢田过县北，会于西溪。

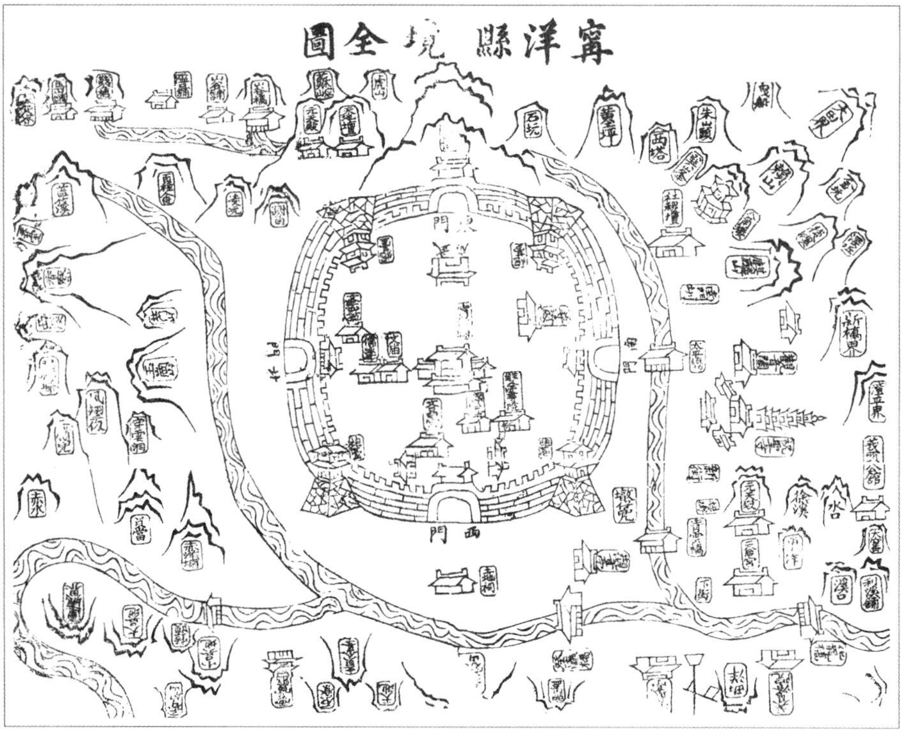

宁洋县图（引自清光绪版《宁洋县志》）

二、垒关墙以捍海疆

欧亚大陆板块、菲律宾海板块及南海亚板块的相对运动，导致台湾海峡几经升沉，海陆交替。当南海亚板块向北推挤时，台湾海峡局部隆起，形成陆桥，同时在海峡西侧海岸造成一系列斜列式平行半岛。

漳州海域属台湾海峡大陆架浅海区，水深不超过 60 米，最浅处仅 9 米，一般水深 40 米左右。在第四纪地质年代，台湾海峡曾几次发生陆海交替，最近一次交替起始于距今 7500—8000 年前。近年在海峡作业的拖网渔船曾多次拖起陆生动物骨骼化石，化石年龄 1.2 万年左右，说明 1 万年前的海峡有相当一部分还是陆地。到距今约 7500 年前，海峡开始下沉，九龙江与台湾西南部河流切断联系，各自独流注入台湾海峡。到距今 5000—6000 年前时，海进达到最盛阶段，现在的九龙江下游平原那时为古漳州湾，海水内侵到天宝、靖城一线，在鹿溪中下游进至现漳浦城关、罗高山、乌潭浦一线，在东山湾内进到今云霄城关。到距今 4000 年前，海进转为海退，加上河流泥沙沉积，古漳州湾逐渐成陆，西、北溪开始合流。

福建的海岸线漫长，而漳州是福建与海相接的最南之地。郡治之下，海澄、漳浦、云霄、诏安均濒海，东山则为海岛，其余各县亦近海，海岸线曲折，多港湾。从九龙江口至诏安与广东饶平的海岸分界点长 631 千米，其中大陆岸线 519 千米。有 12 个较大的海湾与河口湾，海岸类型齐全，有岩岸、泥岸、沙岸、河口平原海岸、人工海岸等。辖区内有 502 个岛屿礁石，其中岛 115 个、礁 380 个。

海湾主要有隆教湾（定台湾）、白圹湾、湖前湾、后蔡湾、前湖湾、将军湾、大澳湾、浮头湾、东山湾、诏安湾、苏尖湾（乌礁湾）、宫前湾等。港湾主要有佛昙港（包括鸿儒港、前亭港）、旧镇港（港口外为浮头湾）、前港（马銮湾）、后港、宫口港（宫口湾）等。

濒海有群岛 7 个。菜屿列岛位于漳浦古雷乡东浮头湾南，离大陆最近点 2.5 千米，包括菜屿岛、小菜屿岛、巴流岛、并垵岛、沙洲岛、小巴流岛、红屿、鸽沙屿、青草屿、内鹰屿、外鹰屿、小狮球礁、雨伞礁、龙虾门礁、妈祖印礁、破船礁、土礁等岛礁，总面积 4.93 平方千米，主岛菜屿岛面积 0.25 平方千米。

九龙江的海潮由海澄濠门入，在龙溪分为三支：一派入柳营江，至北溪止；一派入浮宫，至南溪止；一派自泥仔乌礁入福河，绕郡城，过郡南门至西溪止。谚云“初三、十八流水长”，至渡头复分小派于浦头，抵于东湖小港。漳浦之海潮也分有三派：一派由井尾、白石夹港而入佛昙桥，至东坂、港头止；一派由陆鳌所虎头山入，由旧镇经鹿溪，绕县治至西庙湾止，复分派由竹屿入梧江桥数里止；一派由古雷之南、铜山所之北，经大磉、荷步，至云霄西林止。诏安海潮也有三派：一由铜山之大京门入，于五都百浦走马溪止；一由悬钟之北港门入，经渐山汇于梅洲上湖止；一由悬钟之南港入，经赤石湾，绕县治至甲洲止。

1. 镇海卫：慎守锁钥，以固金汤

海澄之东南为镇海卫，拥列三所，古称岐岛。镇海之东为大海。

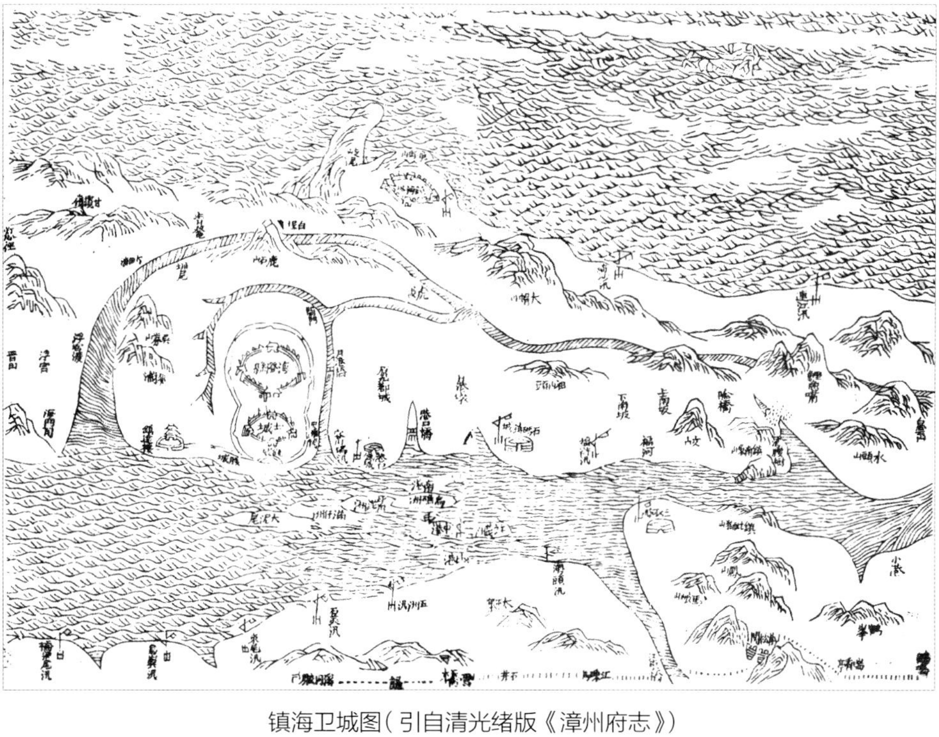

镇海卫城图（引自清光绪版《漳州府志》）

大帽山，卫城周边之主山。漳浦县东行五十里而为卫城，如神龟出海，是为龟岭山，在儒学前左坊。复东行为鸿岐山，俗名鸿山尾。

五星山，星布于卫城内，隐隐然，曰后山，曰古山，曰昭山，曰曜山，曰仓山。

太武山，为望镇，离卫西北十里，一名太姥山。其南五里，镇海卫在焉。山多石，刻“象径”“云根洞”大字。有石塔，工致，即延寿塔，中可坐数十人，高数仞，海中归帆，望以为标。山旧有岩，栋宇摧落无存，仅有石墙，亦杂榛莽。明学士丰熙、巡抚李材，曾谪戍于镇海，有留咏。

登云岭，俗呼大岭，在镇海卫城西南十里许。自大帽山发脉而来，周布政瑛先墓在焉，作石牌楼以表之，并刻崖书“登云岭”三字于石。

岛屿绵邈，云霞沃荡，则有东镇屿、南镇屿，二屿东南相望，为卫案山。离城十余里，而南镇屿正与儒学相对。鸿儒屿，鸿儒即黄如也，今称鸿江。在卫西南，多集海鸟。连集屿，南镇屿之右，俗呼大屿。将军礁，一名鸡心渊，水底石骨，内接鸟鼻头山，外连东镇屿里许。潮涨则没，退则现；晴明则露，阴晦则迷，又名浮沉渊。半洋洲，在水底，东接龟岭，西接南镇，如遇风晴，见白浪一条，长百余丈，又名白玉礁。

2. 陆鳌所：城如巨鳌，唯北陆行

漳浦之东为原陆鳌所。

丹灶山，自铁灶坑南行，迢递三十余里平沙漠漠，三面皆海，唯正北可以陆行，所城如巨鳌。

戴山，旧名青山，亦曰鳌山。山腰人家鳞次栉比。虽雨夜，海中常见灯火，最为奇观。城外为十五都居民。

澳山，在鳌山之北，一名罗崎山，土色绝赤。先欲置城于此，后移今地，其石犹存。左为对面山，所城之左，对面拱抱。其环辅为虎头山，状如虎头，与古雷对峙，商船渔舟皆经此。鸟嘴山，状如鸟嘴，上有奇石。

陆鳌之东、西、南皆大海。海中为横屿、菜屿，为双石生海中，大浸不没，鹳鹭多宿其上。双洲，俗呼为洲门，自广入闽经于此焉。

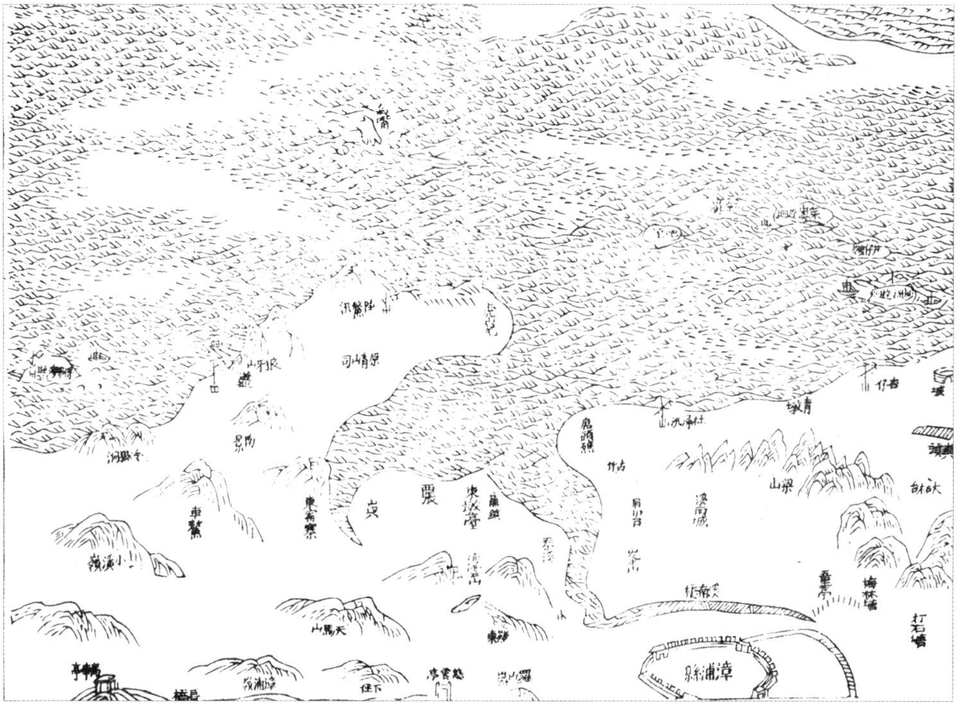

陆鳌所与漳浦城图（引自清光绪版《漳州府志》）

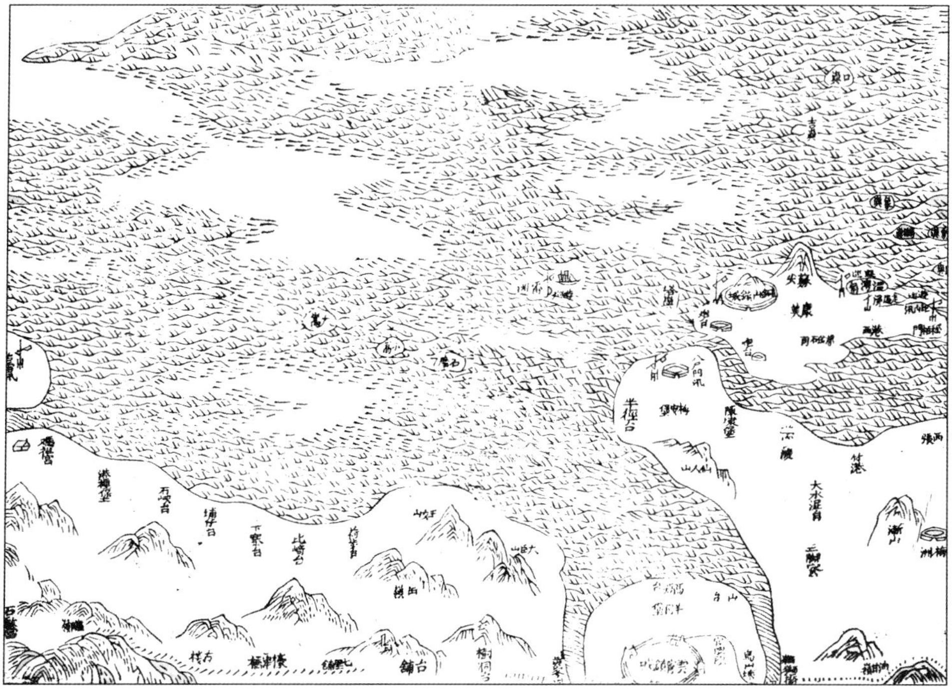

铜山镇城图（引自清光绪版《漳州府志》）

3. 铜山所：古雷衍脉，水寨东山

铜山所，旧名东山，连五都之铜坑、铜钵，明易以今名。古雷衍脉，川陵献秀，为东南水国之胜。

大帽山，负海之高者。其山高耸，为五都山第一。宋丞相陆秀夫、陈宜中扶帝昺泊龙舟于此。

川陵山，在诏安县五都，一名苏尖，一名苍陵，去城南十里，屹峙海中，一尖独耸如笔，长屏迤逦突出。俗传帝昺南渡，将都南澳，筑此为东京地，遂鈌陷为海，今城堞尚存。自山巅下向海，莫穷其际。海中尚有木头竹蔃，潮退风静，都人驾舟取焉。四时有云则雨。

白沙山，川陵之右，堆沙发脉。瞭望山，在西城外，乱石堆积，山下官道，通旧水寨。东岭山，水寨之右，与东坑接壤，有巨石倚迭如屋。

羊角山，出石鼓诸峰，渡峡而来，雄秀岿然，松石苍郁，峰顶石屏屹立，旁一石，其本双岐，类魁头羊角。《山堂肆考》载：“山之有角者，曰一在西蜀，一在闽东南海上。”此或其山。中有石鼓、石船、魁占鳌头、研池、啸台、风动石诸胜。西有青云洞，洞背三鲤石，有凤尾松。詹事黄道周评此山松石为漳之胜。分守道蔡公潮题曰“金牛山”。里人张廷范著有《山居十六景》。又其余为虎冈山，与川陵山相接，其峰极秀丽。

古楼山，在城中，一峰向西，一峰居东，中一峰独尊，有圆墩，平处为南溟书院。东为崇文书院及东璧书院。砌石为城，如重金环带然。明詹事黄道周家其上。

水寨大山，距城二里，前有樸头石，通接官亭，平处有田。又有龙潭下注，大旱不竭。上多怪石如兽，又有鲤鱼石焉。其内有石室，大石如盖，下如门，低头而入，其内平坦，可坐三十余人。海中为乌石平山，列屏如黛，周围数里。大甘山、小甘山，晴明可见，遇风涛则隐，一潮水乃得至。

揭榜山，原名东湖山。与川陵相接，状如列榜，故俗呼揭榜山。为飞沙所埋，几没其脊，望之如山碛，其下有潮水焉。海中则有虎仔屿、南林屿、崎屿、大眠屿，四屿在川陵南大海中。

东门屿

东门屿塔

柑山，为海中最奇，远视若有小髻。天起飓风骤雨，其状变幻，若屏若屋，若狮象之形。四面皆海，中有一井水独淡，相传仙人遗柑其上，故名。

东门屿，蒙如龙头，上多怪石、药品，平处为园，种者必以舟渡。有石室，深广可容二十余人。一石如船，一石如人戴笠，流浪冲急，俗呼大惊门，渔人于此举网。其下沙岛。铁钉屿，积石叠起，有似官帽者，形比龟蛇浮水。鸡心屿，川陵之东。南屿沄，有沙湾环带，夏月人多网鱼。后澳港，水寨之旁，大小船只于此可避风涛之险。

4. 悬钟所：果老八仙，悬钟罗星

诏安之东南为原悬钟所，其高峰突起海上，重重盘错，如菡萏之露晴波，与南澳大尖相拱揖，南则汪洋一望无际矣。

果老山，在城内，一名古老。四面八山连环相向，俗云“八仙朝古老”。宦游者多有题咏。东峙者曰东山，上有烟墩台，可以望远，分守蔡公潮刻大石而咏八景。

内屿，状如神龟，与洋林大墩，谓之龟蛇相会，中有巨石如牛，潮满则沉，潮退则现，以塞水口。外屿，中多奇石，多集海鸟。胜澳，城西南，面对南澳，水通柘林等处，其上为南山墩，平处为天后庙。七洲屿曰蛤洲、猎洲、敏洲、红洲、卧岗洲、陈洲、蛇洲，俱在北门内江一派，离城六七里，罗列水上，虽为诏之水口，实为悬钟罗星；唯蛇洲附于五都之海口，离悬钟所五里许。

由海门西出半日程为南澳山，砥柱海中，周二百余里，万历四年（1576 年）筑城，周围五百丈，有总兵府、巡海道、海防馆衙门，副总兵一员驻焉。其山之远者曰黄芒山，长三十里，逋逃之民居焉，伏险窃发，汛地之最要者。青峙山，有“海阔天空”四大字。猎屿山，高百余丈，长二十里，山中可樵牧。其环于城之左右者为白沙湾、隆澳，中多平田，贼酋许朝光旧巢。洋屿，中多平田，漳、潮民杂处，耕佃于此。钱澳，每岁赤水涌起，沙中有金钱出现。宰猪澳，即吴平旧巢。其递南则为潮之澄海、潮阳焉。

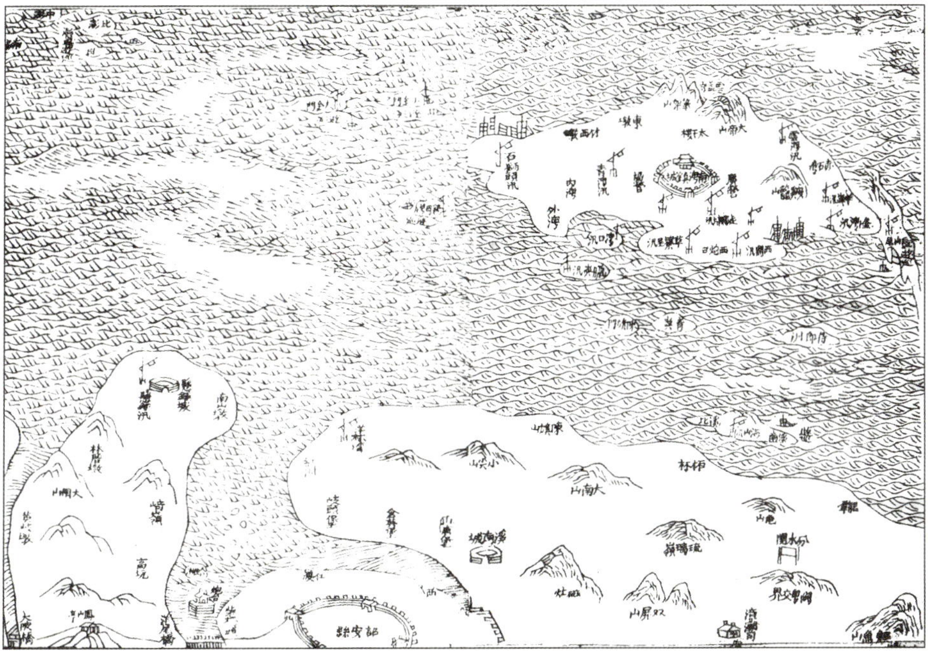

悬钟所与南澳城图（引自清光绪版《漳州府志》）

悬钟所城蔡潮题刻

三、置巡检以固地方

社会的稳固与传承，取决于基层治理的细枝末节，故亲民之吏莫如守令。国家设官分职，必于邑之乡里设立巡司，在险要之地设立巡检以便分庶务而兼缉御。

巡检司为官署名，负责缉捕盗贼、盘诘奸伪。巡检司常设在重要的集镇或道路节点，常年有兵士检查巡防。巡检司之官名巡检使，省称巡检，始于五代之后唐庄宗（923—926）时。宋时于京师府界东西两路各置都同巡检二人、京城四门设巡检各一人，又于沿边、沿江、沿海置巡检司，掌训练甲兵、巡逻州邑，职权颇重。后受所在县县令节制。明清时，凡镇市、关隘要害处俱设巡检司，归县令管辖，一般秩正九品，有的地方还有文武巡检之分，具有县派出机构之职能，亦有副巡检等。

明初，周德兴仿宋元巡检之设，在福建之郡县要害地各置巡检司一员，选民间壮丁为弓兵。漳州巡检司有 17 处：龙溪柳营，漳浦古雷、井尾、后葛、盘陀、青山，龙岩雁石，长泰溪口，南靖永丰，漳平归化，平和漳汀分界，诏安漳潮分界、洪淡、金石，海澄濠门、海门、岛尾。每司弓兵 30 至百名不等。弘治（1488—1505）中，以田赋定差役，弓兵雇值倍增。嘉靖（1522—1566）末，闽中遭倭，当事者以弓兵多逃，裁减其名额。延及隆庆、万历，各司弓兵徒有其名而已。

明中期以后，随着备倭形势的需要，各地在险要之处陆续增设防御点，分别由各路游击、巡检等驻守，与卫所、营寨等互为补充，形成犄角之势。部分关键位置的巡检，随着其重要性的增加，成长为县或分县、厅等。

1. 云霄：开漳重镇，升厅立县

嘉庆元年（1796 年），以云霄之地当漳浦、平和、诏安三县要冲，割平和 25 保、诏安 2 保 13 村并云霄 30 保，奏改南胜同知为抚民同知，移驻云霄，管理治安、军饷、盐、驿，改盘陀巡检为云霄照磨兼司狱事，是为

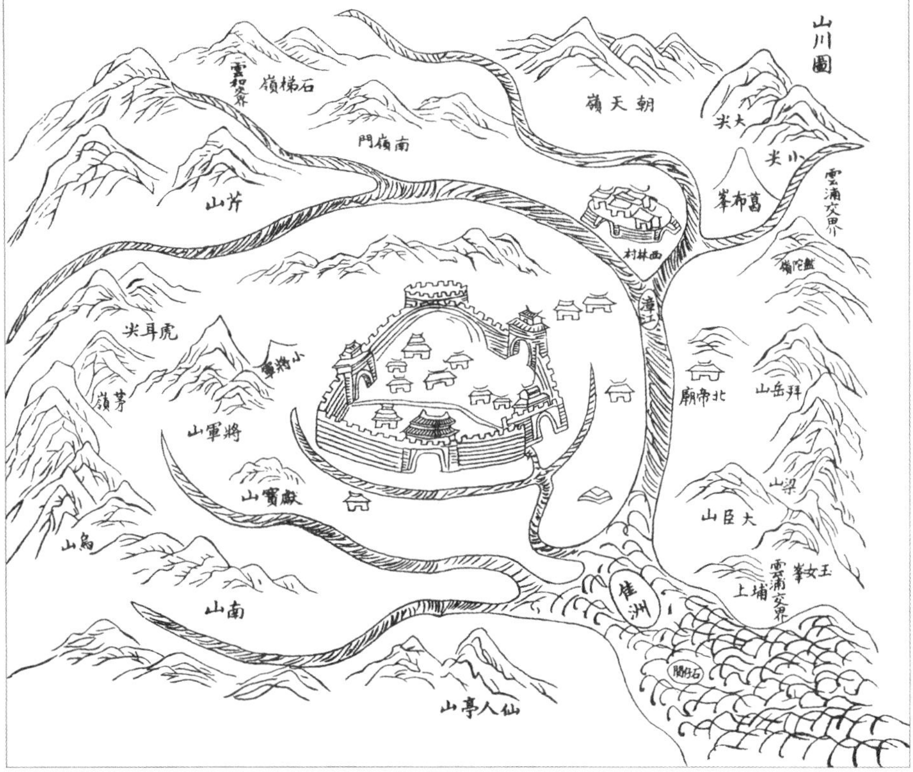

云霄县境图（引自民国版《云霄县志》）

云霄厅。1913 年改厅为县，其建制延续至今。

云霄县，即古之绥安县，当闽粤之交，又有“开漳圣地”之称。唐将军陈元光征闽居此，在《玉钤集》中谓“屹然一镇表云霄”是也。从民国《云霄县志》山川图中可以看出，云霄县负山面海，山势由西北直趋东南，中贯以漳江。将军山为县治主峰，与漳江东岸之大臣山对峙。水以漳江为宗，汇百涧之水，中流二达于海。

将军山，昂然独立，似大将据帐幄然。大臣山，又名“大神山”，北隔漳水，与将军山对峙，端重严凝，有垂绅正笏之象，故名。峰有二，曰仙人，俗称仙人亭山，有石岩，上有棋盘石，故名。曰玉女，在大臣山之后，名玉女峰。以上将军、大臣、玉女、仙人，为云霄四名山，于漳水之滨为望镇焉。

鱼肠屿，潮通鹿溪。竹屿，民居数百，岁获鱼盐之利。上二屿俱在七都海门中。石城屿，乱石丛杂，远望若城壁然。菜屿，生紫菜。将军屿，盘石叠耸，舟舶不通，滨海者多乘筏以取海蛇。相传陈元光常驻兵于其上，故名。以上三屿，俱县东南十五都大海中。大桑屿、小桑屿，俱井尾港内，居民皆业渔，其地宜桑，故名，今呼桑为嵩。大澈屿、小澈屿，俱井尾港口，聚沙成屿。上四屿俱十七都，罗列几案，环以镇海、陆鳌、铜山、悬钟。

自西林出者为西林溪，源出平和。南流过于云霄镇城之北，又南流而东，纳梁山以南诸水入于海，为古之漳水，亦曰漳江。旧志云：溪水自西林而出，海水自铜山海门而入，清浊合而成漳，故名。又曰：昔陈元光之父政至漳，曰此水如上党之清漳。

黄如江，在六都云霄。自灶山、龟山诸水，会于大坑佛昙桥而入海者，亦曰鸿儒。镇海卫在此江之上，杜氏《通典》："漳浦郡，南至黄如之江一百里。"今讹为鸿儒。

绥安溪，古绥安县地，源出县界，东流合李澳川入海。

火田溪，火田，畲也。凡畲田，皆火而种之。此溪西向皆山，因为畲以种黍稷，故名。唐陈将军政建宅于此。

2. 华安：水连四府，地接闽中

乾隆十二年（1747 年），龙溪县丞厅移驻华丰，设县丞署。宣统三年（1911 年）十月，辛亥革命推翻清王朝，次年中华民国成立，改府为道，改厅、州为县，华丰为龙溪县分县，设县佐。

1913 年，福建省分为东、西、南、北四路。漳州龙溪县（华丰随之）属福建西路观察使所统辖。1914 年，改路为道，废观察使改设道尹。西路道改称“汀漳道”，辖 19 县，龙溪县（含华丰分县）归属。1925 年，广州国民政府成立，废道治，福建实行省、县二级政制，龙溪县（含华丰分县）为省直辖县。

1928 年，经国民政府内政部批准，析原龙溪县二十五都的浦西、桃源、归德、迎富、升平、龙岭、宜招、华丰、珍山、大深、蓬莱大坑 11 保及二十三、二十四都的银塘、沙建、寨坂 3 保共 14 保，并割安溪县的龙涓入属（后龙涓未入属），取华丰、安溪两地首字正式置县，称华安县，归属漳州。

华安县

第三章　崇墉复堑濠

漳州的城防体系初成于唐代，当时的防御设施极其简单，多数属于“掘濠以围”或“插柳成营”的初期形态。宋元时期，以州城、县城为主体的各类城池，建造规制开始完善，规模慢慢扩大，城内建筑也逐渐增多。入明之后，漳州的内外防御需求面临极其严峻的形势，以卫所、城堡为主体的城池作用日益显现，其形制、规格及内外建筑等在经历了多次修整和扩充后日臻成熟，官民共建、上下一体的地方军事体系逐渐形成。

一、府县城池

城池自出现以来，一直都是各级政权的安全所系，也是统治象征。在古代中央集权社会中，自上而下、自中央到地方，城池的规格与建造严格遵循着历代王朝的规章制度，古代漳州的各级城池建置也概莫能外。

因为山水环境以及经济条件的限制，漳州各处城池的发展与演变表现出较强的自身特性。漳州城池作为统治阶层在福建向南推进的桥头堡，其军事防御之外的地方治理及礼仪教化要求亦极明显，城池由此成为军事防御与地方文化融合的重要象征。正所谓：“国家承平，无所事于设险之守，而城以卫民，池环于城，金汤之固，岂可废弛哉！”

1. 漳州：濠引龙溪

漳州府治城池在唐、五代俱无考。宋初，筑土为子城，周围四里，为门六：东曰“名第”，曰“清漳”；西曰“登仙”，曰“朝真”；南曰“云霄”；北曰“庆丰”。

宋咸平二年（999 年），始浚濠，环抱子城。大中祥符六年（1013 年），郡守王冕加浚西濠，又于西南隅凿水门，接潮汐，通舟楫，竖木栅为外城，围十五里。绍兴（1131—1162）间，郡守张成大毁子城，撤外城东、西、北三面木栅，筑以土，独南一面阻溪，而子城之濠皆在城内矣。其后，复于西北浚河一道入故濠，而双分其流焉。盖城既环于外，即以旧濠泄城中之水潦也。嘉定四年（1211 年），郡守赵汝谠始砌东门以石，高十级，长五百余丈。绍定三年（1230 年），郡判林有宗复砌西、南、北三面，长二千五百余丈，为级二十，高一丈七尺，建楼橹，浚河湟，当为城之外濠。辟七门：东曰“朝天”，西曰“安丰”，南曰“通津”，北曰“贡珠”，西北为“小关门”，西南为“龙溪门”，东南为“朝宗门”。城上建候亭二，其下为闸河三。是岁，郡守江模至，发帑助役。次年，城成。时董役学职陈正义、杨士复、黄恭之，皆进官有差。淳祐九年（1249 年），郡守章大任重修东西北门，增筑城背，并砌石路与城相周匝。

元至正二十六年（1366 年），陈有定据闽，命总制郡事官张理问，改筑东、西、北三面而缩入之，独南一面仍旧城。视绍定旧城，仅三分之二。门唯辟东、西、南、北四门。环城浚濠，东起自北门，环东门至东南，城深二丈，广五丈。西起自西北，环西门至西南，城深一丈八尺，广四丈。南临大溪，北依山而壑之为干濠。其内濠于南偏作东西二水关，出会外濠以入于溪。东北一带以城中间地势转高，水势不得南下，别为小沟，从东北隅城下穿一小闸，出外濠中。至正二十七年，明师取闽，漳城仍旧，重加修筑，周城为女墙一千五百一十四，各门月城内外并建楼。月城上为女墙各六十，战楼二十有五，城铺二十有三，水关楼二。

明正统七年（1442 年），指挥使杨隆重建西北内外门楼。天顺五年

（1461年），东门内外楼为飓风所拔，杨隆重建外楼五间。成化五年（1469年），巡抚滕昭檄分巡佥事黄隆，重建内楼七间。成化十四年，西水关楼坏，指挥王景重建城东南，址旧，筑土堤以捍溪流，然潦至辄坏。九年，巡抚张瑄命作石堤，城址始固。十八年，知府姜谅甃筑外堤，高一丈三尺，长一百余丈，广十丈；作亭其上，曰“保安”，郡人陈舒为记。弘治十四年（1501年），指挥同知侯汴于城西北隅建威镇亭，据登高山之上。正德（1506—1521）间城渐圮，知府陈洪谟重葺。嘉靖二十五年（1546年）知府顾四科、二十八年知府卢璧并有修筑。隆庆元年（1567年），知府唐九德以城北山后地僻，修窝铺三间，令百户一员守之。隆庆五年，知府罗青霄、同知罗拱辰重修各城垣敌台二十一座及四门月城，又于巽方撤旧楼，改建八角楼，题曰“威镇阁”，配北城威镇亭，制甚雄壮，郡人黄伴有记。先是，嘉靖三十二年，因地方有警，知府李侨虑以各城水闸疏虞，创用铁柱置闸口，于是城河淤塞，潮水不通。隆庆六年，知府罗青霄乃命撤去铁柱，复令沿河居民挑浚，潮水复通，舟楫无阻。仍命百户一员司启闭，百姓便之。万历十九年（1591年），南城楼因灾毁，推官龙文明重修。万历三十七年，知府韩擢因新改南桥，露三台洲，改命南门曰“三台”，东曰“文昌”，北曰“太初”，西曰“太平”。

清顺治十二年（1655年），郑军堕城，悉载所砌石投之海中。顺治十三年，再筑城，周围一千九百七十一丈一尺，垛口一千零二十有四，窝铺七十七间。四门各筑城楼，而威镇阁及东西水关楼并废。四城楼一时草创，其后亦渐倾圮。康熙八年（1669年），副将袁如桂于城上增设火药局十八间，改南门名曰“时阜”。康熙十年，巡海道陈启泰修筑东门楼。康熙三十六年，龙溪知县田广英修筑南城楼。康熙五十年，各县奉部文修葺圮废窝铺。康熙五十三年，知府魏荔彤于威镇亭故址筑万寿亭。城中濠岁久复淤塞，雍正七年（1729年），巡道朱鸿绪始开浚之，城内居民得免水患。雍正十年，龙溪知县刘良璧建北门楼。次年，并修外楼，复修南门外楼，重建西门内外楼。北楼高二丈七尺五寸，西楼高二丈三尺。乾隆二年（1737年），刘良璧守郡，重建威镇阁，俗所谓“八卦楼”也。基与城齐，高出城六丈有奇。董其役者，郡绅王材。乾隆六年，知府张廷球复浚城中濠之淤塞，未竟厥绪。乾隆十三年，知府金溶重加疏浚，东西分流，雨水不壅。东西二闸，在南城门左右，地势高下略相等。相传二闸之水，能视海之潮汐为进退。今南溪久浅，唯朔望及秋潮盛长，潮始入城。至城中北桥等处，地势甚高，闸口凡数丈，潮不能到。乾隆二十二年，威镇阁为雷所震，坏其顶。乾隆二十四年，知府蒋允焄重修。乾隆三十年，东门外楼毁于火，龙溪知县宋学源重筑焉。城中生齿渐繁。内濠之沟，屡次疏浚，而未有厉禁，近河居民每积粪秽，或潜弃瓦砾、余土于河内，数年之间，濠复壅塞。乾隆三十五年，大水，城中民屋冲决不可胜数。乾隆三十八年，巡道蒋允焄详请开浚，令进士郑蒲、刘希周分董其役，而壅者复通。

嘉庆八年（1803 年），知府方应恒、冯国柄；九年，知府景敏、特通阿，先后捐浚城濠。嘉庆十二年，绅士黄连、郑玉振等捐修城垣、垛口、窝铺。嘉庆二十一年，知县张均召集绅士捐修内外二流，皆入于溪。同治十三年（1874 年），龙溪知县宁廷贞修筑城垣、垛口、窝铺、望楼、炮台。董其役者魏有璋、吴联熏、施开昌、王国显、施调培、辛秉芳、吴芳、陈雍度、李肇庚、郑筌、董贞干。光绪三年（1877 年），知府沈定均详请开浚濠沟。

漳州

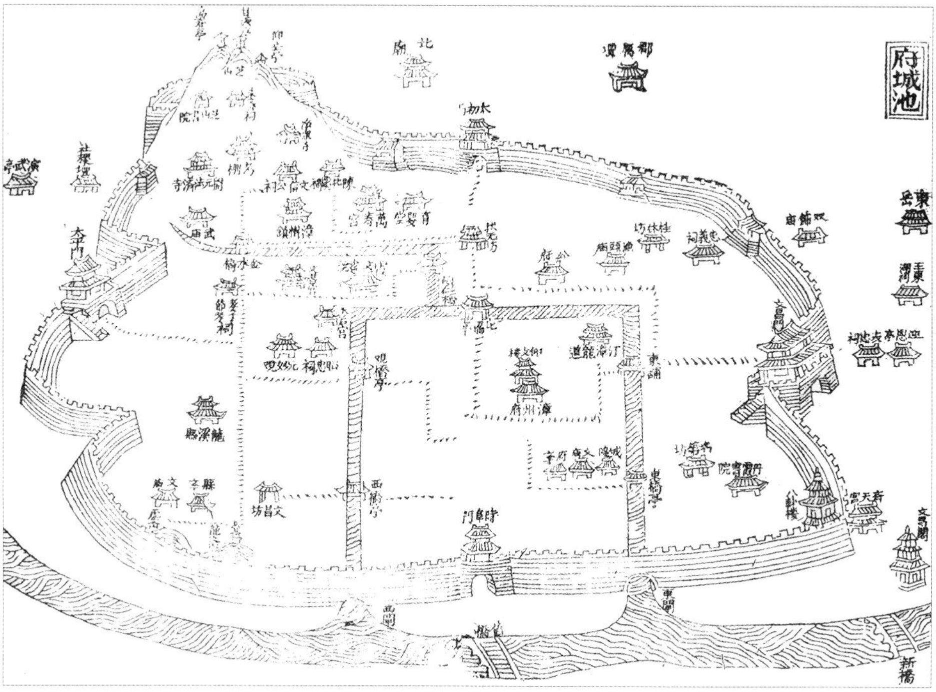

漳州府城池图（引自清光绪版《漳州府志》）

2. 海澄：三堡共城

明嘉靖三十六年（1557年），因地方寇乱，军门阮鹗令民筑土堡，议合八、九二都共围一城，跨溪为桥，筑垣其上。委通判汪铨督民筑灰土垣，内外厚一丈有奇，高一丈八尺；马道覆石板，外环河阔二丈，已颇就绪。次年倭至，遂辍。继以土恶煽乱，返据为穴。隆庆元年（1567年）设县，将二都分为二堡。八都东北一带仍其旧垣而修葺之；西边沿溪一带亦令筑灰土垣，与旧垣相连；南边一带为草坂堡附焉。隆庆四年，知府罗青霄议以南北相距丈数倍东西，有乖形胜，且不便防守，仍撤草坂堡缩入。又于东边拓地若干。动支官帑，砌以石，知县王谷又于丁粮内派征佐之，始工于隆庆五年十一月，讫工于六年八月。周围长五百二十二丈，高二丈一尺。月城三重，窝铺十二，垛口二千零四十五。辟门四：东曰“清波”，西曰“环桥”，南曰“扬威”，北曰“拱极”。又于新亭辟一小东门，以便往来。万历六年（1578年），知县周祚改西门为“通津”，南门为“耀德”，北门为“承恩”。万历八年，于西、南、北三隅各设水门，以便汲水。万历十年，知县瞿寅改南内门曰“万峰雄峙”，北外门曰“大海朝宗”。于东北筑“晏海楼”，以障海口东北之虚。万历二十三年，知县毛鸣凤议再扩，不果，乃仍旧制增高三尺，改湖美大东门为小东门；新亭小东门为大东门，题曰“迎阳”。小东门，知县龙国禄题曰“观海”。天启二年（1622年），知县刘斯徕筑东北一关，中为复壁，上通马道，连港口堡以为固。

由此，海澄县治形成独有的一城三堡格局。其一为县，即草坂堡。九都、港口二堡仍旧，久渐倾圮。明万历十四年（1586年），知县周炳谋于防海姚应龙，节次重修。天启二年（1622年），红毛入寇，墙复倾颓。知县刘斯徕锐意更筑，太史李世奇时为孝廉，力赞襄之，以港口东北面海，最为敌冲，易灰而石，中为复壁，上通马道，高一丈数尺，周三百五十丈。九都则学宫在焉，其重与县城等。四面环砌皆石，高一丈七尺，周三百二十丈有余，屹然辅车邑治。清顺治九年（1652年），郑军围漳州不克，九月遁还，毁九都城，墟其地。郑军败退后，九都其地止筑半月城以障，西复

海澄县城池图（引自清乾隆版《海澄县志》）

浚池而周之，学宫之城不复，唯港口城与邑治并存。

清顺治九年（1652 年）正月，守将赫文兴叛，引郑军入据，增设炮台一座，复设月城于东南二门。于四城门增筑圆台五处，安置炮位。又扩腰城，自中权关，亵亘十余里。南腰城外，另添灰砾月城一圈，压阻龙脉。港口堡，过溪桥头并筑月城，浚月沟。而腰城之外，坏民舍、掘坟墓、浚沟通潮，开东北闸，建澄波门，吐纳于海，断地脉，塞咽喉。迨康熙二十七年（1688 年），知县胡鼎建议请复还东、南二门，开其所闭串门，去其新设曲垒两门，生气始复。然大东谯楼修改狭小，四城窝铺毁无一存，有待修葺。康熙四十一年，知县陈世仪以晏海楼久坏，于旧基重建。乾隆二年（1737 年），楼复圮，知县严暻扩而高大之，崇六丈八尺，周围十六丈，分三层，下二层用石，上一层架木，规制雄峻，屹然崇墉矣。

3. 漳浦：千秋保障

漳浦县旧无城垣。宋乾道（1165—1173）间，县令薛世清始立三门：西曰“应龙”，北曰“永丰”，东北一门无名。嘉定（1208—1224）间，县令高稷又建东门，曰“东溪”，改“永丰”为“拱辰”，独南门尚缺。淳祐（1241—1252）初，县令赵与涫建四门楼。

元至正十二年（1352 年），达鲁花赤买撒都刺始筑城，围七里，皆砌以石，高一丈二尺，为四门，建楼焉。环城浚濠，深三尺，广一丈。西北倚山者堑之。

明正德五年（1510 年），流贼纷起，知县胥文相建窝铺二十三所，重建北门楼，改名曰“朝天”。正德七年，城圮，知县刘桐重筑，增卑而高，围一千一百七十三丈。嘉靖六年（1527 年），知县周仲又于城内增筑上马道，并清理城外侵地，旧城濠堙塞者，皆令民疏导之。嘉靖三十七年，知县刘钦命增高城垣四尺，为铺二十四座。扁东门曰“将印”，西门曰“仰德”，南门曰“迎熏”，北门曰“拱极”。更辟水门二，仍于各门增筑月城，周一千一百九十八丈。嘉靖四十二年，知县龙雨复创敌楼十六座。南北郭外中逵各为高楼，名其南曰“镇南”，北曰“仰北”。而北楼更高峻，可

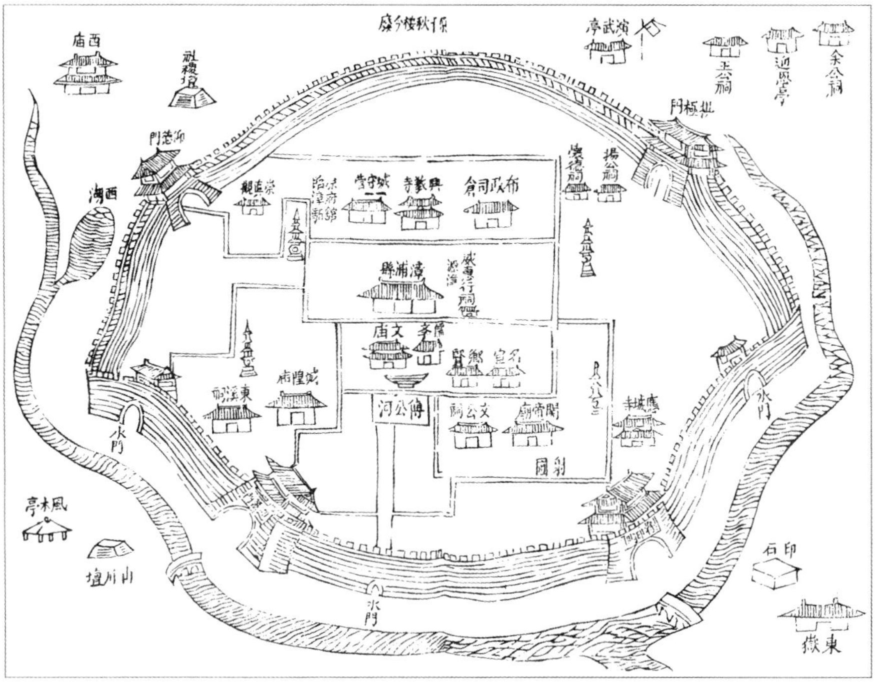

漳浦县城池图（引自清康熙版《漳浦县志》）

瞭远。万历（1573—1620）初，城中马道大半颓塌。万历七年，知县朱廷益增葺，易土为灰，间砌以石。清顺治十二年（1655年）堕于郑军。顺治十三年，镇守总兵杨捷、知县李之琦与邑绅蔡而烷等更筑城，高二丈许，周一千七百九十八丈，垛一千九百五十二。减窝铺三，增敌楼二。复筑台于城之西北，匾曰“千秋保障”。顺治十五年，总兵王进功增建女墙于城之四周。城池之制至兹大备。

康熙十三年（1674年），总兵刘炎作炮台于鸡笼山，与城为犄角。时千秋台久废，康熙十六年，城守游击张国杰毁炮台，重修之。康熙三十三年，知县朱自升从耆民郑大忠等请，以千秋台有伤风水，申请上宪拆毁。复令通邑里班修筑周城之倾圮者，唯南北二敌楼久废为墟，尚未议举。康熙三十八年，邑人以旧制东、西、南各有水门，以泄城内沟渠之水，顺治间郑成功军队窥视，防守官闭而筑之，今升平已久，宜复。知县陈汝咸乃详督抚，开东、西二水门，邑绅蓝瑗任其役。南水门闭塞如故。康熙四十六年大水，东门城崩六丈余，陈汝咸捐俸重修。乾隆三年（1738 年），知县长庚重筑四门，东曰“宾日”，西曰“涵清”，南曰“迎熏”，北曰“控鹤”，西北门曰“千秋”。乾隆十八年复圮于水，知县徐尚忠重修筑焉。

4. 长泰：金汤永固

长泰县城旧为土墙，围二百五十三丈，高一丈。宋绍定（1228—1233）间，寇至，如入无人之境。端平（1234—1236）中，县令郑师申增筑土城为四门：东曰“武胜”，西曰“顺成”，南曰“登科”，北曰“良冈”。

元至正（1341—1368）间，主簿陈文积广其基一千三百余丈。

明初，始砌以石，建楼凿濠。岁久渐坏，正德十年（1515 年），知县赵珮列木栅以补其缺。正德十三年，知县朱弦拓而大之，凡筑城九百九十一丈，濒溪者高一丈五尺，负山者一丈三尺，东临溪，南浚濠，西北因山为

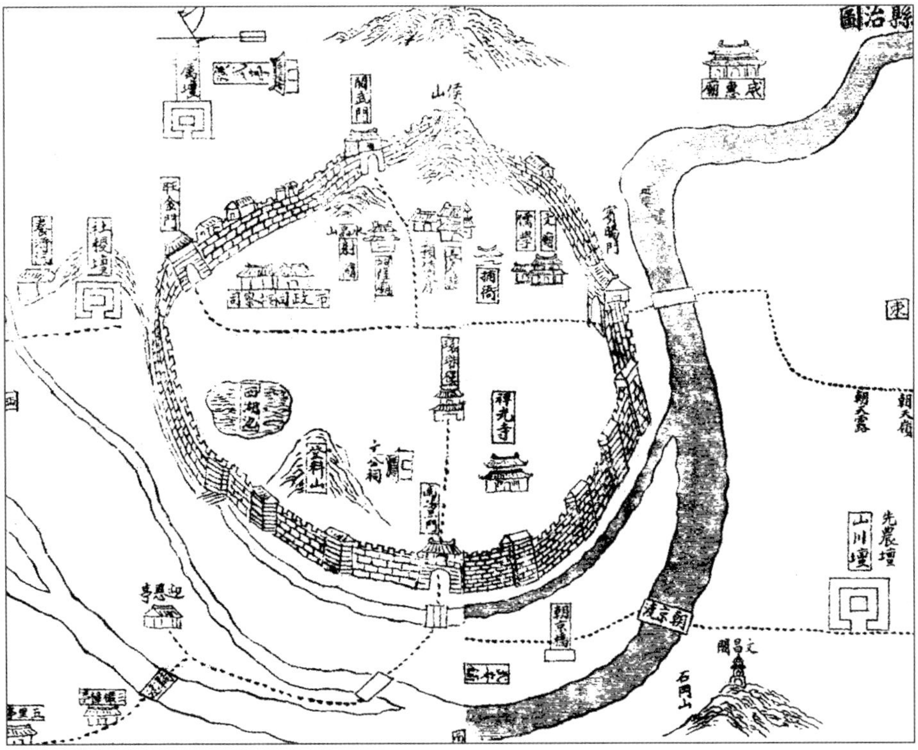

长泰县城池图（引自清乾隆版《长泰县志》）

堑，马道、窝铺、楼橹悉备。后雉堞、窝铺倾坏，知县陈塘、王用文相继修理。嘉靖三十一年（1552 年），知县张杰夫议增筑城垣，未果。嘉靖三十五年，知县萧廷宣增高三尺，各砌以石，改建四门楼，易旧额：东曰“宾阳”，西曰“旺金”，南曰“迎熏”，北曰“阅武”。增置窝铺十七座，敌楼十六座。西南门外为通济、接武二石桥。万历二年（1574 年），雨水暴涨，东门楼及东南城一带俱损，知县张应丁修之。万历十年，积水城坏，知县方应时修。万历十九年复坏，知县蒋良鼎修。万历三十一年，飓风大作，敌楼、铺垛尽坏，知县管橘复修。

管橘修城时，以西郊地势空旷，楼铺尚缺，乃建楼一座，高可瞭远，额曰“金汤永固”。县志有《管侯新建西城楼记》一文，曰：

吾邑自国初以至于今，生齿日繁，而贤士大夫后先辈出，亦彬彬乎盛矣。识者谓其诸山之耸拔，二水之萦纡，故能钟灵毓秀，发而为文物，几与中州大县相比埒。唯城之西隅，内外滨湖，地势最低，而亦空缺，莫不相叹息，以为造化之无全功如是也。嘉靖己未之夏，倭奴犯吾邑，于是处攻城，蹑梯而上，几乎殆矣。幸邑人力拒之得免，又未尝不相叹息，以为地利之有隐忧如是也。迩来承平日久，率因循莫之顾虑。兹五陵管公以制科来宰吾邑，每登城，辄周遭四览，慨然有感，以为是地非构一崇台不可。询之士民，欣然其怂恿之，白于当道，皆报曰可。于是择吉相基，鸠工集材，仿京都敌楼之制，建而为台，跨于城上，高广若干丈。盖分毫不动公帑，一取诸士民之所捐助者。而犹不敷，皆公捐饩廪、发赎锾以成之。不数月，而危楼雄峙，雉堞崔嵬，屹然有金汤之固矣。习堪舆家言者，亦啧啧以为障空补缺，全邑形胜增数十倍焉。

清顺治十二年（1655 年），郑军复堕城，撤下的城石堆于东溪水次，欲运到厦门。时方旱水浅，舟不得行。清军至，郑军遁。知县柴允钦取回旧石，依故址筑焉。乾隆十四年（1749 年），知县张懋建重筑，增高一尺，垛口凡一千二百九十八，周围俱砌以石，而城垣始固。

5. 南靖：易址迁城

元至正十六年（1356 年），县尹韩景晦初筑以土，西南濒双溪，东北浚城濠，城围六百六十三丈，阔一丈，高一丈五尺，四面各为门。

明洪武（1368—1398）间，县丞王以能重修。正统十三年（1448 年）为邓寇所陷。成化十六年（1480 年）更葺。嘉靖六年（1527 年），知县傅铨砌以石，高一丈余，辟四门：东曰“迎恩”，西曰“丰泰”，南曰“丰济”，北曰“望阙”，各建城楼；东、北、西三面为濠，西南延带溪水；窝铺十二间。嘉靖二十八年，推官陈信署县事，重修。嘉靖末，有饶寇之变，城遂破，旋复又旋陷。

嘉靖四十四年，知县林挺春撤旧甃垛，移筑于大帽山之麓，离旧城二里许，垣周五百四十丈，未及竣工而离迁。隆庆五年（1571 年），知县曾球续筑成之。万历二十三年（1595 年），知县陈宗愈乃移建于元故址，广六百二十七丈有奇，高二丈四尺有奇，敌台十四座，窝铺十二间，敌楼

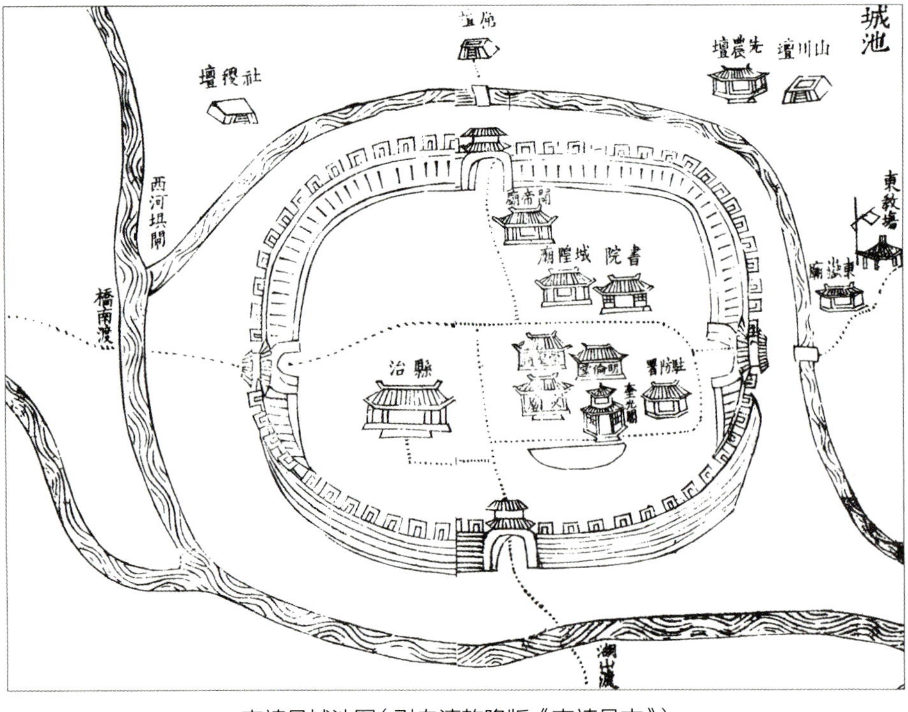

南靖县城池图（引自清乾隆版《南靖县志》）

四。门四，以通往来。另筑水关，以泄涨潦：东曰“惠淑”，南曰“保极”，西曰“和义”，北曰“禔福”；仍浚濠以卫城。

南靖县城的“去而复回”，显示出城址修筑对于“适用性”的压倒性要求。旧城之迁出，由嘉靖至隆庆，历 6 年之久；而回迁原址，“复旧邑，九旬而城成，八月而邑工俱罢”。其兴革之故，与成功之所以为速者，见于《南靖城故邑纪事》。其文曰：

> 南靖滨双溪，据原野，风气和，民物丰。太史林震、李贞，皆其黉产也。嘉靖末，龙溪丞守县无备，寇袭城残之。后令怠不加戢，上官诘之，莫能对，佯归过于形家不利，遽谋迁新城。新城倚玳山，崎侧而陷。迁三十年，居民不满二百家，尽胥隶佣保。稍雨则流沙淤民舍，风发飘屋瓦。有警则徙妻子依他所以为安，其讴吟而思故邑，非一日之积也。陈侯莅南靖二年，得民和。父老子弟涕泣言新邑苦、故邑便状。侯进父老子弟而咨之，曰：“完故邑诚便，将无有所费与劳于吾民也，而无有后悔乎？曰无费将安出乎？曰出于亩将安所役众乎？曰出于里孰督之？曰择其豪督之。”侯竟白其状于两台及两司，咸报可。于是，会南靖田得二十六万亩有奇，核其上中而差次科之，计银八千有奇。然自改邑后，民耗矣，田大半折入他县，而他县人不能耕，仍土著佃，以田求佃，以佃入赀，民不能隐，令三老收其入而输之官。先是，侯议复故城，并存山城以为填县。人言存山城亡益于民，折之完故城，便乃度折故砖石为资者五千六百尺有奇，创费筑者六百尺有奇，六百尺内上贾授银二十，次十五，折故为资者半之，核里中富民任城工者二百余人，上产受六十尺以上，中产三十尺以下，受贾如其数。……徙之期年，居鳞比，人肩摩，浸浸乎洋洋有大国之风。是役也，造城凡六千二百七十尺，隍称是，为阙四，为台十有五，县治一，黉宫一，公署二，廪一，江楼一，神祠一，水障一，杂作不具论，论其较著者。费白金六千三百九十有奇，亩赋如其费而止。

清顺治十二年（1655 年），县城为郑军所堕。顺治十三年，知县郑宰奉命循前址筑之，仍辟四门：东曰“环珠”，西曰“卧龙”，南曰“怀来”，北曰“玉映”。雍正四年（1726 年），城因大水冲击而崩若干丈，知县彭璋请帑金完修。雍正七年，知县金鼎锡重葺四门。乾隆二年（1737 年），知县袁本濂复请帑金重筑，城始完固。

6. 平和：城固人和

平和县城始于明正德十四年（1519 年），署印漳平知县徐凤岐建。高一丈八尺，内城五百六十三丈四尺，外城五百九十六丈二尺。城辟四门，各为敌楼，设水门二，旁列窝铺二十，雉堞计一千二百八十四。后四门坏，知县谢明德重修。万历三年（1575 年），知县杨守一以县东门在东北隅，横冲县署，乃改东门于正东街，仍塞水门，复开小水门于东门旧址偏右。增高城垣四尺，共为二丈二尺。其窝铺倒塌无存。万历二十五年，知县伍匡世重修，建窝铺六处。万历三十九年，知县李一凤重修，添建窝铺二处，共八处。崇祯三年（1630 年），知县袁国衡重建窝铺二十四处。崇祯六年，

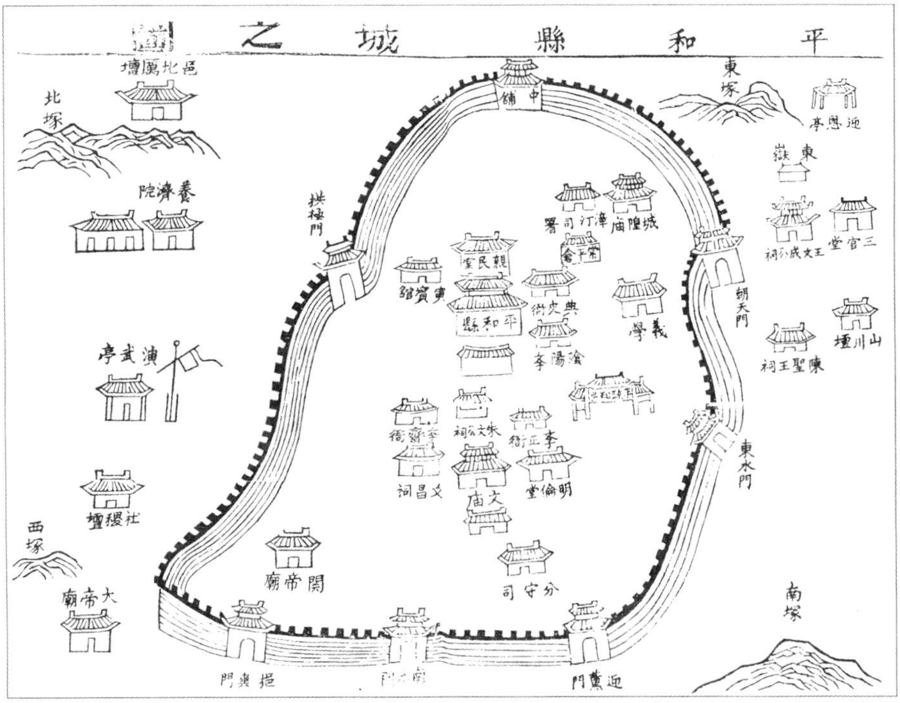

平和县城池图（引自清光绪版《平和县志》）

知县王立准重建四城门楼。

清顺治六年（1649 年），署县事孙之翰、驻防张光荣增修雉堞、窝铺。顺治十二年，为郑军所拆毁。顺治十三年五月，知县刘一皎遵前址重筑，仍辟四门：东曰“朝天”，南曰“迎熏”，西曰“挹爽”，北曰“拱极”。康熙五十七年（1718 年），城西北隅圮，知县王相重修。乾隆七年（1742 年），知县周缉敬增建魁楼。乾隆二十三年，知县胡邦翰植以松柏，城垣得以更加巩固。

林偕春有《平和新作塔峰及云龙精舍文昌阁碑记》一文以纪之。

余自嘉靖甲子至平和，迄今三十年所矣，往岁癸巳始复一至，则见其面邑文峰上，石塔双起，高下相次。而其迤西水口冈上，复有云龙精舍。舍后为文昌阁，巍然鼎峙焉。署学谕事南昌黎君，觞余于精舍，酒半酌而言曰：“宪臣以壬辰秋受署兹邑，尝往来漳和道中，睹兹山川之胜，大都来自洋外天半，有峭石耸立，余峰礌砢，串合如珠，迤逦西折而下，起立为双髻山。群龙交翼，奔饮于溪，县廨学宫在焉。溪自东徂西，迂回曲折，是之谓水西流也。独前峰微陷不称，议者谓宜有增补。于是咨众谋独，遂以是年十二月，芟山通道，肇建云龙精舍于水口。越明年起塔，工自春逼冬，不十月而塔峰七级成矣。又度云龙精舍后为文昌阁。旧文峰顶，欹窄仅容足，添筑三层小塔于其上，间从诸生登览之，三峰对峙，前后主宾翼然相顾向焉，斯亦足称瑰特之观云。其费皆取诸士民乐助者，不以一钱靡官也。属当纪成事，而先生幸贲然来兹邑，愿丐一言，以为此山之重。”余谢不敏，乃述黎君之言，而为之记。记曰：余以所闻堪舆家增高益下之说，义至著而其功效未易卒睹，何哉？要以人工上夺天命，不可必，概之木华粟茅之理，则地德人力，亦往往有相符者，不可失也。何以明其然也？高山康而周道显，楚丘望而卫国臧，新丰洁而汉祚昌，慈恩跱而唐制著，是非诗书之可睹记者乎，此其荦荦大者。诸如一丘一台一观一塔，类稗官小史所载，谣俗所传者，不可胜纪，未有不人力运而地气随之者也。……和邑于兹历数纪，山川之气渐且融朗。而其间一二稍缺陷未起，盖化工有待者，更得明知之士，工力之具，一为增饰，其云蒸龙变，岂有量哉？余不暇远引，姑就和往事而论。方和草昧，尔时士岂有望哉？自南丰赵公新学宫，而和士始接科第矣，然间有寄迹于府庠，旁出于他邑者。自南海卢公筑文峰，而和学士始裒然为解首矣。

7. 诏安：濠通海潮

诏安县城在宋为南诏场，又为沿海巡检寨。

元至正十四年（1354 年），右丞罗良命屯营陈君用砌筑石城围六百四十五丈，高一丈二尺，东临溪，西、南、北依山，凿干濠而已。

明初，置为把截所，寻罢。正统十四年（1449 年），邓茂七起义军，攻围八月，耆老许尚端、涂膺等，与众力御之，既而潮兵至，城赖以全。弘治十七年（1504 年），设南诏守御千户所，始拓城西偏而广之，砌以石，围一千三百六十丈，高一丈六尺。嘉靖九年（1530 年）设县，遂为县城。嘉靖十二年知县何春、嘉靖二十八年知县李尚理皆重修。嘉靖三十七年，知

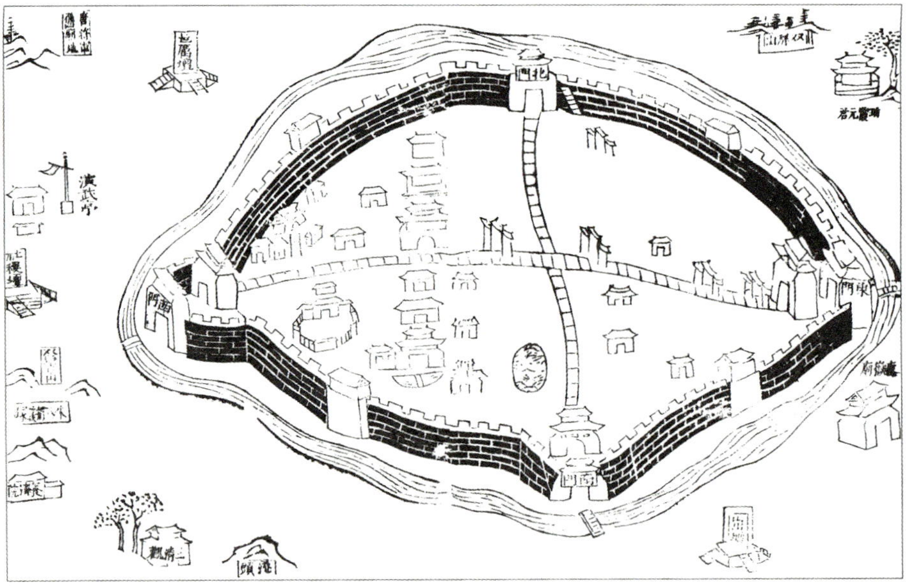

诏安县城池图（引自清康熙版《诏安县志》）

县龚有成增高城垣三尺，筑南门月城，东、西、南、北畔各筑敌台，浚濠四周，半通海潮。嘉靖四十二年，知县梁士楚仍筑外城，周围长一千二百余丈，并筑西关城，围三百余丈。内外壮固，邑人赖之。迨后承平日久，居民筑室濠上为市舍。崇祯八年（1635 年），知县王政岐奉文清浚，潮水复通。崇祯十年，署印通判朱统鉳复修城浚濠，申禁不许再筑室濠上。

清朝因之。顺治十二年（1655 年）为郑军所毁。顺治十三年，知县欧阳明宪更筑。康熙六十年（1721 年），知县郭愚重修。

8. 云霄：增卑为高

云霄镇城，唐为故州治地。明正德（1506—1521）间寇起，因防寇卫民，当事始议筑城。不果，乡民吴子霖率众自设城堑，以备捍御，不久即毁。嘉靖五年（1526 年），知县周仲从义民吴子濡等请筑城，其城“在望高山下，背山面海”，周八百二十五丈，高一丈八尺，址累层石，未甃以砖。城外居民稠密，市井繁盛。嘉靖三十九年，饶贼袭陷，城中为墟，继以倭乱频仍。隆庆六年（1572 年），知府罗青霄、同知罗拱辰增卑为高，更于南、北、西三门各筑瓮城，为周楼其上，穴其垣通矢石，为守战备甚具，以府督捕通判驻其中。

清顺治元年（1644 年），徐连、叶积起义，城圮。顺治十七年，总督李率泰巡视地形，以云霄全漳险要，调九县丁夫修筑。城约八百丈，城楼四座，窝铺一百间。岁久倾圮，知县陈汝咸以镇城原系十县画界分筑，载在前志，请仍旧例。但其所请被驳，乃捐俸修葺。康熙四十六年（1707 年），大水冲崩四十九丈。康熙五十年，知县汪绅文捐俸再修。

城辟四门，东曰“迎曦”，西曰“怀音”，南曰“协恭”，北曰“天枢”。其上建城楼四座，外筑腰城。从民国《云霄县志》城池图中可以看出，云霄县城因山水形势而呈不规则形，有河穿城而过，汇入城外漳河。文祠、武庙位于城之中央，其他府署建筑分布于城内各处，社稷坛、威惠庙、青莲庵、川山坛、先农祠等建筑分列城外。

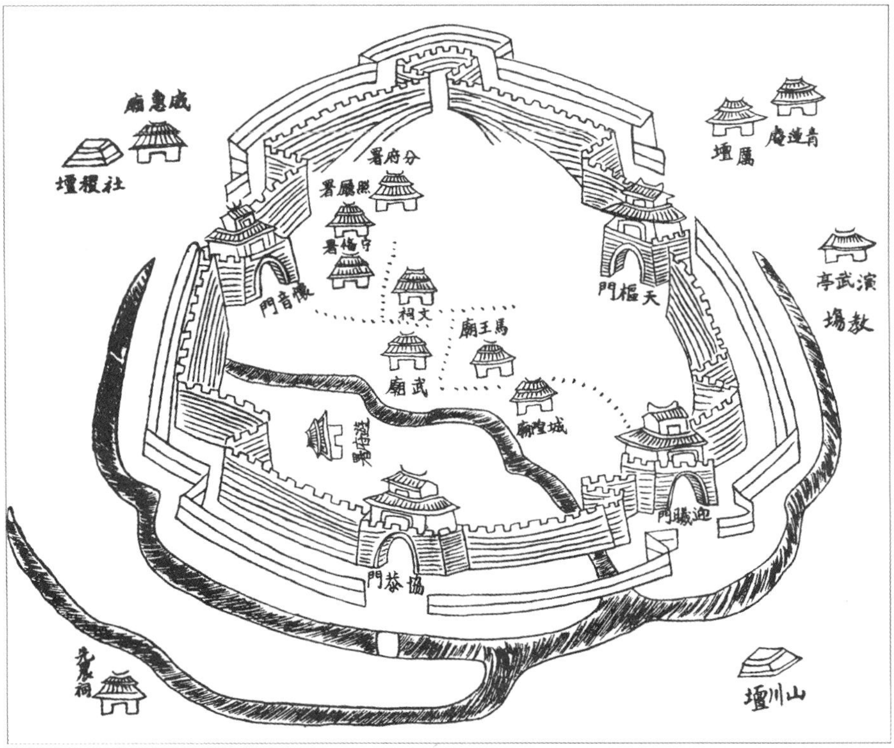

云霄县城图（引自民国版《云霄县志》）

9. 龙岩：龙川中流

龙岩山水之势多变，据万历《漳州府志》记载，元代县尹“以西逼高山不利，拓而大焉，围八百七十二丈，高一丈五尺，濠凡九百五十九丈，深一丈八尺”。明洪武八年（1375年），“知县刘文或复修浚之，为门六，东曰‘冥宾’，西曰‘西成’，南曰‘南门’、曰‘南津’，北曰‘北门’、曰‘北关’，城南辟小水门，各建楼于上”。

龙岩城三面环山，南面临水，城池背倚九侯山，于城北设“最高亭”与九侯山相对，九侯山、最高亭、儒学、南门、南郭门构成了城市南北空间序列。巽峰塔、崇文塔分设于城南之东、西两侧。城东有东宫，城西有西宫。城东南南津门外之挺秀塔，杰然耸峙，与崇文、巽峰诸塔远迩相映。整个城池虽不是方城，但布局严谨，且巧妙地利用了周边自然环境来营建城市空间。

龙岩得峰峦之胜、川泽之秀，故其邑内于山川胜处多设有庙寺、亭台。如龙岩洞，方志载“在州城东翠屏山麓，唐天宝间取以名。邑前后有石峰，一石址有大小洞二，虚中如室，可容一二百人，壁石有双龙纹，其一出没隐见，旋绕无端，一附壁而上，头角鳞鬣，宛然如生。口颊间有窍，滴水错落如珠，祷雨辄应，洞前有庙寺，有亭台”。又如铁猫儿，在铁石洋尾，石壁峭立，联建佛宇，或夹石为门，或劈石为径，迂回曲折，结构天然。

龙岩邑内多塔，其中挺秀塔在龙津小溪合流中，明万历九年（1581年），知县曹允儒因砥石砌塔，塔高六丈许；清乾隆（1736—1795）年间，知州以塔在州治东南，文运攸关，最宜崇高，加增二丈许。崇文塔在锡帽山顶，学宫宾之，高六丈有奇。巽峰塔在牛勇山上，有峰峦于学宫为巽方，有文明之象。三塔相望，山环水绕，犹如画境。由景而成境，既壮观瞻，又兴人文。

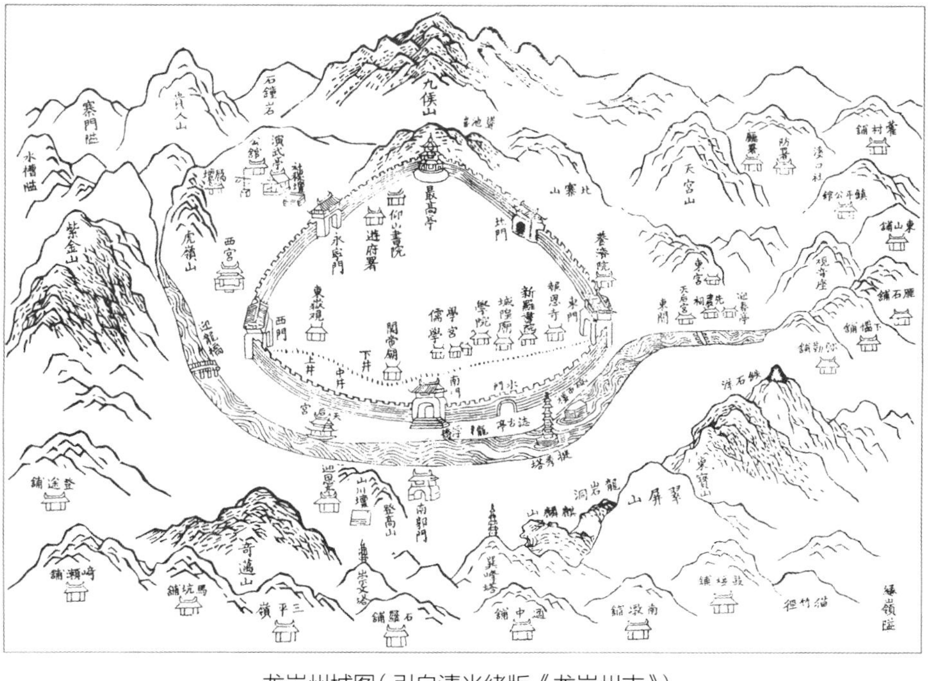

龙岩州城图（引自清光绪版《龙岩州志》）

10. 漳平：双城合县

漳平起初无城，至明正德九年（1514 年）初建城池，其城周围六百二十丈，高一丈八尺，为门四：东曰“迎恩”，南曰“朝阳”，西曰“偃武”，北曰“拱辰”，各竖城楼，为水门三、窝铺七，东西疏渠，南北临溪。清康熙六年（1667 年）重修。

漳平背山面溪，城垣规整，建城门四、水门三，门上各有城楼。其中县治居城东，文庙、儒学居城西，均以南北为轴，秩序井然。城北建元天阁，城东建文昌阁，城东与城南亦修东山、振文二塔，以兴一邑之文风。

此外，漳平境内亦多古寺，如依山而建的东山寺、龙停山高明寺均为漳平之巨观。东山寺位于县东关山上，建于明崇祯（1628—1644）间，以巨石筑为三层，俯瞰清溪，遥排翠岫，凭栏一望，江山烟霭，映带城市，诚胜概也。

漳平峰峦耸峙，水流萦绕，古人在营造依山傍水之城市格局、借自然之胜构筑人文建筑等方面颇具智慧。此外，因漳平多川流，滩多水险，舟

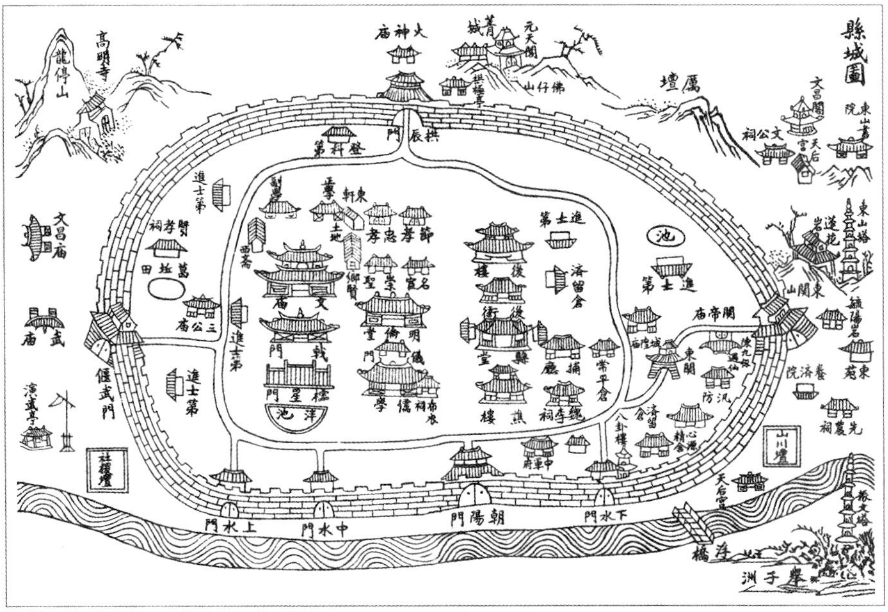

漳平县城图（引自民国版《漳平县志》）

渡不便，故邑人多修有浮桥以通往来，如迎恩桥、观音桥、石拱桥、拱辰桥等。

宁洋县城几经凋残，皆能毁而复建。邑人以为："闻之设险所以守国，故立邑必先城池，城池固，而后施政敷教，崇德报功，兴利恤隐，治具攸赖焉。宁自草昧经营二百余载，屡被凋残，迄于今诸废渐举，庶几次第改观。"宁洋县城有四门，皆与山对：东曰"凤翔"，与金凤山相对；西曰"登云"，与梯云山相对；南曰"瑞麟"，与麒麟山相对；北曰"佩玉"，与玉岗山相对。宁洋县城四门相对，四城角设有角楼，玉屏山、金凤山、东门、武庙、西门构成了城东西之空间序列。

此外，宁洋素有"双洋环抱"，诸水环城。明代地理学家徐霞客曾两度游宁洋溪，留下"程愈迫则流愈急"的名句。古桥架于溪上，既有联通内外之用，又可供人休憩赏景，其中"太平桥""青云桥""登瀛桥""化龙桥"于山川形胜处创建，为一邑之胜景。

二、卫所营寨

漳州的军事建置，唐时无考。宋时置福建路钤司，总制一路军马，之所以置于漳州，是因为此地乃"潮广蛮獠出没之处"。元置新军万户府，至元九年（1272年）改为宣慰司都元帅府。

漳州在明初属福宁道。成化六年（1470年），汀、漳、潮、赣诸州盗贼出没，始设分守漳南道，驻上杭，辖汀、漳二郡，遥制江西之赣州；而巡海道旧驻会城。嘉靖九年（1530年），都御史胡琏议以漳州海寇纵横，巡海使者远在数百里外，缓急非宜，疏请开镇于漳。万历（1573—1620）间，承平既久，巡海道复归会城，而漳州奏请特设分守漳南道。自是而率属兴治，莅兵、抚民、守巡，并主其权。巡海道但司海禁，春秋防汛，耀其戈甲，或间岁一至，他郡邑事不复相关。

明洪武三年（1370年），置漳州卫，领左、右、中、前、后五千户所，属福建都指挥使司。成化七年（1471年），调镇海卫后千户所戍龙岩，改属漳州卫，曰守御龙岩中中千户所。以本卫有中所，故曰中中以别之。弘治十八年（1505年），又调漳州卫后千户所戍南诏，曰南诏守御千户所，仍属本卫。清廷革去卫兵，设卫官一员管理屯务。至康熙七年（1668年），一并裁去，粮归各县。龙溪屯粮归漳州通判，卫遂废。乾隆八年（1743年），通判移驻石码，屯粮则归龙溪。

先是，海氛弗靖，陆以漳州为中路，以漳浦、海澄为左右路，设三镇总兵官。水则海澄、铜山置游击、副将、提督总兵官。营制随时更易，兵额增减俱未有定。自台湾设郡，驻防官兵划然归一。移漳浦陆路总兵官于漳州，分镇标中、左、右三营官兵驻防南靖、龙岩、平和、宁洋四县，分城守营官兵驻防龙溪各汛，长泰、漳平二县，而所辖漳浦、海澄、诏安、云霄又各为一营，分守其地。若同安营，则泉属而兼辖于漳者也。水师则驻提督于厦门，移厦门镇于南澳，以左营为福营，若右营则隶广东而并辖于南澳者也。裁铜山镇协定为一营，若龙溪、海澄、镇海各水师，则厦门提标、金门镇标之分防于漳者也。

漳属水师，铜山一营，南澳镇左营一营。余或拨厦门提标官兵分防，或拨金门镇官兵分防，无专营，属其汛地，则声势易通也。

1. 卫与所

漳州各卫所都是明洪武二十年（1387年）由江夏侯周德兴奉诏所建，清顺治十八年（1661年）迁界后渐废。

（1）镇海卫城

镇海卫城位于今龙海区隆教畲族乡临海一块突出的山地上，北倚南太武山，南有鸿儒江汇入大海，东南隅的旗尾山与台湾浊溪口的连接线即为东海、南海的分界线，其地理位置十分独特。

明洪武二十年（1387年），江夏侯周德兴筑城以防倭。其城周围八百七十三丈，皆砌以石。城背广一丈三尺，城高二丈二尺。为女墙一千六百六十，为窝铺二十，为垛口七百二十。东西南北分四门，后以东门失险常闭，别开一水门，凡五门。各有楼，城下倾陡，以海为濠。

洪武二十一年（1388年）始置为镇海卫，设卫指挥使司及前、后、左、中、右五个千户所，辖陆鳌、铜山、悬钟三个守卫所，并分防金门镇右营。成化七年（1471 年），后千户所调戍龙岩，改属漳州卫。正统十三年（1448 年），指挥同知桂福修城建卫堂，置经历司千户所六公署，镇海卫建置渐齐备。弘治（1488—1505）年间，指挥使袁信重修卫城。嘉靖四十年（1561 年），饶寇从水门潜入攻陷卫城。隆庆三年（1569 年），总兵张元勋对卫城重加修治。

清顺治十八年（1661 年）迁界，城在界外，遂废。康熙六年（1667 年）裁撤。康熙二十年，福建布政使姚启圣修筑旧址为金门水师汛防城。康熙五十六年，水陆分界，防守官兵隶海澄陆路。康熙五十七年，漳浦知县汪绅文添筑炮台四座。雍正十三年（1735 年），卫城户籍改隶海澄。乾隆二年（1737 年）、五年又两次修城。

镇海卫原有东西南北四门和水门，各门均有城楼，现北门已毁，西门残破较严重，东门、南门和水门保存相对完好。各城门均用花岗岩条石干砌，为一顺一丁做法，门设拱券顶，形制较规整。西门残高 3.65 米，城垣宽 2.5 米。东门残高 4.2 米，城垣宽 3 米。水门残高 6.25 米，城垣宽 2.5 米，门洞以花岗岩条石铺砌，下设汛防排水通道，宽 1 米，高 0.53 米。南门

镇海卫城

保持较完整的平面布局，设有瓮城，外城城墙呈半圆形，东西径约 35 米，南北径约 30 米；外城门洞呈平顶，城垣以块石、条石混砌而成，上下略有收分，残高 4.75 米，垣面最宽处有 5 米，余为 3 米左右；内城残高 4.65 米，进深尚保留 11 米的巷道。瓮城内建有土地庙一座，为面阔一间、进深一间的硬山式单体建筑。

城墙依山势，用花岗岩质和镇海卫当地特有的火山岩乱石夹杂摆砌而成，上下有收分。现存城墙长约 2700 米，时断时续，保存较好的是东门一带和南门至水门一带的城墙，最高处有 7.2 米，余 4 ～ 7 米不等，城墙厚 1 ～ 3 米。原城垛均已佚，局部保留有女墙和走马道遗迹，宽 1 ～ 3 米不等。在南门至水门之间的城墙上，保存明天启二年（1622 年）所建的福德祠，为石仿木结构，仅 1 米见方，面阔 1.16 米，进深 1.2 米，高 1.1 米。

据《镇海卫志》载，卫城内原有坊表 10 余座，建有卫指挥署和各千户署，配以东岳庙、关帝庙、天后庙、文公祠等，建制完备，内涵丰富。

城内保存 3 条较好的古街巷，分别在南门、北门与水门一带。街巷依山势而建，乱石铺路，两侧保留较多明清时期的民居，基本上为硬山顶式建筑。民居山墙以白色花岗岩石块和深灰色的火山岩石块浆砌而成，黑白相间，颇具特色。街巷民居内尚保留古井数口，井水仍清澈可饮。另有散落的石雕构件，其中有 8 尊断头罗汉造像和 1 对石辟邪，均为花岗岩石质，因年代久远，风化严重。罗汉残高 0.4 ～ 1.1 米不等，应为十八罗汉中的造像。

（2）陆鳌千户所城

陆鳌城位于陆鳌半岛的青山山腰，在漳浦县原十五都。陆鳌或称六鳌，源于半岛的末端如浮动在海面上的六只海鳌。城北面是狭长的沙滩地连接着大陆，东、西、南面均为海。陆鳌与东北面的井尾半岛、西南面的古雷半岛等互为呼应，形成佛昙湾、浮头湾、东山湾等海湾，而东南面则为东山岛、南澳岛等，地理位置独特而险要。

陆鳌所城

元代利用陆鳌这一狭长半岛的有利地形，建有小城。明初，设青山巡检司。洪武二十年（1387 年），周德兴大规模扩建，设陆鳌守御所，隶属于镇海卫。隆庆六年（1572 年）设土兵营。清初迁界，陆鳌城被部分拆除。复界后重修，设水师，由铜山营管辖。

据方志载，陆鳌城周围五百五十丈，垣面广一丈、高二丈，砌以石。女墙八百六十五个，窝铺十五所。有东西南北门，又辟水门，门各有楼，城外以海为濠。

陆鳌城城墙全部石构，采用长 0.6 ～ 0.9 米、厚 0.3 米的长条石砌筑，墙厚 2 ～ 3 米，根据山势地形起伏弯曲，高低有差，或直接筑于天然岩石上。由于地形峻峭，有的城墙内侧与路面等高，墙上夯筑三合土城垛。墙现残高约 5 米，全城平面略呈三角形，周长 1930 米，现残缺约 430 米。城门石构券顶，上建有城楼，今楼废，保存较好的为西门和南门。西门为主城门，进深 10 米，面宽 4 米，门外建瓮城，立石坊。隆庆五年（1571 年）总兵杨南江于城门外建关帝庙，万历十七年（1589 年）在城门内建妈祖庙。此外全城建有 5 座水门，南城门两边建 3 座马面，各约 4 米见方。

城中所围之山即青山，山中多巨石密林，建有观察台、兵营等。城北门外为教场。城墙内外遍植榕树，榕树根攀满城墙。城内外尚存“宪伯俞

陆鳌所城俯视图

陆鳌所城门前视

陆鳌所城门侧视

公泽枯靖海碑记”“陶公惠鳌德政碑记”“东张印梁先生澍德碑”等五通碑记。城内有守城军户居住的、规划整齐的建筑群等，规模宏大，设置齐全。城墙保存较好。

（3）铜山千户所城

铜山原为民间畜牧之处，土名东山。明洪武（1368—1398）年间，江夏侯周德兴奉命沿海垒石筑城。城周围五百五十一丈，广一丈，高二丈一尺。女墙八百五十五个，窝铺十所。城辟四门，西、南各建楼，东、北临海二门俱闭塞。嘉靖十年（1531 年），漳浦知县郑禧始议开二门，东门增瓮城。嘉靖二十三年，把总陈言创二门楼。嘉靖三十六年，倭至，诏安县知县龚有成勘修二门，易土以石，增高加固，东、北始为崇墉。城以海为濠。清康熙三年（1664 年）焚圮，康熙十八年重筑。雍正十三年（1735 年）改隶诏安。乾隆二十二年（1757 年），知县秦其熠添建四门城楼。

铜山所城前视

铜山所城南门

铜山所城南门门额

（4）悬钟千户所城

城在诏安县原四都，地处梅岭半岛东南突出部的临海处。

明洪武二十年（1387年），江夏侯周德兴奉诏建置。嘉靖四十一年（1562年），海上武装集团头领吴平、许朝光率众攻陷悬钟所城，并进而控制整个梅岭港，使之成为当时走私贸易的一大中心。嘉靖四十二年，倭寇再次陷城。隆庆元年（1567年），倭患消除，与外蕃贸易渐次恢复。隆庆四年，时任漳州府同知的罗拱辰奉命巡视城堡，增设官兵哨守，筑城，立墩台，招募军士民夫，无偿向屯边军民提供种牛，拓垦粮田万亩。隆庆六年重修，并增月城三座、垛子六十个、窝铺十所。清顺治十八年（1661年），清廷下令实行海禁，内迁沿海居民，筑垣为界。诏安自悬钟以至五都铜山皆为虚地，荒田三万余亩。康熙二十年（1681年）复界，开海贸易。康熙五十六年重修。

方志载：城周围五百五十丈，砌以条石，垣面广一丈，高二丈；女墙八百六十一，窝铺十五。东西南北四门，门上各有楼，其东西二门阻海，北门通路，西门塞之；外环海为濠。

悬钟所城远视图

悬钟所城俯视图

悬钟所城门

悬钟所城墙

现存东、西、南三城门，残墙约 1800 米，主要分布在南门至东门一带。城墙依山势而建，时高时低，全部以花岗岩条石砌筑，为一顺一丁做法；墙高 4 ～ 6 米，垣宽 3 ～ 3.5 米。西门一带的城墙在 1989 年曾重修，留有垛口。保存较好的西城门在南门村，内设瓮城，东西向 13.2 米，南北向 8.8 米；外城入口处呈喇叭状，外部宽 4.5 米，内部宽 2.3 米；城门为拱顶，宽 2.45 米，厚 1.7 米，高 2.5 米；残墙高 3.4 米，厚 7 ～ 15 米不等。

关帝庙位于南门村西侧、果老山南麓，坐东朝西，有庙埕，占地面积约1200平方米。始建于明洪武十一年（1378年），隆庆四年（1570年）迁往西南80米处，清同治元年（1862年）、1942年重修。为两进硬山顶燕尾脊式建筑，面阔三间，穿斗抬梁混合式梁架，屋面覆筒板瓦，正垂脊均为燕尾脊，剪粘较为繁复的脊饰。前殿前廊的山墙上保留有明清时期的壁画，内容有“断桥会”“西厢记”等戏曲人物故事。

城内果老山上分布有摩崖石刻36处，部分是明代驻防海疆的官兵、幕僚及其友人所镌刻的，内容丰富，有“漳州第二碑林”之誉。城外临海处有石台，石头上镌刻“望洋台”3字，每字1.42米见方。

2. 镇与游

明初，凡天下要害处所，分别委派总兵、副总兵、参将、游击等率兵驻守。明代前期，“以各卫卒守戍”，即调各卫所军队戍守。嘉靖、万历年间，一方面蒙古瓦剌部不断进犯北部九边之地，倭寇海盗屡屡侵扰东南沿海地区，明廷不得不严设边防，“故设防亦最密”；一方面因卫所废弛，不得不“募民为兵用之”，募民组建的营兵成为戍边的主要力量。

游击，从字面上理解，就是游动作战。游击将军是沿边与要地驻军的统领，是镇守边区的统兵官。明清边塞与要地驻军的“游击”，从三品，位在参将之下，率游兵往来防御。明初多以功臣、外戚充任，分掌驻地防守应援。游击将军同时也是朝廷统治地方、检查商旅使者往来的机关。多为将军、督、抚、提、镇分领营兵，也有充任各镇的中军官者。

（1）海澄游

原系南路标兵。本游额设兵四百零五名，哨船十二只，名色把总一员统之。天启七年（1627年），只存哨船五只。崇祯元年（1628年），知县余应桂查点虚冒，以现有一百五十二名兵员为水兵，另募土兵三百零二名为陆兵，匀其粮申改本游为海澄游，筑溪尾城，分调驻扎。崇祯二年，筑大泥铳城，详请海标浙兵一百名，增募土兵五十名屯守，造小快船五只，分配水兵以便港内旋转。及梁兆阳知海澄，更造五只为十只，合营兵分为四哨，水陆并行训练，调度分守，额数增减随时不一。

（2）澎湖游

澎湖游在漳泉远洋之外，南路所辖，环岛三十六，为澳七。近琉球、吕宋诸番，东倭往来必停泊取水。明初，因徙其民而墟其地。嘉靖、隆庆间，海寇曾一本、林凤巢穴于此。万历二十年（1592 年），倭有侵鸡笼、淡水之耗，议者谓澎湖密迩，不宜坐失，乃设官兵先据险戍之。初创一游四哨，冬鸟船二十只，兵八百有奇。后以孤岛寡援，增设一游，总哨旋裁去。先是，海坛、南日、浯屿、浯铜、铜山、南澳六寨游，每遇汛时，各令远哨该岛，以联声势。

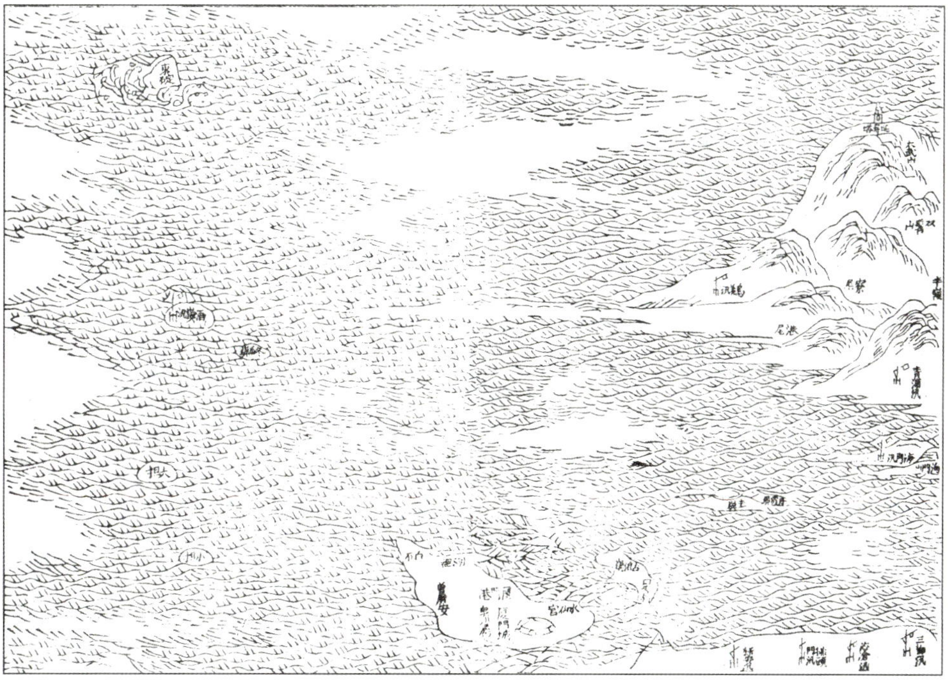

浯屿与圭屿图（引自清光绪版《漳州府志》）

3. 汛与塘

明清时称军队驻防地段为汛。此“汛”通“讯”，“汛地”即军事烽火之地，用于传消息，地界不大，故而汛地为基本驻防之地。

为更好地防边消患，各戍所非常重视“分地守御”。明中后期，各戍所以总兵、副总兵、参将、游击等各级将官“分地守御”之区已被称为“汛地”。《明史·海防志》记载：景泰三年（1452年），镇守薛希琏奏建福建五水寨，即福宁之烽火门、福州之小埕澳、兴化之南日山、泉州之浯屿、漳州之西门澳（即铜山），后废。嘉靖四十二年（1563年），福建巡抚谭纶上疏说：“五寨守扼外洋，法甚周悉，宜复旧……寨设把总，分汛地，明斥堠，严会哨。”嘉靖以后，军中划分汛地、明确防守职责的做法越来越普遍。

清代各省的绿营兵分别隶属于总督、巡抚、提督及各镇总兵，被称为督标、抚标、提标、镇标，各标又辖若干协、营。在大多数情况下，督、抚、提三标以外的绿营兵各协、营都将其驻守之地区划分为彼此相连的若干区域，每一区域委派千总、把总、外委等官率兵驻守。凡千总、把总、外委所统率的绿营兵均称“汛”，其驻防巡逻的地区称“汛地”。在每一汛地内，一部分绿营兵集中驻扎在该汛的政治、经济、文化中心，其余部分则又被分置于汛地内各交通要冲之地，安家驻扎，称为塘。汛塘不但使清廷实现了对全国各地的有效控制，也使绿营兵建立起了与地方社会广泛而密切的联系，从而对各地政治、经济、文化产生了重大而深远的影响。

清代绿营兵制下所设置的塘与明代所设哨戍有密切的联系。从功能上看，明代的哨戍和清代的塘都有消除交通要道的不稳定因素、维持联系通畅的目的。清代的塘大体上沿交通线布设，便于“诘奸宄而戒不虞”，与明代“于各道路每十里或二三十里各设哨戍以守之”以防备出没无常的盗贼的做法可谓大同小异。从设置地点看，清代的塘大多是在明代哨戍的基础上设立的，二者都起到了维持交通、安定社会的作用。

在军制上，汛防之城为驻防，各汛地为分防，所谓“布之以汛塘，必联之以巡哨，而后禁暴止奸之法备”。漳州的汛防之城，主要分布在沿海各县。

（1）龙溪县

福浒城，即提标水师福浒汛。明天启（1621—1627）间刘香之乱时，居民所筑。

三叉河城，即提标水师三叉河汛。康熙元年（1662年）移镇门城，筑城于此。

玉洲城，即提标水师玉洲汛，在二十八都。嘉靖（1522—1566）间，居民郭鹰昂等筑城防倭。万历（1573—1620）末，海涌城坏。顺治二年（1645年），都司郭之逵鸠众再筑。康熙十八年（1679年），为海寇所毁。

石美城，即提标水师石美汛，原系土堡。嘉靖（1522—1566）间建城拒倭，广一千四百五十丈有奇，高一丈八尺有奇，设海防同知行署。顺治三年（1646年）为海寇郑香所据。顺治六年，破郑香，毁其城。康熙九年（1670年）更筑，约如旧制四分之一，中建营房。康熙十七年，复为海寇所据。

江东南北二城，即江东桥汛。康熙二年（1663年）建城，一在桥北，一在桥南，防兵驻焉。

龙江城，即龙江汛，康熙二年（1663年）建。

此外，还有浒茂城等。

（2）海澄县

镇门南北二城，南在十一都，北在二十七都，隔水对峙，明吏部陈天定筑土垣防海。崇祯（1628—1644）间，知府施邦曜易以石。此郡城东南扼要地。康熙元年（1662年）拆移以建三叉河及石码城。

石码镇城，即提标水师驻防镇城。康熙元年（1662年）移镇门城，筑城于此。

天后宫铳城，即娘妈宫汛，在东门外，周围数十丈，中有镇远楼。明崇祯（1628—1644）间，知县梁兆阳建。顺治十五年（1658年），总督李率泰重修。

排浦城，即厚境汛，距县北十里许。康熙九年（1670年），民筑。

港口城，与县城相连，在县北。

九都城，在西门外，中隔一桥，学宫在焉。

圭屿城，明万历（1573—1620）间，同知罗拱辰、知府罗青霄议移海门、濠门巡检司驻其中，不果。此地为郡城门户。

（3）漳浦县

井尾司城，即金门水师井尾汛。洪武二十一年（1388年），江夏侯周德兴建。

赤湖城，即赤湖汛，在十七都。元末山寇窃发，乡人曾仁礼等筑。明正德（1506—1521）间，曾泽远等重修。县上其事于道，府檄巡检黄安、训导杜良先后董其役。城甚广阔，视县略小数丈，迁界时毁。

杜浔堡，即铜山水师杜浔汛，在十都。周六百余丈。明参政邱懋炜因旧堡增筑。原漳浦镇左营游击分驻于此，平海后撤去。

露井堡，即涂景寨汛，在邑西二十里。

漳浦井尾城

漳浦杜浔堡

马口城，即马口汛，在二十八都。康熙二年（1663年），总督李率泰建，原设千总，平海后撤去。

旧镇城，即旧镇汛，在邑东二十里。明知府施邦曜建，迁界时毁。

梅月土堡，近积美汛，即佛昙桥。杨学皋所据。在十七都。

后葛司城，即后葛土堡，在十都。

秦溪城，在旧镇内地，迁界时官建。原有漳浦营千总分防，平海后撤去。

霞陵城，在七都，迁界时官建。原设把总分防，平海后撤去。

长桥城，即长桥汛，在二十八都。

盘陀司城，在八都。

将军岭城，在二十八都，官建。原设千总分防，平海后撤去。

（4）诏安县

漳潮分界巡检司，在县西二十五里。元时设在南靖之埔平定南寨。明洪武二十年（1387年）徙于漳浦五都。正德十五年（1520年）徙置于此。初未有廨，即庵堂居之。嘉靖二十七年（1548年），署县同知龙遂建。今废，移廨于县城东门之内。公馆在县治之左，原漳南道署故址。清初设于南门内之左，系许姓祠址。康熙五十年（1711年），许姓具呈请复，仍移筑于此。

洪淡巡检司，即洪淡司城。在五都北埔。元设于四都之沔洲。明洪武二十年（1387年）徙今所，周德兴建，系土围，岁久圮废。

金石巡检司，即金石司城。元设于龙岩聚贤里，明洪武二十年（1387年）徙五都山东社，周德兴建。

漳潮司城，即分水关汛，在三都。明洪武二十年（1387年）建。天启（1621—1627）间，知县周立改筑新城于其南，未成而辍。城无居民、廨署。

梅岭寨，即梅岭汛，在四都。明设安边馆，置捕盗主簿驻其内。嘉靖（1522—1566）间，吴平结巢于此。都督戚继光歼之。

八尺门炮城，康熙二十年（1681年）建，与铜山八尺门铳城相对。

漳浦古雷司城

（5）东山县

八尺门铳城，即铜山水师八尺门汛，与隔江诏安炮城对峙。康熙二十年（1681 年）建。

古雷司城，即铜山水师古雷汛，在九都。

4. 墩与台

除军队驻防之大小城堡、军寨外，另有相当数量之墩台，也就是民间所称之烽火台，沿军事要塞之外围高地或交通线修筑，成为漳州明清军事防御体系的重要组成部分。墩台主要用于瞭望或通信，也有用作炮台者，一般设在驻地周边之制高点。部分墩台规模扩大后，发展成为军民所用之小型城堡，如龙海的流会古城等。

见于志书记载的墩台，主要有：

龙溪：江东、龙江、万松关、鹤鸣、浦头、湾腰树、橡林、和尚桥、九龙岭，以上属陆路；三叉河，属水师。

漳浦：大坑、东墩、眉田、盘陀岭、下寨、荷步、高塘、大水窟，以上属陆路。

镇海卫：将军澳、灯火澳、井尾澳、白塘山、象鼻山，以上属水师。

海澄：浯屿、海门、桥梁尾、乌梅屿，以上属水师。祖山、土城、娘

古雷烽火台

妈宫、白塘、旗尾、港尾、灯芯径、圳尾、枫林、橄榄岭，以上属陆路。

平和：黄庄、大协、松柏关、赤石岩、管溪、洪濑、径口、黄井、猪母额、小坪、南胜、双溪、石出水、松仔鞍、庵后、大溪墟、车田、三角径、涂景寨、石榴坂、岩前溪、内山城。

南靖：峰苍岭、大坪、马坪、水潮、斗米、和溪、龙山、山城、船场、崎岭、梅陇、洪濑。

诏安：分水关、龟山、大寨口、洋尾河，以上属陆路。

迁界之前所设、复界之后被废弃的墩台，主要有：漳浦县的水分流、漳浦岭、牛踏岭、檺浔、陈三岭、将军岭、高山、南山、台山、赤水、保安、黄家城、下屿、古竹、金刚、大柘、石峡、埔仔、北岐、北山、半径、山尾、树洞、白泉、油柑岭；各个卫所的墩台，如大径、流会、卓岐、江口、小澳、湾角、埠头、高山塔、镇海卫墩台九座；漳浦县的陆鳌、洪丘、峰山、泊浦、陈平渡等；海澄县的海沧、青浦、月港、龙坑、刘坑、嵩屿；诏安县的梅岭、洪淡、古楼山、南山、东山、盐仓、东弯、黄崎、渐山、洋林等。

诏安梅岭烟墩山

龙海流会古城

第四章 规制以人和

建造城池的主要目的，是守护一方。所以古之为国者，必相地之适中及要害处建邑筑城，设官治政。一城之中，占据着主要位置的建筑物，基本上都是与一邑民生休戚相关的公共机构。城池正是因为有了这些建筑以及建筑所具有的公共职能，才能成为各个地区的政治或军事、经济与文化中心。

封建帝制体系下的各级城邑实施的是行政首长专权制，故府署、州署和县署成为城池中最主要往往也是规模最大的建筑群。明清时期由于实行守巡道制度，在各个府州县都建有省级两大职能部门（布政司、按察司）的派出机构，以便考核、监察府州县的情况。这些巡视或常驻地方的上级官员及办事人员为数不少，需要有办公的官署，因此即便是最小的县城，也会有“按察分司”“察院”等官署。

行政官署之外，府、县城中还有各类文教、恤政、礼制祠祀以及军事机构等。这些大小公共机构与设施坐落在城邑的各处重要位置，成为城池之内的主要建筑构成。在此之外，才是毗连式分布的商市与民居建筑等。

一、府县官署

府治、县治是地区行政首脑机关，包括知府、知县理政用的大堂、幕厅和他们的官邸，以及僚属的住宅、吏舍、谯楼（报时更楼，或称鼓楼）、监狱、仓库、土地祠等，形成城内的主要建筑群。官员往往携带家属，高级的地方官还自辟僚属，所以官署需要按照前堂后寝、左右有吏属办公地点的方式来设计。到了明代，“凡郡县公廨，其前为听政之所如故；自长贰下逮吏胥，即其后及两旁列屋以居，同门以出入；其外则缭以周垣”，将原先居住在外面的属吏全部集中到官署内办公并居住，同时在办公与居住区之间设置墙和夹道予以区隔。清代基本继承了明代衙署的平面布局，但各级主官主要依赖更加私人化的幕宾，官署逐渐不再像明代那样整齐划一。

明代的官署一般分中、左、右三路，中路建筑设有前、中、后三进。中路大门往往起楼置鼓，门外有颁布政令和宣扬教化的亭台，门前横街两侧多有牌坊状门楼（辕门）。大门与正厅之间设置礼仪性质的仪门，仪门两侧在宋代以前会根据身份等级排列旗戟，故又称“戟门”。仪门内，在宽阔的大庭前竖立着刻有为官之道的“戒石碑”，有的还有碑亭；仪门前或后的庭院两侧有胥吏办公的厢房，以及收藏法规文件的“架库阁”、收藏军用物品的“甲仗库”和存放仪仗用具等的库房。官署的中心是主官处理公事的大堂，大堂后有过厅，或称“退厅”“小堂”之类。最后是主官及其家属居住的宅院。有的官署在宅院后面或左右建有游览观赏用的楼台亭阁和池苑。官署的左右两路，除了副官和属官廨舍外，往往还有公馆、仓库、监狱等设施。

察院是监察御史院的简称，供御史来府县驻节知政之用。税课司（局）即税收机构，府称司，县称局，设有大使及属吏。阴阳学是掌昼夜刻漏及境内灾祥申报的天文、气象部门，多设在府、县的谯楼上，府设正术（从九品）、县设训术各一名。医学掌方药医疗及狱囚疾病事宜，府设正科（从九品）、县设训科各一人，常与惠民药局结合设置。僧纲司与道纪司是管理佛教与道教的机构，府设都纲、都纪各一名（从九品），不给俸禄，也不建署，附设于某一佛寺或道观中。

卫、所等军事机构也会在府、县城内设置相应的军事衙署。卫设指挥使司，指挥官阶三品，品位高于知府（四品），其衙署规格相当于府治；所设千户，官阶五品，衙署有正门、仪门、正堂及吏舍等建筑，相当于县衙。在这些军事衙署之下，还设有教场、草场、军械库、粮仓、成造局（含制造军械的作坊、库房、官厅及金火二炉神庙）以及旗纛庙等设施。

1. 漳州府署

府署位于府城南部。

唐贞元二年（786 年），徙州治于龙溪，即今治也。元为路，明为府。考宋制，府前有双门，冠以楼，篆书州额于其上。门内有鼓，门亦冠以楼，楼上有铜壶漏箭，以司昏晓。其外，左为崇仁门，右为怀恩门。嘉泰元年（1201 年），郡守方铨重建鼓楼，翼以飞观，在崇仁、怀恩门之上。其内左为州治署，右为钤司署。州治门西向，文东武西，同由鼓楼门出。元因之。

明洪武元年（1368 年），知府潘琳重建。中为大堂，前为露台，护以石栏，下为丹墀，中为甬道，前为戒石亭，又前为仪门，外为大门。丹墀两旁为廊，东为吏、户、礼房；西为兵、刑、工房。大堂后为川堂，为后堂。川堂之旁为轩，后堂之西为架阁库。仪门之前为广济库。正统八年（1443 年），知府甘瑛以外门不宜偏出，又鼓楼在西太高，乃奏改从中辟路而出，前立坊，匾曰“帅正”。成化十八年（1482 年），知府姜谅重建大堂、后堂及土地祠，并移旧建南隅文昌坊之申明亭、东北隅之旌善亭于府大门外左右。嘉靖元年（1522 年），知府张鹏匾大堂曰“牧爱”，撤后堂而新之曰“帅正”，即大门外旧坊额也，迁广济库于后堂之东，以石为之，鹏自为记；迁架阁库于广济库之旧址。嘉靖八年，知府陆金重修大门，乃立后堂碑，郡人林魁为记。嘉靖十四年，知府孙裕重建申明、旌善二亭。嘉靖二十一年，知府顾四科重建仪门。嘉靖三十年，大堂颓坏，知府卢璧修之。嘉靖三十四年二月初五日，狱囚吴天禄等反狱，烧毁府堂及六房。嘉靖三十五年，知府曾三阳重建，其门外之左为延宾馆，旧为省愆所。嘉靖三十七年，知府李光宸改建。嘉靖四十年，知府桂嘉孝改匾曰“漳州府”。

隆庆四年（1570 年），知府罗青霄以大门单薄，乃缩入，改建谯楼，砌石为门，置大鼓其上，观望既壮，防卫亦周。后堪舆家以风气闭塞为言，万历二十三年（1595 年），知府杨维岳改建，仍如旧制，中设大门，两边置角门。知府韩擢又改设，总为一门，内廨在府署后。清军同知馆、海防同知馆、督粮通判馆、督捕通判馆、推官廨、理刑馆，以及经历、照磨、知事、检校等署俱在府公廨内。

清顺治十二年（1655 年），郑军隳城，官署悉被拆毁，府署亦废。次年，清兵攻占漳州，依旧址筑城，而有司暂借民居为署。康熙五年（1666 年），理刑王锡琯先建理刑馆。康熙六年，理刑奉裁，乃暂以理刑馆为府署。康熙十年，知府孙扬始重建府大堂及仪门、大门，余公廨悉为民居。康熙十七年七月，飓风暴作，大门倒坏。康熙三十二年，知府靳治扬议清地起建，旋调台，不果。康熙四十九年，知府魏荔彤建大门，重修大堂，于甬道东西建立六房，规模宏敞。康熙五十二年，复建二堂、川堂及仰文楼，其资悉捐俸。而府署仍理刑馆之旧。乾隆四十年（1775 年）六月，大堂前楹被大雨冲坏，知府李维钰重修。

试院在元妙观之左，原杂造局地。明弘治十七年（1504 年），知府汪凤建，为察院行署。万历三十一年（1603 年），知府韩擢复改布政司行署为察院署，而此署空废，后割后堂为张何祠，只遗前堂数楹。万历三十三年，龙溪知县袁业泗改修前堂为公署。万历三十七年，知府闵梦得改为云龙书院，旋毁。清朝改为行署，以为上司往来停宿之处，又为提学试院。康熙三十年（1691 年），各学士子具呈，于二门内起盖瓦厂为试棚，但因湫隘不能容，而通元妙观以充之。康熙四十九年受风雨损害，厂坏。康熙五十五年重修。乾隆二十二年（1757 年），自大堂至仪门尽圮。乾隆二十四年，巡道张维寅、知府余文仪偕七邑绅士重建，购官地之入于民者扩而新之。乾隆二十五年，知府蒋允焄、知县吴宜燮增建试棚，甬道之上并盖明瓦，曦光映射，风雨不侵，邑绅吴开业、郑蒲董其事。乾隆三十八年，巡道蒋允焄复买民地，拓建试棚，东西各十余间，士咸德之。

布政分司在府治西北，丹霞之右，莲华招善寺故址也。初建府治之

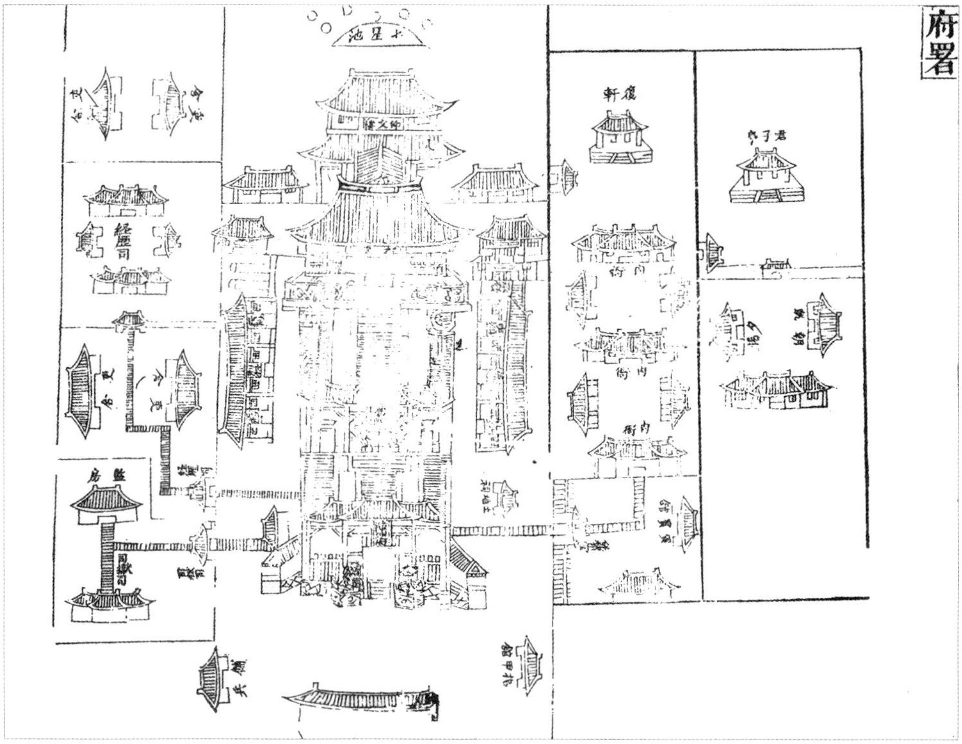

漳州府署图（引自清光绪版《漳州府志》）

西，明天顺八年（1464 年）移建此处。万历三十一年（1603 年）更改为察院署，即父老所传新察院衙也。

漳南道，在府卫二署之间，元廉访司分司故址也。明洪武三年（1370 年），知府潘琳建为按察分司旧署。成化七年（1471 年）改为漳南道署。龙亭库，以藏仪仗，漳南道居其左，卫居其右。参将府，旧为法济寺。嘉靖四十一年（1562 年），参将杨镇改建。镇抚司，在漳州卫前之右，羁候轻犯之所。

分巡汀漳龙道署，旧为巡海道署，在府治东北。嘉靖九年（1530 年），巡海副使谢汝仪、知府陆金于镇抚司地并拓民居创建，制极宏伟。嘉靖十年，副使罗英继而成之。万历七年（1579 年），巡海道移驻兴化府，于是分守漳南道移署于此。后漳南道改为分巡汀漳龙道，署仍旧。清乾隆二十四年（1759 年），巡道张维寅重修。乾隆三十九年，巡道蒋允君重葺内署，并建西厅。

2. 龙溪县署

在府治之西。县治之始建未详，宋淳熙十二年（1185 年），县令赵不病重修。嘉定四年（1211 年），县令陈士会复修。绍定四年（1231 年），县令苏应衡增修。

明洪武（1368—1398）初，知县杨保诚重修，匾其大堂曰“道爱堂”，东为幕厅，西为架阁库，仪门内之东为监狱，仪门外之东为土地祠。正统二年（1437 年），知县顾鸿重建大堂及架阁库。成化五年（1469 年），知县张宁重建后堂。成化十五年，县丞吴鹏买民屋增广吏舍，并以旧架阁库址增建公廨。成化二十三年，知县李栄重修大堂，易其额曰“平政”，立石坊于大门外曰“司牧”。嘉靖十年（1531 年），知县俞琏撤司牧坊，建鼓楼，又当街建二石坊，曰“一方民社”，曰“百里弦歌”，邑人林魁为之记。嘉靖二十八年，知县林松徙二石坊于大门外之左右，大门上为谯楼，前筑拱辰垣十余丈，易戒石亭以石坊。徙土地祠于仪门外之西，而勿喜亭居东，即预备仓故址也。后祠徙东，西为延宾馆，匾其堂曰“拜善”。县丞廨在县署东，主簿廨在县署西，典史廨在本署后，吏舍在县署之西南。旌善亭、申明亭在谯楼外之左右，旧在楼内，弘治十六年（1503 年）知县姚鹏所建。嘉靖二十八年，楼徙，亭在楼外矣。

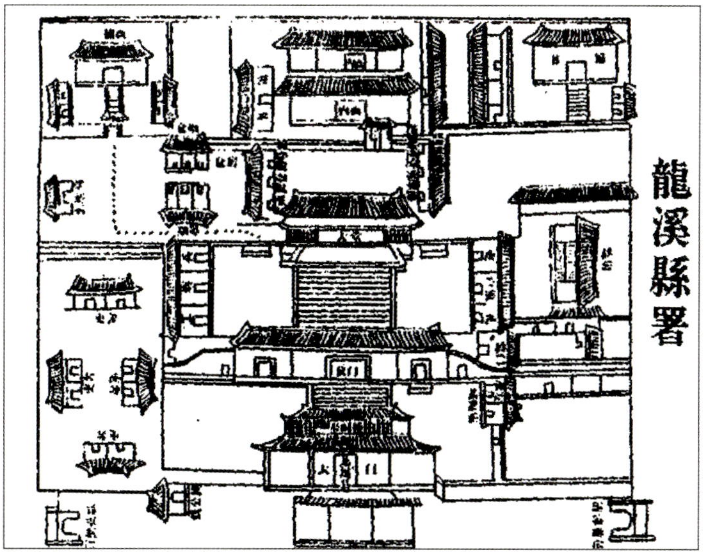

龙溪县署图（引自清乾隆版《龙溪县志》）

清兵收复漳州后，知县董帷建后衙一所，余皆未及。康熙二年（1663年），知县马备重建大堂。康熙十七年，知县魏明德始建大门、仪门。乾隆二年（1737年），知县王裕琮重葺大堂。乾隆六年，知县李芬建内廨六间。乾隆十一年，川堂仪门渐圮，知县袁本濂重修。

3. 海澄县署

明隆庆元年（1567年）设县，知府唐九德乃就县民陈甫所捐地创置。四围土墙，高各一丈六尺，深四十五丈，阔二十五丈。中为大堂，后为二堂，左为军器库，右为粮饷库。二堂后为三堂，后为内署，东为幕厅，西为书斋，堂后为楼。大堂前为甬道，为戒石亭。两廊为书吏库，为架阁库，东西共十六间。又前为仪门，东西为角门。东角门外为土地祠，祠前旧有延宾馆，后改为仓。西角门外为监狱。又前为大门，上为谯楼，置洪钟。万历（1573—1620）间，知县龙国禄建大门，外为旌善、申明二亭。县丞廨在大堂左，典史廨在大堂右。

清康熙四十年（1701年），知县陈世仪复建后楼五间。康熙五十年，知县韩钟以仪门倾圮，捐俸重修。乾隆十四年（1749年），知县汪家球重葺二堂。乾隆二十四年，知县陈镆修内廨及谯楼。乾隆二十六年，知县王作霖重建大堂，高大宽广，悉依旧制，楹柱皆易以石。

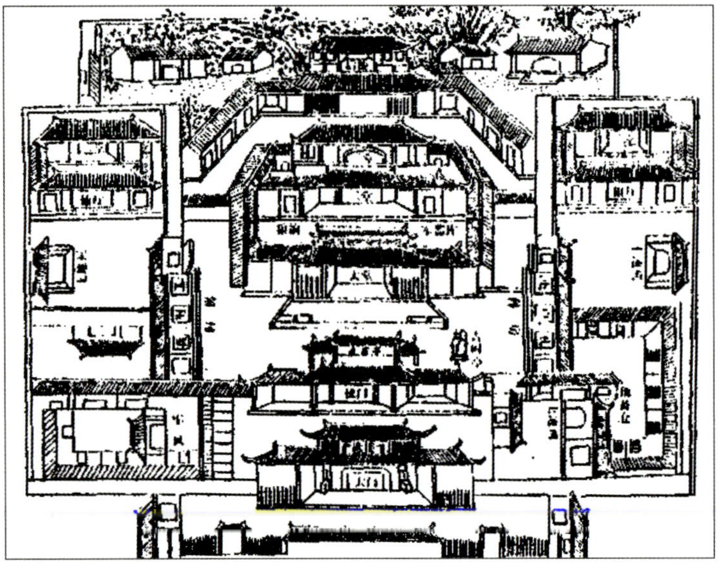

海澄县署图（引自清乾隆版《海澄县志》）

4. 漳浦县署

漳浦县与漳州府同时建置于唐垂拱二年（686 年），唐开元四年（716 年）府治与县治同时迁址，府县合署办公。贞元二年（786 年）府治迁龙溪（今漳州）后，这里便作为漳浦县署衙门，沿用 1200 多年直至 20 世纪 50 年代。

县署于唐开元四年（716 年）建，景龙（707—710）间，县令李圭缭以周垣，官廨始不与民居混杂。宋绍兴二十三年（1153 年），县令陈贯通重建。淳祐八年（1248 年），县令杨浩然大而新之。

明洪武三年（1370 年），知县张理重建大堂，左为典史厅，右为库房，大堂后为川堂，联于后堂。龙亭库在大堂东，架阁库在大堂西。东廊之南为际留仓，西廊之南为监狱。中为甬道，南为戒石亭，外为仪门。仪门之外，东为神祠，有旧预备仓，西为新预备仓。又南有大门，门上为谯楼。后遭兵燹，历景泰、成化、弘治间知县林瑛、刘璧、汪瑛、吴云，俱尝修葺之。正德（1506—1521）间，知县胥文相始筑崇墉，蔽于谯楼之西。嘉靖七、八年间，东西吏舍及仪门相继遭灾被毁，知县周仲重修焉。内衙在县川堂后，县丞廨在县署东，主簿廨在县署西，典史廨在县丞廨前，吏舍在县署东。旌善亭、申明亭在谯楼门外之左右，旧在县门内，洪武二十三年为知县孟美移建于此。

清康熙十二年（1673 年），知县乔甲观重建大堂，匾曰“亲民堂”。改旧典史廨为寅宾馆，以旧主簿厅为典史廨。而预备仓移至堂之右，原在仪门之西，不知谁徙于此。其川堂、后堂俱圮，甬道两房吏舍亦半毁。余如弦歌堂、净凉阁、宣诏亭、颁诏亭、简清室、清佐厅，名虽存而迹久废。如幕厅、库房、际留仓、预备仓、架阁库、西廒、寅宾馆，迹虽存而制则废。乾隆二十八年（1763 年），知县何治远重建谯楼三间。乾隆三十五年，知县于良钧重修内署。

漳浦县衙现仅存正堂以及右吏舍的承发房等。正堂为清康熙（1662—1722）间重建，占地 276 平方米，墙体三合土夯筑，厚 0.4 米，墙土中夹杂大量的碎砖瓦片。县堂面阔三间，进深三间，抬梁木结构，一斗三升式斗栱，悬山顶，青石鼓形雕花柱础，木柱无收分，前轩卷棚顶。第三进明间作木椂屏风，是为知县的办案处。正堂上悬清康熙十二年知县乔甲观书“亲民堂”匾，前轩上悬明洪武三年（1370 年）知县张理书“紫阳牧爱堂”匾。乾隆七年（1742 年），漳浦知县朱廷益在此升堂时，被藏在案下的县民跳出一刀杀死，此案最终惊动了乾隆帝，复查中牵出了闽南小刀会活动的大案。

县衙中保存有洪武（1368—1398）间置、嘉靖（1522—1566）间重立的戒石，为花岗石质，长 100 厘米，宽 38 厘米，正面阴刻篆书“民之父母”，背面刻楷书“尔俸尔禄，民膏民脂。民易虐，上天难欺”。

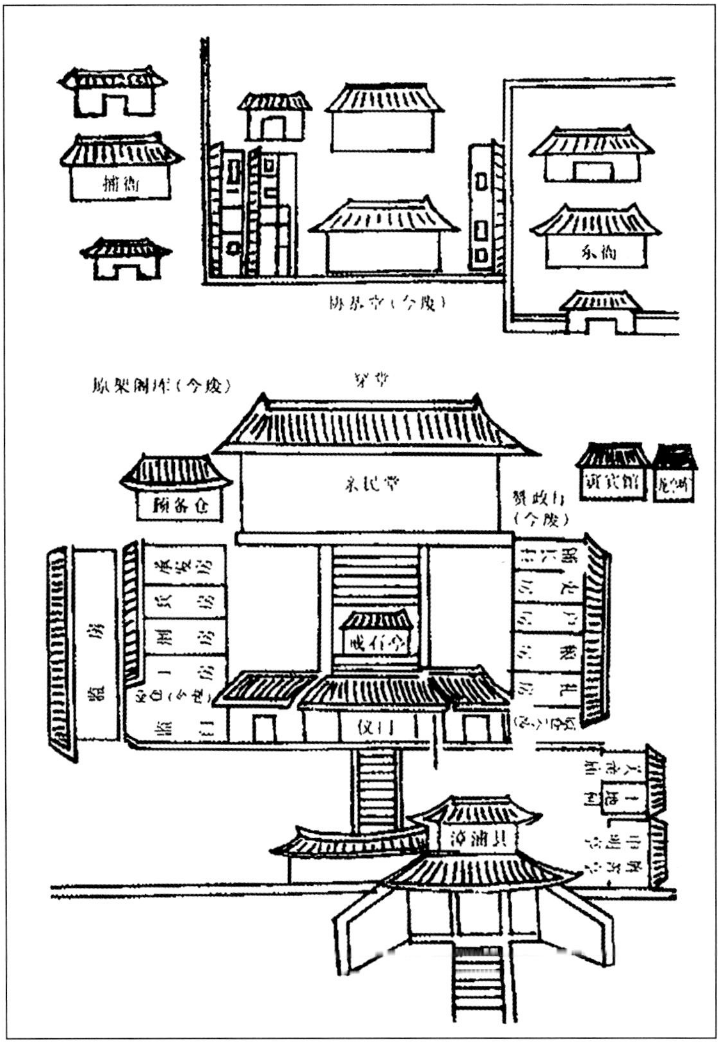

漳浦县署图（引自清康熙版《漳浦县志》）

漳浦县衙正堂外景

漳浦县衙正堂内景

漳浦县衙戒石

5. 长泰县署

长泰县署在县城东。北负罗侯山，南向科峰山。南唐保大十四年（956年），以武安场为县，始建邑治。宋淳熙（1174—1189）初，县令王孝恭重修，匾其堂曰“道爱”。绍定五年（1232年），汀寇毁民居殆尽，唯署独存，县令郑师申复修。淳祐（1241—1252）间，县令赵与垣复建丞簿厅。元至正（1341—1368）间寇乱，残毁无余，主簿陈文积更建之。

明洪武（1368—1398）初，知县邓清重修，中为大堂，堂左为典史厅，右为架阁库。仪门之左为土地祠，右为监狱。仪门外为大门，大门外为旌善、申明二亭。大门之上为谯楼。成化（1465—1487）间，知县刘铎更建内署于大堂后。正德十三年（1518年），知县朱弦复修门堂，内外遍植果树。嘉靖十三年（1534年），知县陈塘作石库于堂右。万历九年（1581年），知县方应时修仪门、东西六房，创亲贤馆于仪门外之东。万历二十八年，知县管橘建思过轩于堂后偏东，自为记。修大堂，易匾曰“偕春堂”。谯楼、仪门圮坏，俱重建。

清康熙四十三年（1704年），谯楼毁。雍正四年（1726年），大堂倾塌，知县张宗仁被压。乾隆九年（1744年），知县张宏绪捐俸重建亲民堂，较旧制稍狭。乾隆十一年，知县李得御捐俸，并劝邑绅捐金，改复大堂旧制，重建谯楼，邑绅杨新基董其事。

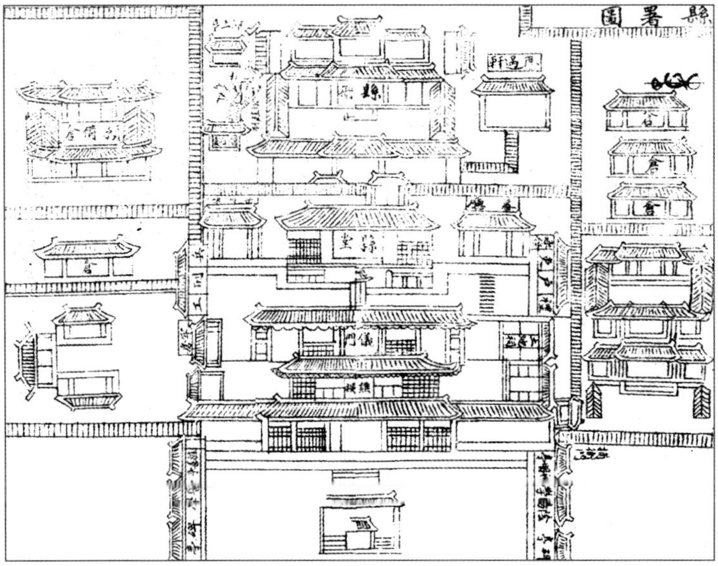

长泰县署图（引自清乾隆版《长泰县志》）

6. 南靖县署

旧署于元至正十六年（1356 年）建。明正统六年（1441 年），典史周鼎重建。正统十四年毁于寇。景泰二年（1451 年），主簿卜应麟重修。成化十五年（1479 年），知县张本重建大堂及东西廊、后堂、川堂、库房、仪门、典史厅、谯楼、大门，廨舍悉备。嘉靖元年（1522 年），知县施祥重建谯楼。嘉靖二十九年，主簿罗盛重修。嘉靖四十年，饶贼入城，县署悉被烧毁，仅存主簿、典史廨。嘉靖四十三年，知县林挺春重修前后堂。次年徙新城，拆堂宇盖前堂、后堂，又添建川堂、仪门、大门并六房幕厅。

万历二十三年（1595 年），知县陈宗愈迁复旧城，即原儒学故址鼎建县署，中为大堂，匾曰“亲民”；北为川堂、后堂，额曰“学道”“爱人”。衙舍在署之正西，为堂房二十七间；幕厅在署之正东，为堂六楹，东南为主簿衙，西南为典史衙，前为露台，下为丹墀，中为甬道，两廊为六房。南为仪门，延宾馆在仪门外之东，后为土地祠，仪门西为监狱。北为吏典廨舍，六房、承发、铺长诸廨，共为屋十四间；正西为龙亭库，东北为架

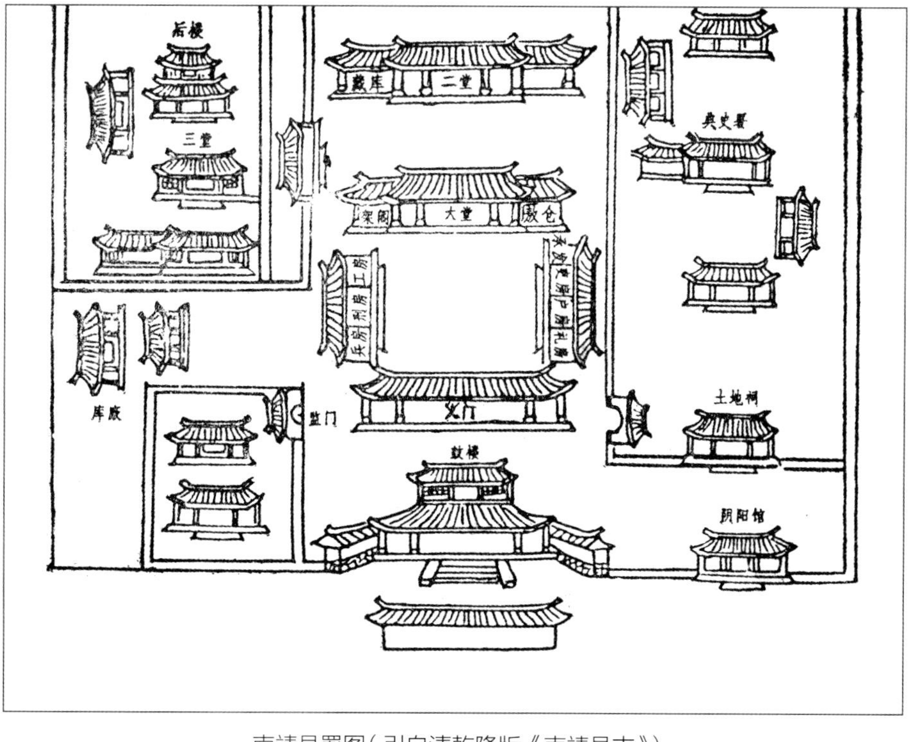

南靖县署图（引自清乾隆版《南靖县志》）

阁库，西北为库房；最前为谯楼，大门外左右为旌善、申明二亭，规制峻整。

清康熙七年（1668年），知县白拱薇重建思补堂。康熙十七年，知县孟振玉重建鼓楼及六房。康熙五十年，知县刘宗业重修后楼。雍正四年（1726年），大堂倾圮，知县彭璋重建。乾隆八年（1743年），知县姚循义重修后堂。

7. 平和县署

明正德十四年（1519年），平和设县，署县事施祥创建县署。其制中为大堂，前为露台，又前为甬道，又前为戒石亭，为仪门。堂之左为典史厅，右为龙亭库；堂之后为川堂，为后堂；左后为库，右后为架阁库；又大堂后为内署。大堂额曰“亲民堂”。嘉靖五年（1526年），知县王禄建旌善、申明二亭于县门前左右。嘉靖二十二年，知县陈中立徙其廨于东偏，典史廨在本厅之左，吏舍在典史廨之左后。知县王立准复建一堂以当宅门，额曰“以临轩”。仪门内之左为土地祠，右为监狱。仪门外左为禁铺，稍前为回心仓。后仪门坏。嘉靖二十七年，知县谢明德修，正前为大门，

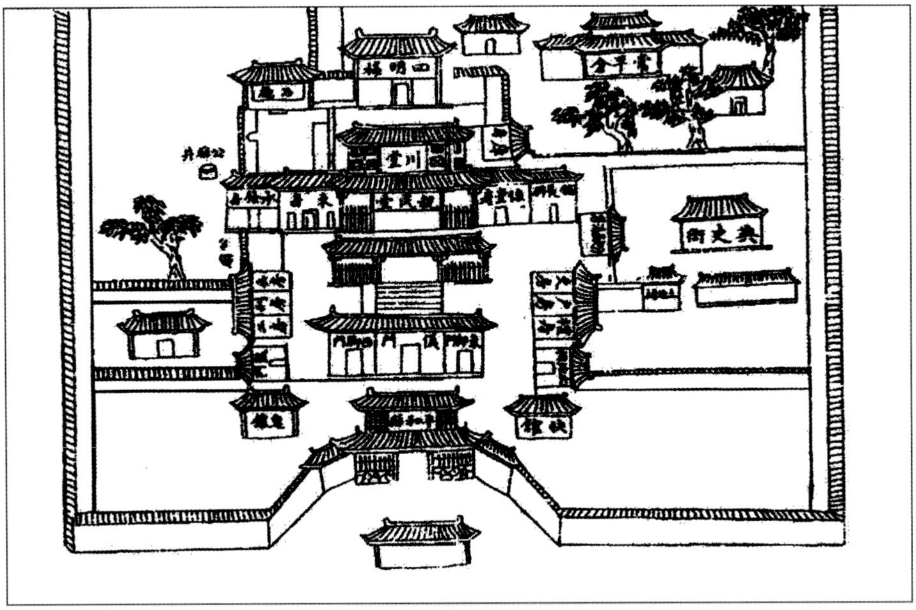

平和县署图（引自清道光版《平和县志》）

门上为谯楼，而县之东西有提铃巷。嘉靖三十八年，知县姜遂初重修莅政堂，此旧制也，后毁于兵。

清康熙四年（1665 年），知县王道光始建尊五堂，为出治之所，非亲民堂旧址矣。康熙三十三年，知县巫元东重建大堂，并龙亭库、赞政堂及仪门、谯楼。康熙四十九年，知县郭廷彩再建内衙楼舍，并退思堂。乾隆三十七年（1772 年），知县陆惇宗重修。

二、文庙学宫

各类文教机构如府学、县学、书院等，往往都是城池之中除府县官署之外最为重要的建筑。元明时期，全国各地的孔庙属于国家祀典内容之一。庙附于学，与国学、府学、（州）县学联为一体。

漳州文教建筑的兴盛，与南宋理学大儒朱熹于绍熙元年（1190 年）知漳州息息相关，光绪版《漳州府志·学校》称："漳自朱子守郡，讲明礼乐，以正人心，自是海滨家弦户诵。"明清志书往往将朱子列为漳州宦绩的第一人。

朱熹，字仲晦。绍兴十八年（1148 年）登进士第。淳熙十六年（1189 年）以直宝文阁学士除江东运判。再辞，改知漳州。至任，以节民力、易风俗为首务。先奏除属县无名之赋七百万，减总制钱四百万。以漳俗未知礼教，首述古今礼律开谕之，又采古丧葬嫁娶之仪，揭示父老，令解说训其子弟。朱熹认为漳州旧号佛国，男女聚僧庐，为传经会，女不嫁者，私创庵舍以居。始严禁之，俗为大变。尝病古经界法不行，为民害日滋，乃访事宜，择委任，悉究丈量诸法条奏以上，因言必可行之说三，将必至于不能行之说一。盖谓法行，息争止讼，大为民利，而占田隐税、侵渔贫弱者所不便。乃具宣德意，榜之通衢。邦民欣跃鼓舞，而寓公豪右果为异议以阻之。遂以地震及足疾，不赴锡宴自劾。其冬，有旨先行漳州经界。会南方春旱，不及行。

朱熹在漳州首尾仅一年。未至之始，吏民闻风竦然，望若神明。及下车莅政，一以道德正大行之，人心肃然以定。官曹厉节志而不敢纵所欲，宦族循法度而不敢干以私，胥徒易虑而不敢行奸，豪猾敛踪而不敢冒法。郡中讼牒无情者，畏惮而不敢复出。平时习浮屠、为传经礼塔朝岳之会者，一禁而尽息。良家子女入于空门者，悉闭精庐归复人道。奸民多鼠窃，自公至，未尝有峻惩者，而皆望风屏迹。民无夜警，外户不闭。凡讼庭所断，必以人伦为重。

1. 漳州府学

漳州府儒学在府治东南。宋为州学，庆历四年（1044 年）建于州治东南隅，水自西南入。大观（1107—1110）中，增广生员，以迎恩驿为四斋。政和二年（1112 年）移学于州左。绍兴九年（1139 年），诸生以科第不利，乃请知州李弥逊复故址。前建棂星门，次建仪门，中列戟门。东西两庑，庑上为阁，东曰“御书”，西曰“经史”。中建大成殿，奉孔子先圣像，以兖（颜回）、邹（孟子）二国公配，旁列十哲（颜渊、闵子骞、冉伯牛、仲弓、宰我、子贡、冉有、季路、子游、子夏）位，于两庑设诸子及先贤位。殿后凿泮池，中建亭，曰“瑞荷”。上接讲堂，分十斋。学正、学录位在讲堂西，直学位在学门左右，经谕位在东西两庑，小学在学东南隅，学宫直舍在讲堂后东北。水仍自西南入。绍兴十一年学成，次年登科者五人，颜定肃公（颜师鲁）与焉，人以为验。绍熙元年（1190 年），朱文公（朱熹）守漳，创宾贤斋以延耆儒，受成斋以训武士。又以斋舍窘逼，议移贡院于东市，而以其址为东诸斋，西移行衙于马棚，而以其址为西诸斋。斋舍相枕，悉南向，一如太学之制。议既定，以祠命下，去官弗果。后建置不一。嘉定十六年（1223 年），学宫毁，知州郑昉重建。淳祐九年（1249 年），知州章大任复浚丁水。绍定五年（1232 年），知州李�又于郑昉所建文会堂西辟为小学，匾曰“育德斋”，拨三废寺田以给之，教养生徒四十人，置经义、诗赋教谕各一员，掌计、掌膳各一员，月书、季考皆如太学之制。

元置路学教授，县学置教谕，又诏复旧学田，立小学，并立书院。时诸路县多不能奉诏。延祐三年（1316 年），总管张泉逸、教授高元子重修大成殿、两庑及戟门、棂星门。殿后为杏坛，又后为学廪，廪之东为神厨，厨之东为宰牲房，厨前为神库殿，西为明伦堂，堂左右为四斋堂，前为亭，亭外为书楼，楼下为大门，门外为泮池，池上为石梁，堂后为乐器库，堂西为馔堂，东为教授廨，又东为训导廨。天历二年（1329年），达鲁花赤纳儿占伯重修。

明始为府学。洪武十三年（1380年），知府白寿重修大成殿及两庑。洪武二十八年，知府王仲谦修明伦堂、四斋及馔堂、书楼。洪武三十年，知府钱古训修大成殿。宣德八年（1433年），教授张骥建后堂，匾曰“崇文”，移库房于殿东。景泰七年（1456年），明伦堂毁。天顺二年（1458年），知府谢骞重建明伦堂并修四斋，建教授廨于东，拓棂星门外地。同知傅佐修经阁，易以石柱。成化十年（1474年），知府张瓒于旧射圃地建斋舍二十余间。成化十五年，洪水为患，庙学倾坏。成化十八年，知府姜谅同提学佥事任彦常更新之。成化二十二年夏，飓风大作，经阁及东西斋俱圮。知府刘瀚重建，匾经阁曰“奎明楼”，建号房二十六间于西斋后。正德六年（1511年），知府陈洪谟重浚丁水，疏古渠四十丈。嘉靖十二年（1533年），巡海副使罗英辟街南地，增建号房三十一间。嘉靖二十八年，龙溪知县林松岁入银一百二十二两有奇于学，乃威惠庙租也。嘉靖三十一年，知府卢璧修丽泽堂及号房。嘉靖四十一年，推官邓士元重修明伦堂。隆庆四年（1570年），飓风坏屋瓦，知府罗青霄重修。隆庆六年，又新置天宝等处学田八段。万历三十八年（1610年），知府闵梦得查复街南丽泽堂故址，辟为泮池，疏浚砌石，由丽藻池以潜通海潮。其形半璧如弓，弓弦环以石栏，池广十九丈有奇，轮六丈有奇，深一丈余，名曰“丽泽池”。

清顺治元年（1644年），明伦堂发生火灾。康熙二十年（1681年），通判胡宫请于宪副周昌、知府吴延贵相与营谋经略，两年后堂告成。康熙二十五年，教授陈正朔请复丽藻池。康熙四十三年，知府刘芳发重修文庙两庑及过水亭，比旧制更加完备。康熙四十四年，知府赵完璧捐俸修葺大成殿及二门。乾隆八年（1743年），巡道王廷诤、知府张廷球、周岱率乡绅郭元龙、林编、郑蒲、林瑶等捐资重修文庙，督学吴华孙有记。乾隆十年，知府金溶重造祭器、乐器。乾隆三十二年，知府张镇重修泮池，改辟水道，砌九曲沟以通潮汐。教授署原在崇圣祠之右，后因遭水灾，移明伦堂斋舍中。故址为民居侵占，乾隆三十五年，教授黄世模清出。训导署原在崇圣祠之左，后因遭水灾，移圣庙东偏斋舍中。乾隆十三年，训导陈日来就故址重建。

崇圣祠旧曰启圣祠，在敬一亭后，明嘉靖十年（1531 年），知府陆金奉制建。万历四十一年（1613 年），因涨水而颓圮，知府袁业泗捐金重修。清康熙四十五年（1706 年），乡绅总兵官柯彩捐资重建，清祠后学地，高筑基址以防水患。崇圣祠右、名宦祠左学地一所，前被门斗盗卖居民。乾隆三十六年（1771 年），府学训导朱莲查出，牒移龙溪知县崔绎，追契究还在案。

据清光绪版《漳州府志》卷首府学图，文庙仍依宋制“左庙右学”。文庙前道路的左右建有“德配天地”“道冠古今”两牌坊。大门左边立有一石碑，镌刻“文武官员军民至此下马”字样。进内就是棂星门、戟门、

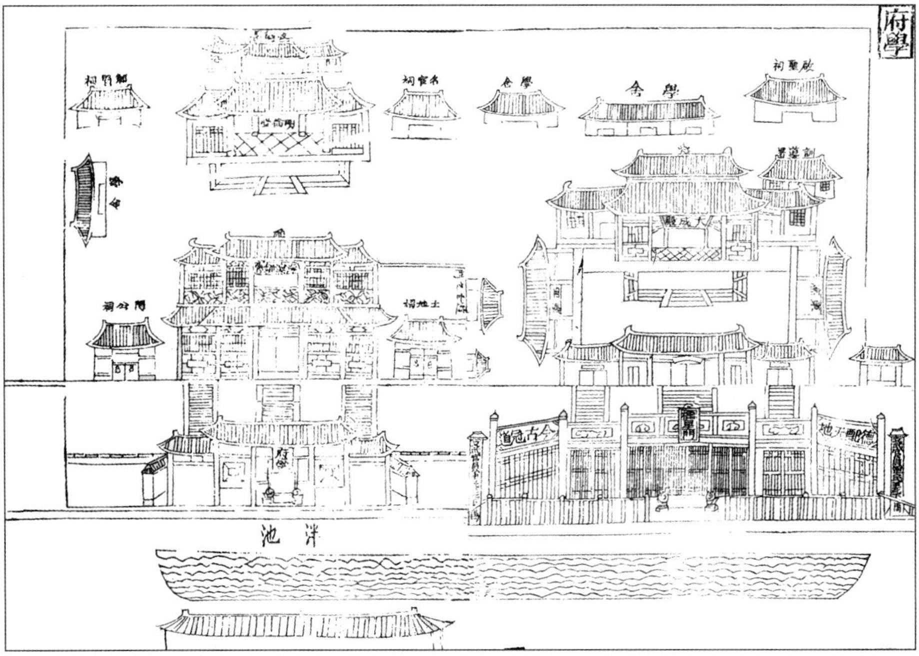

漳州府学图（引自清光绪版《漳州府志》）

东西两庑、大成殿。右边府学部分建有训导署、启圣祠、明伦堂、教谕署、名宦祠、乡贤祠、土地祠、闵公祠、泮池、游圣之门以及学舍；府学大门内悬挂“海滨邹鲁”匾额。

漳州文庙现占地面积约 6000 平方米，总建筑面积 2600 平方米，整个建筑群规制雄伟壮观。明伦堂、泮池、棂星门等先后被毁，现大门以内中轴线上依次为戟门、丹墀、月台、大成殿，两旁为东西两庑及敬一亭。戟门面阔九间，进深二间，面积 189 平方米，硬山顶燕尾脊，抬梁穿斗混合式梁架结构，屋面覆筒板瓦；东西两庑面阔各八间，进深各二间，面积 504 平方米，抬梁穿斗混合式梁架结构，进深第一间辟为前廊；敬一亭在大成殿西侧，单檐歇山顶建筑，亦为抬梁穿斗混合式梁架结构，面阔一间，进深一间，建筑面积 30 平方米。

文庙内保存历代重修碑石四通：一为明正统十年（1445 年）《重修文庙及诸神祠碑记》；二为清康熙八年（1669 年）《修建漳郡文庙碑记》；三为 1925 年《重修漳州学宫记》碑；四为 1936 年《重修漳州文庙之碑》。其中 1925 年《重修漳州学宫记》碑保存在文庙东庑北梢间，其余三通石碑均竖在戟门前大院西南侧。

大成殿是文庙的主体建筑，建于石台之上，面阔五间 23.2 米，进深六间 23.7 米，建筑面积 625 平方米，重檐歇山顶，建筑保持明代风格。前檐 6 根廊柱为浮雕石蟠龙柱，鼓形石柱础；老檐柱及金柱皆为花岗石圆柱，覆盆式柱础。内、外石柱上部均对接杉木柱。前廊东西梢间及后檐均用三步梁承托下檐屋面，其梁一端（东、西、北三面）均安在墙上，悬挑檐桁，另一端插入老檐柱或次间脊中柱。前后老檐柱与金柱间施三步梁，内金柱间置七架梁。天花板上草架均为穿斗式。两山金柱、脊中柱柱脚均落在上檐东西面柱头科齐心斗上，柱两侧开榫与柱头枋相连，继承早期“插柱造”做法。金桁间安穿插枋，枋上立童柱承上金桁。

大成殿的柱头科、平身科斗栱均承袭早期特征。前后老檐柱、内金柱、次间脊中柱均施柱头科。明、次间前后上檐各施平身科二攒，老檐角柱与山面金柱间分别施平身科二攒，山面金柱与中柱间各施平身科一攒。

外檐平身科（按宋法式）为五铺作出单杪单下昂（耍头作下昂状），里转五铺作出单杪偷心造。殿内平身科为五铺作出单杪单上昂偷心造（耍头作上昂状）。殿正面老檐柱之间置隔扇门，明间六扇，次间、梢间各四扇。隔心近似“一马三箭”做法。明间脊桁、天花板及金枋、三步梁露明椽条均有彩绘。

2015 年 7—8 月，福建博物院考古所对漳州文庙周边展开考古调查、勘探。2016 年 8—12 月，对文庙西侧明伦堂基址进行考古勘探与发掘，厘清了明伦堂格局、明伦堂南面书楼的位置和范围，以及明伦堂与文庙之间的关系等。

经考古发掘，明伦堂主体建筑坐北朝南，平面形状整体为长方形，东

漳州府学航拍图

漳州文庙大成殿

明伦堂发掘区全景

明伦堂全景

书楼遗址

书楼遗址全景

西两侧各有一方形附属建筑。明伦堂地表以上部分已经损毁，仅存地基、磉墩及部分柱础石。东西长 23.6 米，南北宽 16.1 米（北面墙基延伸进居民楼，未发掘），方向 102.05 度。面阔五间，进深五柱，后檐墙延伸进北侧居民楼墙基下。东西两侧有深沟，沟底铺垫长方形石板，东侧石板被破坏。南面铺砌 5 块大石板。明伦堂构造与文庙大成殿大相径庭。明伦堂南侧有月台，在平面上与明伦堂组成一个"凸"字形。月台东西长 17.6 米，南北宽 3.9 米，南端铺砌 4 块大石板，东、西、南侧均有用规则长方形石条铺砌的三级台阶，台阶已基本毁坏，仅存明伦堂中轴线上的残长 2.5 米的一层台阶。月台东西两侧地势较低处为天井，用石板铺砌，各有一个柱础石（抱鼓石）为后期扩建的遗存。

书楼，北面距明伦堂南侧约 26 米，坐北朝南，平面近似方形，东西长 6 米，南北宽 5.8 米。东、北、南三面有天井，用规则石板铺砌，仅北部天井保存较为完整。书楼四周石条比天井内铺设的石板要厚。天井东侧有一条水沟，水沟东面为高台。书楼西侧有一条南北向大路，从明伦堂通往泮池。书楼损毁严重，地表建筑不复存在，地基部分也被扰动。

考古发掘共发现磉墩 30 余个。以明伦堂月台东南角解剖过的磉墩为例，分上下两部分。下部用规格大致相同的 4 层石条铺砌，每层石条厚约 25 厘米，石条之间的缝隙用泥土填充，不含三合土。上部的石条大小不一，且缝隙内填充三合土，其上放置方形柱础石。磉墩厚 1.4 米，从砌筑方法和用料上看，上、下部应为不同时期。

2. 龙溪县学

龙溪县学在县治南。宋嘉祐六年（1061 年），县令许仪建。嘉熙三年（1239 年），县令黄师雍辟大成殿庭，增广两庑及讲堂。寻毁，唯殿独存，县丞赵时瑀偕僚佐移讲堂于殿后。淳祐八年（1248 年），县令潘律复辟隙地为斋馆。元大德（1297—1307）间毁于兵，县尹赵塔纳重建，相继又毁坏。

明洪武十年（1377 年），知县刘宪、教谕林原重修。中为大成殿，塑先圣、四配、十哲像。东西为两庑，前为戟门，又前为泮池。外为棂星门。

殿西为明伦堂，东西为两斋。前为集英门，又前为龙腾门。明伦堂西为馔堂，堂后为厨房，北为学仓。殿东为教官廨。天顺七年（1463年），知县周琳增高其址，重建明伦堂及大门，改创两斋于明伦堂东、西，南向。又购西偏军营地，建馔堂及厨房斋舍。成化二十一年（1485年），知县李棨重修庙学，于明伦堂之南凿泮池，跨以石桥。堂之右辟楼，凡二十八间，为诸生肄业之所。学之外门，旧东出，至是鬻民居，改南出，复架楼其上，匾曰“大魁”。弘治（1488—1507）间，知府汪凤以科第寥落，复门路。正德四年（1509年），知府罗列复明伦堂故址。正德七年，知府陈洪谟建棹楔于仪门外，榜曰“腾蛟起凤”。知县史立诚增学官廨。正德十三年，知府钟湘改凿泮池于坊内。旧泮池通西沟池接潮水，为民占塞。嘉靖十三年（1534年），知县刘天授复之。嘉靖二十八年，知县林松浚泮池于文庙前，建石桥于其上，改“腾蛟起凤”坊为泮池坊，移魁楼于泮池之东南；改建启圣祠于明伦堂东，敬一亭于明伦堂西；修训导廨，改教谕厅于文庙之东，改建号房于明伦堂西，共十四间，泮池南二十三间；购腾龙山东畔民

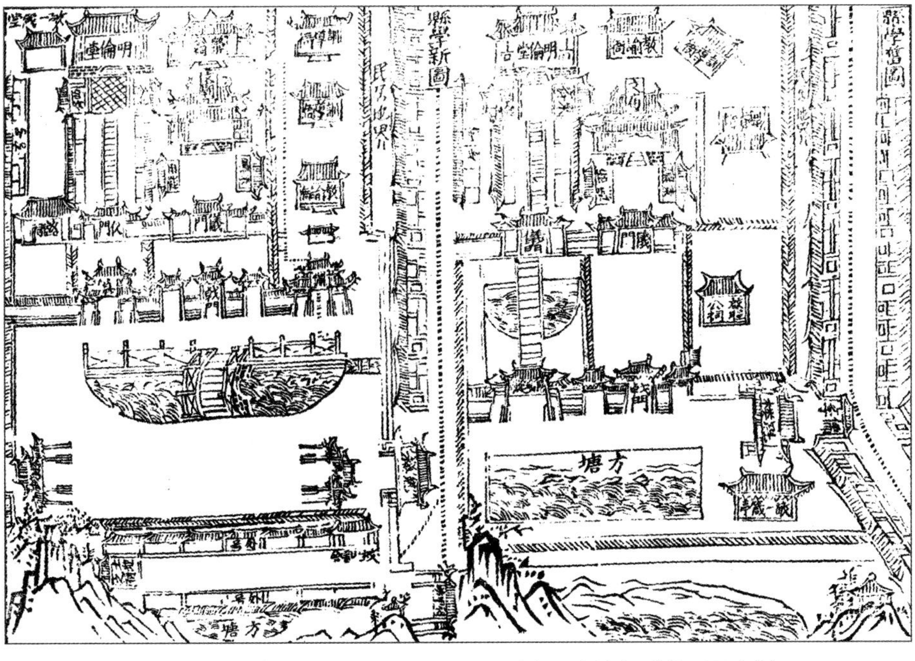

龙溪县学图（左：新图，右：旧图。引自明嘉靖版《龙溪县志》）

居，以辟新路；购山下鱼池，以入于学；又岁入威惠庙租银一百两，以供学之公用，王慎中为记。隆庆三年（1569年），堂及仪门俱圮，教谕王宪春重修。万历三十八年（1610年），知县计元勋重修学宫。

清以来，县学两遭兵乱，衙斋拆毁无存，仅余大成殿。康熙二十一年（1682年），总督姚启圣捐资倡官吏重修，教谕刘士铎、训导詹旭董其役。康熙二十六年，知县钱应彩捐资建明伦堂，修文庙魁楼、启圣祠。乾隆八年（1743年），巡道王廷诤重修大成殿、崇圣祠、明伦堂及两庑、戟门、棂星门、教谕训导署、学院。乾隆三十六年，知县宋学源、崔绎倡绅士重修明伦堂、魁楼。文庙前原系木栅，至是以石柱为栏杆，生员陈作霖等董其事。教谕宅在学宫左，训导宅在学宫右。

3. 海澄县学

海澄县学在县治西门外。明隆庆元年（1567年），知府唐九德建明伦堂一座、东西两斋、中月台、甬道、两廊、号舍五间、仪门三间、省牲所一间、西大门一间、泮池一所、教谕廨二座、训导廨二座、文庙、东西两庑各五间、棂星门三间、启圣祠。万历三十一年（1603年）八月五日海涨，宫墙圮坏。次年，知县姚之兰重修，建敬一亭于明伦堂后。天启二年（1622年），知县刘斯徕倡捐，易土以石。崇祯五年（1632年），知县梁兆阳重建殿庑、敬一亭。

清顺治四年（1647年），学宫毁于兵灾。康熙十年（1671年），教谕李岱率诸生请于知县王纬，鸠工构造，殿堂始就。康熙十三年，教谕许文兹、训导张世爵继成之。康熙三十年，邑人提督许贞、总兵柯彩各捐资，重建启圣祠、明伦堂及名宦祠、乡贤祠。邑庠生陈伟、陈寅亮、陈宏都各捐资助浚泮池。雍正四年（1726年），署令刘浴倡绅士重建文庙，进士李杜董其事。乾隆十一年（1746年），知县严暻倡绅士重修明伦堂。乾隆二十二年，知县陈锳倡绅士重修文庙，举人郭日高、陈英育等董其事。乾隆三十九年，绅士倡议重修县学，其地之高低宽广悉由旧制，而奠石成基，垒砖成壁，从平地中突起轮奂。又自崇圣祠及两庑、棂星、泮池，焕然一新，皆前此所未备也。教谕、训导二署，旧在邑中借寓名宦祠，今就文庙之右度地宽敞以建学署，为文庙之右翼也。计费万金，皆绅士捐充，而举人李虬董其事，举人苏士英协赞之，又分董二十人，时知县马联臻督其成。

海澄文庙现占地面积3000多平方米，建筑面积2674平方米。现存的主要建筑有泮池、大成门、东庑、西庑、大成殿、月台、名宦祠、乡贤祠、崇圣祠等。

主体建筑大成殿坐东北朝西南，重檐歇山顶，上覆黄色琉璃瓦，正吻燕尾状。正殿面阔五间，进深三间，梁架抬梁式，柱础鼓形。大成殿的后面是名宦祠、乡贤祠、崇圣祠三祠并排。大成殿前天井有月台，月台正中

海澄文庙

为御道，御道斜石板上为青石蟠龙浮雕纹饰，上雕双龙戏珠，下雕如意牡丹缠枝，两侧雕古瓶梅菊，整版图案雕刻精细如画，保留着明代风格。御道两旁为花池。月台前的天井用条石铺成埕院，两侧为东庑、西庑各5间。前为大成门，面阔五间，进深三间，门厅中门两侧一对蟠龙石柱，前为外埕，外埕院前为泮池。

4. 漳浦县学

漳浦县学在县治西北隅，宋天圣三年（1025年），县令陈坦然迁于印山。庆历三年（1043年）迁于县北。熙宁三年（1070年），从进士郑郊等请，移于南官塘。绍兴二十二年（1152年）迁于城冈。乾道五年（1169年），以场屋不利，复迁于官塘旧址。嘉定七年（1214年）秋，学宫毁于灾，县令赵师缙于故地辨方正位，易坎为亥，嗣是科第相续。元不改。

明洪武（1368—1398）初，知县张理开扩之，建大成殿，塑先圣、四配、十哲像。殿之东西为两庑，前为戟门，门外凿泮池，架桥其上，又前为棂星门。西庑下为祭器库，宫庭外为神厨。殿之左为明伦堂，东西为两斋，前为道义门，门左为膳堂，殿后为教谕廨舍，其东为训导廨舍。宣德九年（1434年），府通判关谅以庙学门路褊狭，劝邑民徐士耕割地广之。正统十年（1445年），佥事陈祚劝邑士助资，命教谕程孟于修建一新。成化六年（1470年），知县刘璧徙建明伦堂两斋、道义门，改旧明伦堂为教谕廨舍，增建训导廨舍于道义门外之左。成化十五年，知县金泓修两廊号房，移旧学门自西而南，门内凿池而梁之。弘治四年（1491年），知县王臣重建戟门，易棂星门以石。正德七年（1512年），教谕林瓒率诸生劝寿官欧愚捐学前西南地，并复诸所侵地，以广其路，亘缭以垣。嘉靖五年（1526年），推官黄直重建明伦堂。前路旧弗治，县丞潘钰砌以石若干丈。隆庆四年（1570年），教谕陈经复修号舍并庙宇。万历三年（1575年），知县房寰率廪生蔡宗禹等拓泮池东西各丈余，增石梁一。万历三十二年，墙壁倾颓，柱桷朽坏，两庑门堂几不蔽风雨，知县王猷捐俸修之，乡绅博士弟子各捐金助役，其费视创建三分之一，而庙制龛案皆一新焉。

漳浦文庙大成殿

大成殿斗拱

大成殿柱础

清康熙十八年（1679年），庙学因兵燹颓敝，乡绅黄性震捐金六百两，修治文庙明伦堂，益以阖庠优免银为工费，而庙学更新矣。康熙二十三年，构文昌宫于道义门左，复建箴一亭，刻圣谕十六条于上。康熙三十二年，修澄心亭、梁山钟秀坊，乡绅黄性震助金三百两倡诸生助成之。康熙三十八年，戟门坏，知县陈汝咸率绅衿修葺，功竣，更谋修大成殿，先捐俸为倡，绅衿各出资助役，益以通庠优免计一千五百余缗，费犹未给，生监等分道劝捐，更得三百余缗，乃告成焉。董其事者，廪生蔡衍鎤，朝夕食宿于殿之旁，鸠工庀材，其力尤多。教谕署在明伦堂后之西，训导署在明伦堂后之东。

崇圣祠在明伦堂东。旧在庙外傅公河前。明嘉靖二十六年（1547 年），县丞王兰改建。嘉靖二十八年，通判陆体仁为除庭宇。万历六年圮坏，知县朱廷益重建于文庙之后。清康熙（1662—1722）间，邑绅士移建于明伦堂之东。

大成殿建筑面积 460 平方米，平面基本呈正方形，石包土台基，木构架。方向坐北朝南略偏东，重檐歇山顶，上覆红色筒瓦或板瓦。面阔五间，进深五间带前廊。大殿左、右及后墙为夯土墙，36 根柱布局规整，四周用覆盆式柱础；正金柱覆莲纹，柱础直径巨大。斗栱结构仿宋式，外檐柱头铺作出三跳，单杪双下昂，假昂做法；补间铺作明间二攒，次间一攒，用双下昂出跳，真昂做法。内槽柱头不用斗栱，而用三个齐心斗重叠加高；补间铺作向内用上昂出跳，反面不出跳。转角铺作单杪三下昂，真昂做法；梁架上不用瓜柱，全用斗栱。进深第二、三间的明间和次间上方作方形或长方形平板天花，天花下方用一斗三升、出跳三层如意斜栱承托，天花上的草架采用穿斗式。弯枋、雀替多用镂花板装饰。明袱着褐色，不见彩色；脊檩用金漆彩画双龙戏珠图案。

康熙十三年（1674 年），清廷与郑成功部对抗，征用文庙为兵营。康熙十九年，教谕蔡登龙重修。康熙二十四年，知县杨遇悬“万世师表”匾于正殿。康熙三十五年，知县陈汝咸镌御制贤赞二碑侍立于庙庭左右，今无存。周边尚保存《鼎修文庙重建明伦堂记》《重新明伦堂碑记》《漳浦县重建儒学大门碑记》等七方碑记。

5. 长泰县学

宋绍兴三年（1133 年），主簿张牧始建县学。淳熙（1174—1189）间，文庙在县西南。嘉定（1208—1224）间，学在县东南。绍定六年（1233

年），县丞叶惟寅呈请于县令陈纯仁，作新学于今所，建大成殿及尊道堂。堂东西为四斋，经籍、祭器皆有库，凿泮池储水，架石为桥。淳祐（1241—1252）间，县令赵与坦为记。

元至正十四年（1354年）寇发，学舍毁于火。至正十六年，县尹林干儿鲁不花重建，殿塑先圣、四配、十哲像，两庑绘从祀先贤。

明洪武二十年（1387年），建大成楼于殿南。洪武三十年，教谕章参更讲堂为明伦堂，立崇文楼，分两斋于堂前，移兴文祠于东庑，以旧尊道堂为学仓，神厨、神库、牲房在戟门东。正统十年（1445年），佥事陈祚命重修。天顺元年（1457年），知县裴颙改建棂星门，易以石柱。成化十六年（1480年），知府姜谅因知县刘铎之请，修葺明伦堂、东西斋、膳堂、大成楼，建兴文祠及祭器库于大成楼东。嘉靖四年（1525年），推官黄直购地改建大成殿于左，前为两庑，为戟门，为棂星门，建明伦堂于右，补立卧碑，前为两斋，为仪门，为泮池，为大门。库房在两庑之上，省牲所在戟门之东。仪门西南为教谕廨，大门外之南为训导廨，东竖碑亭。嘉靖十二

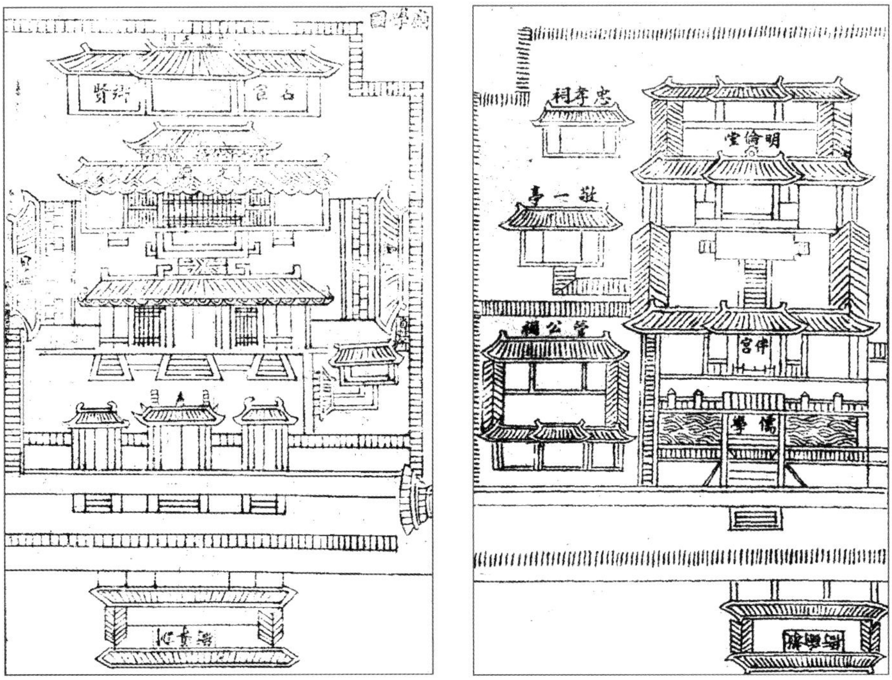

长泰文庙与县学（引自清乾隆版《长泰县志》）

年，知县陈塘于殿后建启圣祠、敬一亭。嘉靖二十八年，知县王用文修两斋及垣庭，增置器具。嘉靖三十一年，知县张杰夫废省牲所为名宦祠，于明伦堂西立乡贤祠。嘉靖三十七年，知县萧廷宣更置名宦、乡贤祠于启圣祠之左右。万历十七年（1589 年），飓风大作，衙斋倾圮。万历二十八年，知县管橘申请院道，捐俸倡绅衿输助计四百余缗，修建殿庑堂门，壮丽如昔。崇祯十六年（1643 年）遭灾，俱成灰烬。

清顺治六年（1649 年），知县柴允钦与绅衿各捐资兴建，费逾千金，而文庙之堂构仅完，丹雘未施，明伦堂尚留有待。康熙二十二年（1683 年），教谕何龙文自捐全俸，知县员养纯、邑绅叶先登及孝廉诸生各题捐有差，总督姚启圣发银五十两助役。工未半而龙文迁、员令挂吏议，遂中辍。是岁秋，知县王珏接任，发县仓余米三百石为修学费。康熙二十三年（1684 年）春，教谕张鸿逵至，力任其事。是年，明伦堂告成，而庙学始全。雍正六年（1728 年），教谕马肇枢呈请于知县杨翼成，会绅士重修，邑庠杨肇昌领其役。乾隆三年（1738 年），知县元玉衡会教谕郭赐英、训导郑其灼，偕绅衿诸生醵金，重葺明伦堂，堂下月台甬道及两阶所没于土者，悉清之。教谕衙自崇祯十六年（1643 年）被毁，借管公祠、兴文会馆居之。乾隆四十年，邑绅杨新基倡捐建于儒学南，在明伦堂前。训导衙，乾隆四十年训导陈梦得自建，在明伦堂右。

6. 南靖县学

南靖县学原在旧治东，元至正十六年（1356 年）建。明洪武（1368—1398）间，知县杨通重建大成殿。永乐十三年（1415 年），教谕易成重建明伦堂。正统三年（1438 年）被毁。嘉靖四十五年（1566 年），知县林挺春移新县，更建大成殿，启圣祠在大成殿左，明伦堂在大成殿后。隆庆五年（1571 年），知县曾球复建文庙两庑并棂星门大门。万历二十二年（1594 年），知县陈宗愈迁复旧城，于古漳南道故地建立学宫，后倚坛山，前面天马，西为先师庙、两庑，南为戟门，又南为棂星门，门外周围栏以石楯，东为明伦堂，堂左创竖卧碑，堂西翼为居仁由义斋，次为东西号舍。

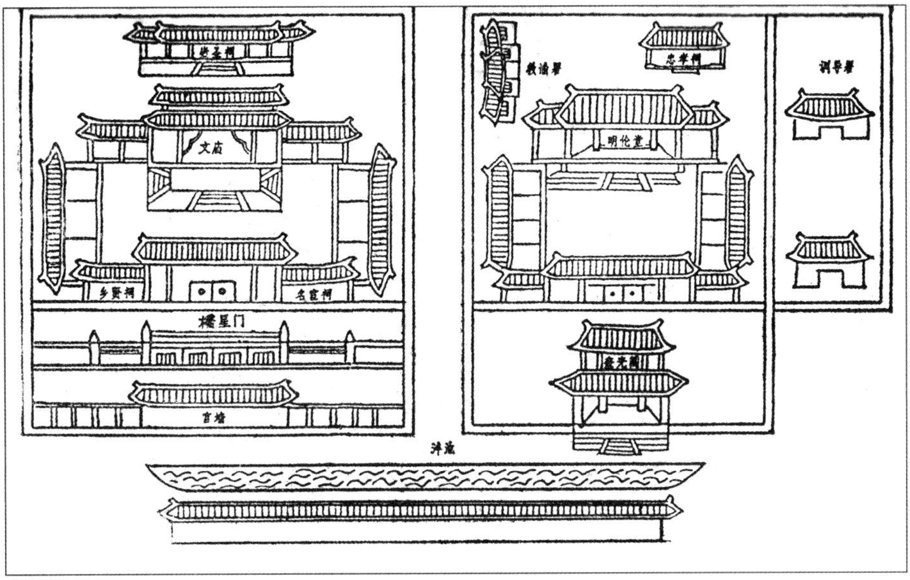

南靖县学宫图（引自清乾隆版《南靖县志》）

由堂而南，下为露台，为甬道，为仪门，为大门。门之外为泮池，池之东为敬一亭，亭北堂东为教谕训导廨，堂北为号房。崇祯二年（1629年），知县何世埏改建。

清康熙二十年（1681年），知县张倬同进士张雄捐资，与阖邑绅衿重修。康熙三十五年，教谕林芝重修明伦堂、二门。康熙三十八年，林芝重建大门。乾隆八年（1743年），知县姚循义同绅士重修。乾隆三十四年，知县崔绎、教谕林应震、训导李鸣珂同绅士捐资重修明伦堂。乾隆三十八年，知县冷震金、王宝序，教谕黄光中，训导李鸣珂同绅士捐资重修。教谕署在明伦堂后，训导署在明伦堂左。

7. 平和县学

平和县学在县治南。明正德十四年（1519年）设县，时知县施祥建明伦堂于大成殿之后，左右列斋舍，殿前为两庑、戟门，南为泮池，有祭器库、宰牲所。嘉靖二十三年（1544年），庙宇倾颓，知县赵进、邑博廖瑚重建。嘉靖二十七年，知县谢明德修。万历二十一年（1593年），教谕黎宪臣修明伦堂，增高三尺，更辟左右二门，附以厢房，门内二斋，堂北为尊经阁，堂东为教谕斋。万历三十八年，知县黄应明移建于殿之西南。万历四十五年，知县陈复初、训导章崇正重修。崇祯六年（1633 年），明伦堂倾圮，知县王立准、教谕陈奎辉重修。清顺治十八年（1661 年），署县王孙枢重修。康熙三十一年（1692 年），教谕刘运升倡绅衿重修文庙明伦堂。岁久学宫渐倾。乾隆二十五年（1760 年），知县胡邦翰劝捐鼎建。

据县志记载，平和建县之初由王阳明统一筹划，筑城墙、建县署、兴庙堂。为达到"设县治以控贼寇，建县学以易风俗"的目的，朝廷对平和县文庙的建设极其重视，"允以府级建置"。明末一代宗匠黄道周曾莅临九峰，对文庙建筑有"庙宇仑奂，甲于他邑"的赞叹。

平和文庙整组建筑布局以大成殿为中心，中轴线上从前往后原有宫墙、前埕、仪门、拜亭、泮池、棂星门、月台、大成殿等多组建筑，规模宏大。惜于"文化大革命"期间大部被毁，现仅存文庙建筑群之核心部分即大成殿、明伦堂及泮池等。

大成殿由月台与大殿组成。坐北朝南，方向 160°。月台位于大殿正前方，宽 10.72 米，深 4.8 米。月台外侧围以长方形条石，台面用方形青石板斜铺。在月台的外侧，原来立有石望柱及栏杆等，现已无存，但地面的

平和文庙大成殿

平和文庙大成殿梁架

平和文庙明伦堂梁架

平和文庙明伦堂

柱脚卯孔尚在；从卯孔痕迹判断，月台前方共立8根望柱，中有斜铺御道，两侧各立4根望柱，中间做有台阶以上下。在月台的正中，镶有一块方形的青石，青石边长0.93米，表面原来镌有浮雕，惜已被凿平。大殿建在平台之上，台面宽23.39米，进深19.2米，占地面积449.09平方米。大殿重檐歇山顶，脊高11.28米；面阔五间加两侧边廊，总面阔22.13米；进深七间，抬梁减中柱，总进深18米，其中前廊二间，殿身三间，后廊二间，但后廊在内外间处也砌筑了匡斗砖墙，将内间围入大殿之内，从而扩大了大殿的内部空间及使用面积。檐廊为内外双廊，其中外廊用双步梁、内廊三步梁。大成殿殿身檐柱、金柱均柱头承檩，形成坚实、可靠的柱网体系。同时，前后金柱间抬梁减柱，瓜筒之上坐以层层叠置的大斗，最后承托檩条，属于典型的插梁式构架。屋面为上、下重檐。其下檐单面坡，进深三柱，前后六檩，但外檐不用挑檐檩；上檐歇山顶，进深四柱，抬梁减中柱，前后十一檩加前后挑檐檩。燕尾脊，歇山之垂脊较宽，戗脊甚短，故上檐左右二坡的出檐显得非常短。究其根本，是因为大成殿上檐并未使用明清歇山屋面中常用的收山之法，恰恰相反，为了确保山面梁架瓜筒、丁头栱的完整性，上檐垂脊反而向外推出到了挑檐檩的上方。这一独具特色的地方做法，显然是为了增加正脊及屋面的宽度，使大成殿更具气势，同时也可以与下檐的宽阔屋面相互映衬。

明伦堂位于大成殿东侧稍稍靠后的位置，其西南台明与大成殿东南相距3.17米，后退0.92米。明伦堂面阔三间，宽13.5米；进深五柱，抬梁减中柱，深10.6米，前后台明外沿总进深13.01米；占地面积175.77平方米。明伦堂单檐硬山顶，四面砖墙围护，左右两侧山墙前挑后延，围出前后檐廊。前、后檐墙内退，形成一个檐下空间，由两山伸出挑檐石（称“石榉”）支承出檐。明伦堂的梁架为进深十三檩加前后挑檐檩，其中外廊之步梁前伸，出檐悬挑垂莲柱并上承挑檐檩。前廊三步梁，上坐瓜柱承檩；后廊分内、外双廊，其中内廊双步梁、外廊单步梁。前后金柱之间，与大成殿相似，为抬梁减中柱，在七架梁、五架梁、三架梁之上，设瓜筒层层抬高，重斗层叠，承托各檩。与大成殿相比，明伦堂中除梁下有使用

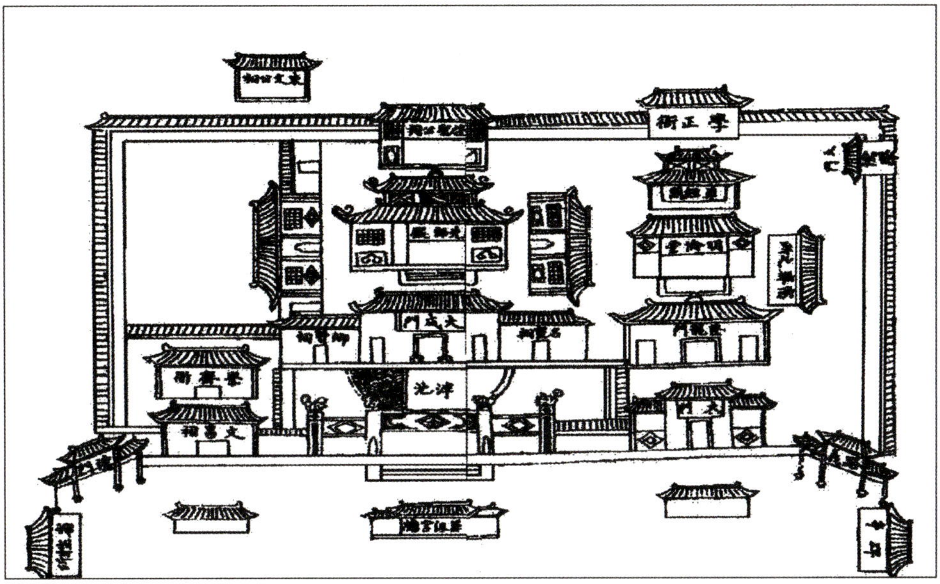

平和县庙学图（引自清道光版《平和县志》）

束形花栱外，沿檩条方向均只作不出跳之灿栱，而不用丁头栱、重栱等。

大成门前的正中有一口半月形的泮池。泮池前面为宽阔的场地、牌坊。前面有用大条石砌成的多级台阶，名为“三及第”，与棂星门相对的是红色围墙内的宽大照壁，正中嵌一石碑，上刻“万仞宫墙”4个大字。在东西两侧各有一个横门叫“义路”和“礼门”。通向围墙之外竖有“文武官员至此下马”的石雕。

8. 漳平县学

漳平县学创建于明成化七年（1471年），占地面积2900平方米，建筑面积1100平方米。文庙建筑由南至北沿中轴线依次为棂星门、泮池、戟门、天坪、月台、大成殿（先师庙），大成殿和天坪两侧筑有东西廊庑。主体建筑大成殿经明清多次修葺，较完整地保持古老的风貌，为重檐歇山顶式结构。大成殿平面呈方形，面阔进深各五间，东西宽19.44米，南北长19.22米，建筑面积373.64平方米。殿身为斗栱抬梁式木结构，雕花镂刻雀替。

梁上悬挂摹制的清康熙、雍正、乾隆、光绪皇帝御笔“万世师表”“生民未有”“与天地参”“斯文在兹”雕龙漆金木匾，楹联有“气备四时，与

漳平文庙

天地日月鬼神合其德；教垂万世，继尧舜禹汤文武作之师”“德冠生民溯地辟天开咸尊首出，道隆群圣统金声玉振共仰大成”“齐家治国平天下信斯言也布在方策，率性修道致中和得其门者譬之宫墙”等。殿内供设孔子铜像和四配、十二哲脱胎漆器塑像，地板铺设土红色方砖，前廊阶石内铺设土红色六角形地砖。木构件均有土红色油饰。殿前月台的正中嵌有浮雕云龙陛石。屋面正脊东西两端饰螭吻，中部采用土红色镂空砖装饰。屋脊有彩绘，内容以花卉、卷草为主。廊庑前的戟门为三开间、三通门、二进深，三门连为一体。棂星门亦为三开间、三通门。

9. 镇海卫儒学

镇海卫文庙在卫城中部。史载始建于明嘉靖三年（1524 年），裁卫后渐废。为两进建筑，面阔三间，现已改建为民宅，平面布局依旧。二进西侧保留有雍正四年（1726 年）的《义学碑记》一方。

镇海卫初无学，明正统（1436—1449）间，礼部勘合，令诸生附于县学。诸生以僻远辞，请求自设学延师，巡抚许之。后周瑛、郑普、陈珠等相继登荐，而文庙学舍之制渐起。成化二十一年（1485 年），本卫指挥张文奏乞照平海卫建立儒学，指挥田霳复申前奏，未得明确许可。嘉靖元年（1522 年），巡按御史尚书王以旂从诸生之请，复奏之。嘉靖三年，报可，始建学立师。此时，讲堂位于原佛堂之地，文庙位于原前千户所之地，庙、学隔为两处。嘉靖二十六年，训导张奋扬提议合庙、学为一。嘉靖三十四年，乃建儒学在文庙之左，教谕廨在学堂之后。万历二年（1574 年），知府刘志业重修。学旧无廪，教授钱惇请于刘志业，谓："卫故有指挥使十八员，今不祀者七，若移其禄以抵士廪，事可相当。"知府从之，即请于两台监司，俱报可。

镇海卫石牌坊

父子承恩坊，在南门内侧街巷南端，始建年代无考，据调查系为表彰镇海卫人徐文、徐忠二人而立。为三间三楼四柱式石构仿木建筑，通高6.5米、面阔8米。匾额正面镌“父子承恩”，北面镌“祖孙专阃”。双坡顶石构屋面，脊吻为龙头鱼尾状，有挑檐斗栱支撑。

除镇海卫外，各所均无学校，但有的设有书院。如陆鳌所的崇正书院，旧为白云岩，明嘉靖二年（1523年）提学邵锐建，祀朱文公，用本所渡税供费。

三、义学书院

除了官方庙学之外，城邑之中还有私学或官民合建的各种书院以及一定数量的社学等，其数量与当地经济、文化发展水平以及历任官员重视教育的程度息息相关。朱熹曾经担任漳州知州一职，虽然时间短暂，但其门生后人引以为楷模，直接推动了漳州义学教育的发展。

书院主要集中在漳州府城内外，多祀朱子，一般都拥有一定数量的书院田即祀产，充作书院膏火或祭祀、延师及大比、宾兴等费用。因书院田多由民间捐赠，故这些书院又被称为义学。

社学多因父老之请，择合适之地或以府县税基易其地而建之。以原漳州府城为例，社学主要有府治西北隅的养正书院、马棚街的居正社学、府治东河侧的履正书院、龙骇瀛的龙瀛义塾、郡治南面的清漳小学，以及东西南北中五社学等。旧龙溪县之社学数量更多，计有东北隅2所，西隅3所，南隅4所，东厢2所，南厢2所，一、二、三都10所，四、五都12所，六、七都24所，八都26所，九都24所。原海澄县社学，则有十一都15所，十二、十三都15所，二十一都10所，二十三、二十四都6所，二十五都8所，二十六都7所，二十七都15所，二十八都13所，二十九、三十都11所。

1. 松洲书院

松洲书院即松洲威惠庙，唐陈珦与士民讲学处。坐北朝南，背枕石鼓山，面临九龙江北溪，视野开阔，风景优美。

据《漳州府志》《龙溪县志》等载，公元 708—742 年，陈珦曾二度主持松洲书院的教学。陈珦，字伯珙，号松洲，陈元光之子。唐通天元年（696 年）举明经，授翰林承旨直学士，“见武后称制，乞疏归养”；景龙二年（708 年）“辟书院于松洲与士民讲习”；景云二年（711 年），陈元光战殁，陈珦袭父职，任漳州刺史兼岭南行军总管；开元二十五年（737 年），57 岁的陈珦“疏乞哀龄待终，复就松洲别业，聚徒教授品风月”，直至天宝六年（747 年）卒。

唐贞元二年（786 年），在松洲书院前落建将军庙，祀开漳将军陈元光及其部将，以纪念陈氏父子开发漳州的功绩。时漳州治所从李澳川（今漳浦）迁入龙溪，陈元光墓亦从大峙原（今云霄西林）迁至松洲书院背后的石鼓山。据唐漳州司马欧阳枑撰《陈珦墓志铭》载：“贞元迁州，遂以松洲书院祀龙湖（陈元光之号）而葬之。”

宋宣和二年（1120 年），朝廷诏令赐将军庙为“威惠庙”，松洲书院前落改称为“威惠庙”，漳州府及各县文武官员例行春秋二祭。宋元明清各代对书院和庙宇多次维修，原建筑群规模宏大，由前殿、月台、中殿、后殿、东西两庑及两配殿等部分组成，总占地面积 2125 平方米。清同治三年（1864 年），太平军入漳，李世贤部火烧松洲书院，前殿及中殿被毁。后在中殿明间复建小方殿。1934 年，重修东西两庑和后进读书处，书院仍作为私塾进行教学。

前殿在书院第一进，现仅遗平面布局。原建筑应为面阔七间、进深两间的戟门式建筑。屋顶形制不明。次间各设一组如意垂带式台阶，沿七级踏步而上至前殿。现仅存明间御路通道，为方形石砖斜铺式做法。从前殿后檐明间御路下三级踏步至大院。环院四周设有排水明沟。四方石砖铺地，轴线位置上有方形拜石，条石作边框，内铺六角形石砖。前、后部位遗有 4 根石望柱，开海棠线，应为威惠庙祀典旗杆石。轴线位置上设御路，素面花岗岩条石铺成斜面，两侧各设五级踏步上月台。明间斜铺六角形石砖，次间铺设红地砖。

松洲书院（由前往后）

松洲书院（由后往前）

从月台两边侧再上三级踏步至中殿，原建筑面阔三间，进深三间，四周设台明，素面花岗岩条石围砌。明间御路铺设六角形石砖，现小方殿所在的明间位置上斜铺红地砖，次间横墁红砖。各开间位置明确，保留12个柱顶石于原位，均为方形柱顶石；明间进深第二间有原建筑柱础两个，为覆莲纹圆础，直径0.75米，高0.26米，下部刻有3层覆莲瓣，风格古朴。明间进深第一间保留长方形石井一口，曰“龙喉井”，井沿两侧石条镌刻“宝祐戊午”“朝王会造”铭文。明间进深第二间后建的小方殿进深一间，面阔一间，悬山顶式屋面。山墙利用原建筑遗构石栏板、条石、红砖等砌成，为出砖入石式做法；墙裙部位砌条石，镶嵌的石栏板开有海棠孔，背部山墙外皮绘有《牡丹亭》戏曲故事图彩画。

小方殿内保存金刚须弥式石台座一方，面阔2.82米，进深2.26米，高0.77米。花岗岩条石铺砌，上下枭各剔雕仰、覆莲纹，圭脚部位剔刻简易如意卷草纹。台座侧、背立面开海棠孔，凹堵内无雕饰；四周各浮雕小力士一尊，跪膝踞坐；台座正立面的束腰部分以竹节分堵，两侧凹堵浮雕走

松洲书院（俯视）

松洲书院主殿

松洲书院主殿须弥座题刻

松洲书院主殿纪年题刻

龙纹，猪嘴蛇身，雕刻手法极为古拙；中部凹堵镌刻“砌造大殿宝座”的“都会首”名单。

后殿即为书院遗址。从东西庑拾七级台阶可至，中殿后部亦有台座与第三进相连。原明间前廊设一级踏步，现地面已被抬高，屋顶形式被改，前檐部分新建隔墙，两侧尽间和副阶台明已毁。初步判断原建筑面阔九间，进深三间，四周有环廊作为副阶周匝。明间斜铺红方砖，余各开间均横铺红砖。明间进深第二间有六角形拜石，系花岗岩条石围铺而成。柱为圆柱，均为石柱墩接木童柱；石柱上下收分呈梭形，明间前金柱剔雕如意纹带纹装饰，内有漫漶不清的铭文；下置柱础为素面圆盘式，柱质与柱顶石相连。梁架为穿斗抬梁架混合式，梁架间无花板装饰，风格极为朴素。梁为月梁，栱为平弯栱，坐斗有瓜斗和方斗两种，瓜斗瘦长，方斗无讹角。明次间内檐装修有襻间斗拱，为一斗三升式。山墙夯土而筑，屋面覆板瓦。因年久失修，建筑木构糟朽严重。

东西两庑在主体群筑两侧，有踏步与前廊、月台、后殿相连。“文化大革命”期间被拆毁大部分建筑，现仅遗 4 间，屋顶形制不明。推断两庑面阔十一间，进深一间。地面或斜墁红砖，或横铺红砖，做法不一。各檐柱均为石柱墩接木童柱，石柱上下收分成梭形；西庑檐柱有铭文，已风化难辨；柱础同为素面圆盘式，柱质与柱顶石相连。梁架为穿斗抬梁架混合式，东庑梁架做法较复杂，西庑梁架做法式较简易；东庑各开间梁架亦简繁不一，明间装饰最为繁缛，且南北侧梁架做法不尽相同。梁为月梁，栱为肥束栱，开螺纹拱眼；明间梁架坐斗为狮象斗和船形剔花斗，次间坐斗为瓜斗；其他的方斗开讹角，是为梅花斗。明间梁架间装饰透雕香草龙纹、杂宝纹、花鸟纹或人物形象纹花板雀替，雕工精细，层次感极强；次间梁架间制安透雕花草纹花板雀替；明间梁架在前挑檐部位制安力士扛梁替木，次间则制安狮座扛梁替木。

东西配殿与东西两庑相连。“文化大革命”初期被拆毁，主殿梁架被改，现存过水廊房的部分建筑梁架。建筑共两进，中部有小天井，两侧设过水廊房相连。面阔三间，前殿进深一间，主殿进深四间；殿内用红砖铺地，主殿明间各设有六角形拜石。前殿金柱均尚存，东配殿金柱为瓜形石柱，上下收分成梭柱，西配殿为素面圆梭柱，柱础为素面圆盘式，柱质与柱顶石相连。过水廊房的梁架坐斗为瓜斗或狮象斗，东配殿过水廊房的梁架坐斗下有驼峰。山墙夯土而筑，屋面覆板瓦。

遗址内散落许多不同年代的石质遗构。大院内有石辟邪三只，其中两只为一对，另一只背部具鞍，长 1.21 米，高 0.60 米，伏膝而坐，有底座；石辟邪头部剔刻花瓣状垂发，整体造型古拙。东配殿遗址有圆鼓三只，其中两只鼓面剔刻风车纹，鼓径 0.80 米，鼓厚 0.43 米，背部剔刻卷草纹垂带，中开海棠孔；另一只剔刻螺纹，鼓径略小。中殿和东配殿内各保存石香炉一只：一为鬲式炉，腹部剔刻香草龙纹、圭脚剔刻卷草纹，口沿镌刻“乾隆辛丑年”（乾隆四十六年，1781 年）铭文；另一只为簋式炉，素面开海棠孔，无纪年。东配殿有鬲式三足铁香炉一只，炉壁铸八卦纹，足为兽足。另在遗址内散落众多石柱、石础、石栏板、石望柱、石碑座等，均为原建筑石构。

2. 明诚书院

明诚书院，即东皋书舍，在漳浦县东郊，明詹事黄道周讲学处。中堂匾曰“明诚堂”，有黄道周自署之联云：“一日天下归仁，犹是克复请事；百世圣人不惑，依然寡过未能。”堂前砌石为天方盘，莫有能解者。黄道周殉国后，诸门人即以此堂祀之，而以同日赴难的“黄门四君子”蔡春溶、赖继谨、毛玉洁、赵士超配祀。

东皋书舍始建于明万历三十七年（1609 年），是黄道周居住、讲学和著述的地方。崇祯十七年（1644 年）建成现在规模，并改名“明诚堂”。清顺治三年（1646 年），黄道周抗清被俘而以身殉明，南明隆武帝赐表“文明书院”。

书院占地 1058 平方米，正南朝向，沿中轴线依次为门厅、天井、廊庑、正堂。正堂面阔五间，进深三间，天井、廊庑采用四柱承重，中间摆天方盘。天方盘为正方形，边长 3.78 米，盘面刻 1 万多个小方格和 8 个同

黄道周讲学处

明诚堂

天方盘

心圆，方格和圆圈纵横交错，极其神秘，是黄道周手制演绎《易经》用的器具。康熙（1662—1722）后期，明诚堂收归官府，漳浦知县陈汝咸重修讲堂，由官府出资置买田产维护，地方官吏春秋二祭。

明诚堂的落成始末及落成日的盛况，见于黄道周门人庄起俦所撰《明诚堂纪事》：

先生既久庐墓北山，而浦东旧居日就荒圮。诸弟子因请构为讲舍，所谓明诚堂也。时甲申春三月庚子，明诚堂落成，门人张天维、林翰冲等爰先三旬致简同人，将以是日共升斯堂，仰受传习。郡司李曹公广、龙溪令刘公鸿嘉、金浦令沈公兆昌，亦申斯约。而先生以三月朔日祭扫渡江，至十日乃归。归之前一日，浦南渠魁初就俘馘，先生以余孽未殄，恐不遑于俎豆。而曹公、刘公已先一日至者，诸及门谊不敢辞。庚子之朝，邑中诸先生亦至。是日也，天气清和，春风四敷，同郡孝廉至者十有六人，茂才远近至者八十一人，观者盖堵墙焉。先生谒先圣先贤毕，乃请公祖父母曰："子弟之不肖，疮痍之未起，赖岂弟乐只之矢其文德也，以获宁宇，敢不再拜诸公祖父母！"西向请诸先生曰："以宗祐之灵，苍生之福，得从俎豆，以趋下风，敢不再拜！"交拜毕，乃共更请先生，先生曰："业从诸老先生之后矣，敢辞？"诸先生不可，亦皆再拜，环揖而入。先生敷长者之席，及诸经论听问之座。稍后悬间，钟磬琴瑟各一。坐定，讲史振声读誓诫凡七条毕，乃讲书，以东西问答相起也。讲毕，请诸长者教诲乞言，先生曰："日中矣，勿多溷长者为！"乃召饔人为食次，每席八簋，各视主者以定其客。先生亲馈祭酒毕，乃就主人之位。酒初巡，歌者歌《瓠叶》之诗，先生出致辞曰："以长者之盛德，训讨诸子弟，又无以献也，敢以瓠叶先于兔首。"诸宾客谢过当也，就座。酒六巡，歌《出车》之末二章，先生出献曹公曰："以此春日，执讯获丑，虽有飞鸮，食椹变音，况鸧鹒乎？"乃皆再拜。又歌《六月》之卒章，先生又献曰："虽无孝友之朋，愿分燕喜之庆。"曹公曰："吉甫何当？张仲为多矣！"又皆再拜，乃退就位。歌者歌《南山》之全篇，先生出献刘公及沈公曰："以父母之光邦家也，以父母之德音也。南山纪寿，何足多乎？"乃皆再拜。卒爵磬作，就座，歌《菁莪》之四章。酒七巡，又歌《隰桑》之四章及《黍苗》之五章，赞者曰："宾主交相献也。"先生乃出献公祖父母曰："今日喜见君子也。小人之于君子，犹黍苗之于阴雨，饮德而已，何报之有？"乃皆再拜。先生又献诸老先生曰："以往者之不慎，罹于咎灾，为诸先生忧。今幸既见，《菁莪》《隰桑》不是过也，愿终教诲之。"诸先生亦再拜曰：

"原隰将平，泉流将清，王心将宁，保艾异日，未有艾也。"于是揖而饮，酬酢三反，乃复位。酒再巡，讲监立于悬间之左，诵《抑戒》之七章。讲史立于县右，诵《宾筵》之卒章。于是磬作，宾起。金奏，主人及诸友皆出，肃宾于道左。长少先后，礼仪笑语，无有违者。盖自宁武、叔豹、韩厥、赵孟、子产、太叔而下，逾三千年未有与于此者矣。

3. 儒山书院

儒山书院在原海澄县城北晏海楼，即八卦楼。

清乾隆二年（1737 年），知县严暻因改建晏海楼，遂于楼下建书院讲堂一座。乾隆六年，又于讲堂东偏建斋舍四间。其后，知县汪家禄倡绅士黄琮、苏大川等复增筑三间，外拨学田若干为诸生膏火。其斋舍屋基，系县丞陶名世捐俸购助。乾隆二十五年，知县王作霖倡兴书院，时邑绅叶颙于讲堂西偏购买民房六间，民地三区，一并捐助。嗣监生吴亨杰及胞侄生员吴邦基，又于叶绅所助屋地之西，契买匡姓厝地一所，屋两进六间。又贡生郭祖启于书院东偏购买地基一所，增建学舍。乾隆二十七年，知县王作霖又倡绅士李朝阳、叶叶章等就叶绅捐充之地建讲堂一座，面南，后枕以

晏海楼

藏书楼，与晏海楼东西相回伏。前为大亭，亭前为下马厅，左翼以学舍，右两进为花厅，匾曰“安阳书院”，祀王作霖禄位。又就西偏吴生所充地增广学舍，翼之于右。于是间架宏敞，遂成完美矣。

4. 紫阳书院

云霄建置之初，“草昧初开，人文朴略”，“至宋稍盛。迨紫阳朱文公知此州，以文治治其民，民化之，家弦诵，人诗礼矣”。故城内镇城之西建有朱文公祠，亦谓“紫阳书院”。云霄文教由此大兴，邑内“烟火数千家，名公卿比肩接踵”。

紫阳书院于明万历四十二年（1614 年）建成，原址位于镇城西门外小山之麓，崇祀朱熹、黄榦、陈淳三先生及明代太守施邦曜。清康熙四十六年（1707 年）冬，漳浦知县陈汝咸捐金为倡，次年在镇城北门外购地重建朱文公祠。康熙五十九年，增建后楼一座为义学。由于书院地处僻野，乾隆三十八年（1773 年），在贡生张蓝玉首倡下，移址入云霄镇城内；至乾隆四十一年始成，共耗银两千余两。事竣后，邑绅高云水向大学士蔡新求征《移建朱文公祠记》，并勒碑供立于文祠外墙。

嘉庆六年（1801 年），云霄抚民厅同知李承报认为紫阳书院狭隘偏仄，决定于书院东侧隔巷拓建学舍。自此书院与学舍功能分开，书院配祀的“四先生”被移入新建学舍，后又增祀嘉庆至道光间三度出任云霄同知并倡建义学的薛凝度。同治三年（1864 年），太平军余部攻陷云霄。同治五年，就任云霄厅同知的章辅廷十分重视兵灾后云霄教育的复兴，使紫阳书院义学得以恢复和发展，他自己也成为日后书院奉祀的“六先生”之一。光绪四年（1878 年）八月至光绪七年八月，绍兴山阴县恩科举人秋嘉禾携带眷属出任云霄抚民厅同知，寓居于原来奉祀“六先生”的学舍内。光绪十五年五月至次年八月，秋嘉禾再任云霄抚民厅同知，其孙女秋瑾在这里度过了一段童年时光，接受紫阳书院的启蒙教育。光绪十六年，倪惟钦从秋嘉禾手中接任云霄抚民厅同知后，历经四载的励精图治，社会发展、教育进步、政绩卓著。缙绅民众感其惠民德政，又在书院学舍供其牌位于祠左，“六先生”成为“七先生”。民国初年，废科举办学堂，紫阳书院及七先生祠仍被用作学舍。

紫阳书院坐西南向东北，单檐硬山顶燕尾脊式，主体建筑面阔三间，前厅进深一间，设有前廊，明间前廊内凹，为仪门做法。天井两侧是廊房，主堂进深三间，为明堂做法。前廊和天井铺砌花岗岩条石，室内均铺设红砖。山墙为生土夯筑，内外墙面抹灰。在前厅内檐设有装修隔断，用花岗岩石板砌筑隔墙。大门两侧制安透雕香草龙纹石窗，上绦环板为浮雕花鸟图折枝纹花板，墙裙制安素面花岗岩石板，下置雕刻如意花草纹的圭脚石。明间大门的门框石制，前置一对青石雕涡纹抱鼓石，大门两侧各设一个小门，门框木制。书院内的金柱均为石柱上墩接木童柱，有方形和圆形石柱两种。主堂金柱和前厅前廊的两根檐柱下置柱础，做法较为朴素。前厅和廊房金柱不设柱础直接落地。金柱题镌楷书柱联三对，如“格致诚正修齐治平道一以贯，尧舜禹汤武周孔孟文瑞自兹”“万古儒林资树表，千秋俎豆寄云霄”等。

紫阳书院的东侧隔一条小巷就是七先生祠。七先生祠坐西南向东北，系单檐硬山顶燕尾脊式土木结构建筑，由前厅、天井及其两侧廊房和主堂组成，主堂后隔院埕还保存一排学舍。前厅明间大门门框木制，制安篆刻方印式样的门簪，门额石灰框内楷书“七先生祠”；大门两侧制安一对青石剔雕如意云纹的石门墩。

云霄紫阳书院

5. 其他书院

为求学方便，明清时期的书院多数建在人口密集的城区，或是经济发达的集镇，也有部分延续宋代旧制选择建在郊野或山林。

丹霞书院，在城东南隅，清乾隆二年（1737 年）由知府刘良璧建。中祀朱子，外有半月楼、魁星阁、书舍，为诸生肄业地。乾隆十四年，知府金溶构讲堂两庑。又左为书舍，相向各四。乾隆二十四年，巡道张惟寅添建后堂，架楼其上。乾隆二十六年，知府蒋允焄以讲堂左书舍卑隘，移于后，宽其庭宇，中构一堂。复于半月楼侧筑书舍三间，建门二重，缭之以墙。邑绅王材、郑蒲董其役。

芝山书院，在城西北隅芝山之麓，宋知州事危稹建。中祀朱子，初名龙江书院。后毁于兵，几经修复。清康熙二十一年（1682 年），通判胡宫重建，筑斋舍二十间。康熙五十四年，知府魏荔彤重修复，即文公祠。东创仰文书院，五楹三进，斋舍十间。后合龙江、仰文两书院为一。乾隆二十一年（1756 年），知府奇灵阿集绅士重修。

锦江书院，在十一都，清康熙六十一年（1722 年）建。中祀朱子，后为诸生肄业地。乾隆十四年（1749 年），通判王祖庆建前进，里人方德清董其事。后邱倚煌、邱岳、王文辉购地筑书舍九区。祀产在乌礁洲头社，本都绅士于雍正三年（1725 年）合资买洲田，外有草洲、埭沟等税，其后围筑渐广，田额洲埭益扩。通计锦江书院祀产一百二十八亩有奇，并埭沟年征租银八十一两五钱八分。经官断拨，半以充丹霞、芝山两书院膏火，半为本书院祭祀、延师及大比、宾兴等费。

芗江书院，在二十三四都翰林社，即文公祠也。明洪武二十三年（1390 年），知府钱古训、县令刘孟雍创，祀文公，以陈淳、黄榦、刘宗道配。正统（1436—1449）间，知府甘瑛修。嘉靖二十八年（1549 年），县令林松修。

观澜书院，在十一都。初宋儒龙溪蔡汝作于平林建乡校以教学者，岁久倾圮。明洪武（1368—1398）间，贡士郑深道请于巡按御史陈仲述重新之。后郑深道又迁于南陂，匾曰“观澜书院”。弘治七年（1494 年），致仕布政林同以南陂杂居民，乃迁于文山之麓。中建正祠，以祀先圣先贤，前为书室及斋舍。正德四年（1509年），知府罗列请于院司，予孔子六十二世孙孔文惇与衣巾，以主祀事，并给拨新洲田，坐落瀛江等处，知府陈洪谟、张鹏相继拨本山观音寺田田租入院，以充祭祀。后书院圮坏，而洲田寺田仍充先圣祀费不废。及重建孔氏家庙于察院西地，犹沿文山观澜为名。清康熙（1662—1722）间，庙宇倾颓，将修未就。雍正七年（1729年），贡生赵登瀛募同人修。乾隆十一年（1746年），教授郑汉履率生员蔡元耀募同人起盖诸生习礼拜亭。乾隆二十八年，殿檐毁折，生员赵紫绶募同人重修。

清茗书院，祀归安学使沈涵，康熙四十五年（1706年）建于府治西登仙宫侧。康熙五十四年，改建于西南隅龙文山。雍正十年（1732年），郡绅庄士元、庄亨阳、王材、林涓等又建堂后学舍三间与堂右学舍八间。

丽泽书院，旧为闵公祠，在府学泮宫华表内，久经颓坏。康熙四十八年（1709年）十月，教授郑騆、训导戴天任据生员魏钰等呈详知府赵完璧，捐资合建，供祀闵公香火，并为通漳义学。

邺山书院，在邺侯山，明詹事黄道周讲学于此，四方之士从游者数百

邺山书院图（引自清光绪版《漳州府志》）

人。后圮。清乾隆十四年（1749 年），汀漳龙道单德谟重建。中有三近堂、与善堂、乐性堂、双峰亭、选真亭、采芝亭、灵喜亭、橘院、檀舍、两翼室、景文楼共十一所。另公置连萃、明黄、又讲，共田六斗二升种，园四斗种，每年纳税二十二石官斗，为香灯及修葺之费。又南靖华源总汤坑等处洲园，年解到税银四十一两九钱交府库，内二十两为春秋祭费，二十两为看院二人工食，由府学具领。

四、坛庙之设

社稷坛之社，祭土；稷，祭谷。祭以春、秋二仲上戊之日，春以祈，秋以报。漳州府城之坛，在城西安丰门外。

宋时社稷、风师、雨师各一坛，而无雷师坛。初在州城北。庆历六年（1046 年），通判刘奕移坛于城东望仙门外，为坛四通，祀社稷、风、雨、雷。绍熙元年（1190 年），知州朱文公又别建风师坛于万石坊内，雷、雨师坛于崇仁门外。明立社稷坛于城西门外里许，坛制东西二丈五尺，南北二丈五尺，高三尺。神坐南向北（因社稷属阴神，以北面为尊）。四出陛，各三级；坛下东西南北各五丈，北十二丈或九丈五尺；有神库、神厨、牲房、斋舍，缭以围墙，四门红油，由北门入坛。用石主长二尺五寸，方一尺，埋于坛南正中，去坛二尺五寸，只露尖圜，余埋土中。神牌二，以木为之，高二尺二寸，阔四寸五分，厚九分；座高四寸五分，阔八寸五分，厚四寸五分；皆朱漆青书。府书“府社之神”“府稷之神”，县书“县社之神”“县稷之神”。明洪武三年（1370 年），知府潘琳建坛。正统九年（1444 年），佥事陈祚重修。成化十年（1474 年）圮于水。成化十六年，知府姜谅修建。嘉靖二十九年（1550 年），同知龙遂重修。嘉靖三十年，知府卢璧复扩地而垣其上。后垣圮。清乾隆二十六年（1761 年），龙溪县知县吴宜燮重缭之。

风、雨、雷师坛制与社稷坛同，坐北向南。门由南入，不设石主，每祭设立神位，中风云雷雨，左山川，右城隍。

先农坛，祭先农也。坛在二十六都，祭以岁仲春亥日。雍正五年

（1727 年）敕建。坛制高一丈二尺，宽二丈五尺。先农神牌高二尺四寸，宽六寸。坛之正北，中一室奉先农神牌，东房贮祭器农具，西房贮籍田米谷。田在坛前，四亩九分。祭毕，行耕籍礼。八蜡不别为坛，即先农坛祀之。其制：先啬、司啬居正位东上，余六神稍后一尺，左右分设。岁十二月上戊日致祭。乾隆十一年（1746 年），令各省郡州县行常雩礼。岁孟夏，择日设先农、社稷、山川、风、云、雷、雨神主于先农坛致祭。

厉坛，祭厉也。坛设于城北郊。岁春清明日、秋七月十五日、冬十月初一日，凡三祭，以祀境内无祀之鬼神。古祭法有泰厉、公厉、族厉，此厉祭之所自始。明洪武（1368—1398）间，令各府州县岁祭无祀鬼神。先期三日，主祭官牒告于城隍之神。至日，设城隍位于坛上，用一羊一豕；设无祀鬼神位于坛下左右，题曰“本府境内无祀鬼神”。行礼止于城隍神位前，仪注如制。又有乡厉坛，各乡村里社人民自设祭，祭日与府县同。

同归所，缘厉祭而起也。坛设于城南里许。岁以春清明日、秋七月十五日，凡二祭，以祀本郡遭厄幽魂。

1. 城隍庙

城隍庙，祀城隍也。有庙，无专祭，合祭于山川坛。明洪武二年（1369 年），敕封城隍之神为“监察司民显佑伯”。洪武三年，正诸神封号，改题曰“某府州县城隍之神”，与风云雷雨、山川并坛而祀，唯庙别立。每岁厉祭，府州县正官牒告于庙，奉之为神主。其各乡厉祭，里民亦祭告于神，请主其祭。凡府州县官入境，必致祭于神，然后到任。及祈祷水旱，必先牒告而后祷于坛。

府城隍庙，宋元祐（1086—1094）中，郡佐许长卿重修。嘉定八年（1215 年），郡守胡榘于旧址辟而新之。嘉定十四年毁于灾。次年，郡守郑昉重建。明洪武八年（1375 年）知府许荣、二十一年知府李晟，正统十四年（1449 年）佥事陈祚，成化九年（1473 年）知府张瓉、十八年知府姜谅相继重修。嘉靖二十八年（1549 年）庙坏，知府卢璧重修之。

漳州府城隍庙今已不存。府志载有《重修郡城隍庙碑记》，记嘉庆二十四年（1819 年）及道光七年（1827 年）之重修事。

（1）平和城隍庙

平和城隍庙位于平和县九峰镇东门内侧。正德（1506—1521）间，王阳明平定闽粤边境盗寇后上疏添设平和县治，同时以府级规格建置平和县城隍庙，于正德十三年动工。

清时对城隍庙进行多次修缮。据县志记载，清康熙三十六年（1697 年），“知县巫元东重修，建制皆因旧”。清嘉庆七年（1802 年），知县张毓龄、黄士棠相继重修。清道光七年（1827 年），知县滕子玉再修。清咸丰十年（1860 年），儒学教谕洪亮功等修葺。

平和城隍庙

城隍庙现存明代完整格局，坐西北朝东南，枕山而建，依地势前低后高，占地总面积 1278 平方米。为前后三进廊院结构，中轴线上建筑依次为大门、仪门、戏台、拜亭、大殿、后殿等。墙垣、梁架间多处施有壁画、彩绘，其中拜亭两侧的“平和八景图”、后殿天井两侧廊墙上的“十八层地狱”“二十四孝”等 40 多幅明清壁画大部分保存完好，极为珍贵。城隍庙以唐代著名诗人王维为主神，民间尊之为“都城隍尊神”，香火远播台湾。

城隍庙最前端建筑为大门。大门面阔三间，宽 9.37 米；进深三柱，深 5.88 米。大门屋面在中华人民共和国成立初期辟作茶厂时有较大改动，后来复原成闽南风格的三段脊式屋面；台基、立柱、门框、梁架等主体部分保持原样，前檐明间二石柱刻“乡宾朱华斗公捐置”“乡宾石丹崎公捐置”。

大门内之前庭呈长方形，宽约 10 米，深 11.41 米。中间为甬道，甬道尽头设垂带踏跺上仪门。仪门单檐悬山顶，面阔三间，宽 10.18 米；进深三柱，深 5.5 米。仪门内外左、右壁上，嵌有 4 块重修纪事石碑。门额与门框石上镌“嘉庆辛酉（1801 年）蒲月吉旦乡宾石连霄公捐置”字样；前檐明间两侧立柱刻“监生曾大岳公捐置”字样。仪门内接一凉亭，又称戏台，立四柱，平面大致呈方形，面阔、进深均一间，深 3.25 米，宽 3.95 米。四架抬梁式、轩顶卷棚；屋顶四面坡，外与仪门内侧之屋面相连；向内二翼前挑，做成歇山式。戏台梁架装饰华丽，通梁上对称设 4 个狮座，内侧挑檐做吊筒。

仪门之内，是方形的天井，天井两侧对称分布 6 间厢房，其中左列第一间祀邹公、朱公、王公、张公坐像，第二间祀三官大帝，第三间祀五谷主；右列 3 间各祀福德正神、观音、胡公。厢房前为卷棚顶的通廊，内侧则用隔墙直接搁檩；厢房的墙壁上，大多绘有壁画，其中左列第一间绘“行乞图”“百艺图”等。天井以条石铺砌，中设甬道与拜亭相连。

拜亭单檐歇山顶，面阔三间，宽 9.92 米，其中明间为通道，左右次间内分祀十二房科立像，立像后壁用墨笔绘有“平和八景图”，分别为双髻升曦、九峰返照、东郊春雨、西岭暮霞、天马晴烟、石潭秋月、笔山侵汉、璧水澄波等，为明嘉靖（1522—1566）年间县庠生、九峰东门人朱龙翔所绘。拜亭进深一间，前后二柱抬梁，深 3.43 米。

大殿为重檐歇山顶，是城隍庙的主体建筑。面阔五间，宽 16.12 米；进深六柱，深 12.59 米。大殿前部下檐做前廊，为四架抬梁、卷棚顶前挑檐；殿内七架通梁，抬梁与穿斗混合式；后廊廊墙上绘有大型的“福禄寿”三星人物立姿彩绘壁画。大殿祀东岳大帝（当地俗称狱爷），殿中心地面拜石上镌“喜舍罗景数劝缘苏洪泽同祈平安者，嘉靖十二年岁次癸巳四月吉日立”。大殿明间前廊及内檐立四根龙柱，分别刻有“嘉庆辛酉阳月吉旦”“举人曾善纯公捐置”“嘉庆辛酉吉旦”“朱振文公捐置”等字样；殿内立柱同样多有题刻，如“咸丰壬子年置”“乡宾杨西坪公捐置”等。

大殿之后，是一个长方形的小天井，天井两侧为通往后殿的边廊。边廊进深约 4.43 米，七架抬梁，前后挑檐。在左、右两侧壁面上绘有“二十四孝”与“十八层地狱”壁画等，形象生动，惟妙惟肖，应为清代之作。其中“十八层地狱”图内，人物与场景等层层叠叠，旁加注释，赏善罚恶，寓意深远，殊为难得。

后殿单檐歇山顶，面阔五间，宽 15.44 米；进深三间，深 9.19 米。后殿前廊为四架抬梁，卷棚顶；殿内五架通梁，抬梁式；后部明间放置都城隍尊神（城隍爷）、内宫夫人（城隍妈）神像；两侧梢间用实心墙体围成房间，左室为城隍和夫人寝室，右室为库房。明间前廊立柱有刻字，为“嘉庆辛酉阳月吉旦”“举人曾善纯公捐置”；神龛上方悬有清道光十年（1830年）“灵佑九和”匾。

（2）海澄城隍庙

海澄城隍庙始建于明隆庆五年（1571 年）。清乾隆二十六年（1761 年）重修，现存建筑保持清代风貌。石、砖、木结构，主体建筑为二进燕尾脊硬山顶式。

庙坐北朝南，沿中轴线从南向北依次由戏台、管理房、埕地、山门、围墙、大院、前殿、天井、过水廊房、轩亭、主殿、后天井及后殿组成。总占地面积约 7000 平方米，建筑面积 1490 平方米。

海澄城隍庙

山门二柱三门式，外檐门槛两端保留涡纹抱鼓石一对及踞坐石狮一对。前殿带“一”字前廊，门楣上方悬挂“城隍庙”匾额一通。明间外檐门槛两端保留涡纹抱鼓石一对，次间各保留踞坐石狮一对。过水廊房面阔三间，进深二柱，简易梁架。主殿前廊为卷棚顶轩亭；主殿面阔五间，进深四柱（后檐墙承檩）。后天井保留碑记七通。后殿面阔三间，进深四柱。殿内主祀城隍爷、黑白无常、城隍妈、先生公十二司、土地公、虎爷、伽蓝爷、华严三圣、注生娘娘、地藏王菩萨、月老尊神、观音等。

建筑内保留有浮雕蟠龙纹石柱及四方柱，金柱做法较为朴素，下置圆形柱础，柱础做法不一，有圆形浮雕博古花草纹柱础、素面鼓形柱础等。梁架皆为抬梁式，图案纹饰有戏曲人物纹、香草龙纹、花草鸟兽纹等多种，或为剔雕，或为浮雕。一二进明间梁架间有花板装饰，雕刻较为精细。屋面覆筒板瓦，正脊脊饰有人物、龙、凤、花卉等，栩栩如生。

庙内存有石碑数通：

《漳州分府太老爷赵掌摄澄篆革除书算县总吏定里书修庙充局功德碑》，落款“康熙三十六年（1697 年）七月”。碑高 2.3 米，宽 0.93 米，厚 0.1 米。

《漳州分府兼摄澄篆赵太老爷清政惠民颂德碑》，落款“康熙三十六年（1697 年）十月”。碑高 2.2 米，宽 0.89 米，厚 0.17 米。

《重修城隍庙捐金姓氏碑记》，落款“道光十三年（1833 年）桐月谷旦”。碑高 1.44 米，宽 0.72 米，厚 0.1 米。

《署理丞海澄县事邑尉袭公惠爱纪绩碑》，落款“乾隆三十六年（1771 年）岁在辛卯荔月谷旦”。碑高 1.9 米，宽 0.67 米，厚 0.12 米。

一碑文不清，落款“同治八年（1869 年）元月”。碑高 0.47 米，宽 0.86 米，厚 0.1 米。

《重修后殿佛堂及仪门茶厅等处工程捐金》，落款“同治十年（1871 年）腊月”。碑高 0.49 米，宽 1.06 米，厚 0.1 米。

（3）诏安城隍庙

诏安城隍庙始建于明嘉靖九年（1530 年），明清两代几经兴废，明万历、天启及清康熙、乾隆各朝屡有重建重修，现建筑保存清代风格。庙宇

诏安城隍庙

坐北朝南，共三进。占地面积约1200平方米，建筑面积443平方米。一进为门楼，歇山顶燕尾脊式，面阔三间，进深两间，面阔略小于后两进建筑。二进为中殿，硬山顶燕尾脊式，面阔五间，进深两间，明次间为明堂带“一”字前廊，梢间以山墙隔断。三进为主殿，硬山顶观音兜脊式，面阔三间，进深三间；前有拜亭，悬山顶燕尾脊式，面阔一间，进深一间。各进之间设天井，两侧有过水廊房相连，一二进间有配殿。前殿及两廊墙体嵌明万历、天启和清康熙、乾隆等年间重修碑记五通。

2. 东岳庙

东岳庙是古代州县正式建制的祀典庙宇，逢农历朔望日，官员都要进庙祭拜。作为府州县城池里的主要宫庙，其释道兼容、神祇多元化，历来香火鼎盛。在漳州现存东岳庙中，以诏安东岳庙规模最大、保存最好。

诏安东岳庙背枕城垣，与诏安老城的东门水门相望。明万历二十一年（1593年）由诏安知县夏宏督建，清康熙、乾隆、道光、光绪年间多次重修，现存建筑保留清代风格。庙坐西朝东偏北，整体为三落式建筑，沿

诏安东岳庙

中轴线分别为庙埕、前殿、拜亭、主殿和后殿，一进内大院两侧有庑廊相连，二进大院以围墙围合，主体建筑面积达 1031 平方米。庙后有花园，庙前北侧建“福德府”土地庙，总占地面积约 1500 平方米。

东岳庙前殿面阔九间，明次间辟为通廊，其余开间均设偏殿。其中前部的北侧开间部位辟为关帝殿，南侧开间设注生娘娘殿，此二殿大门位于前殿立面的梢间，均为面阔三间、进深三间布局；前殿后廊北侧辟为速报司殿，南侧则为功德司殿，这两殿大门面向前殿后廊的明间，相对而立，殿内同样面阔三间、进深三间。主殿面阔五间，进深三间，前带拜亭一座，拜亭面阔一间、进深一间；大院两侧的庑廊面阔五间，明次间辟为伽蓝殿和保生大帝殿；后殿面阔七间，进深三间，明次间辟为观音殿。

庙宇主体建筑的台基、前廊及天井地面均用花岗岩条石摆砌铺装，墙体砖砌，室内铺设红砖。前殿明次间的通廊保留明代的石铺条石地面，开三门，大门两侧制安高大的青石踞坐石狮，同样为明代遗物，造型古拙；大门门楣浮雕方形篆字门簪，圆雕一对青石小狮为匾托，上置石匾额，楷书勒刻“震岱灵宗”，系“本邑众黎庶”于“壬申年”重建所立，两侧边堵为浮雕麒麟纹石板；前廊墙裙统一制安青白相间的石雕隔墙。

庙宇主体建筑的大木梁架基本都为穿斗抬梁混合式，但结构复杂，装饰繁复，体现了清代潮汕建筑一派的审美观。其中前殿前檐部位的关帝殿和注生娘娘殿，一进大院两侧庑廊明次间的伽蓝殿和保生大帝殿、主殿明次间、主殿前的轩亭以及后殿的明次间均为明堂，架设为穿斗抬梁混合式木构架，前殿明次间的通廊、前殿后檐的速报司殿和功德司殿、庑廊其他开间以及主殿梢间、后殿梢间等部位仅设简易梁架或直接用山墙承檩。

庑廊保存清乾隆、道光间的五方碑刻，分别为乾隆二十六年（1761 年）的《本县主林公奉宪革除灰窑德政碑》、乾隆二十九年的《邑侯张公浚沟碑记》、道光四年（1824 年）的《重修东岳庙捐缘碑》、道光五年知县徐必观所立《禁滋扰东岳庙碑》等。主殿明间内檐额枋保留万历二十四年（1596 年）“生灵保障”匾额一方。

3. 天后宫

天后宫是为了奉祀海神妈祖而建。妈祖原名林默娘，宋太祖建隆元年（960 年）生。相传其自幼聪颖，能踩浪渡海，救过许多遇难的渔民。宋雍熙四年（987 年）九月初九，其在湄洲岛羽化升天。传说妈祖升天后仍护佑海上的航船，历代的皇帝先后敕封其为“天妃”“天后”等。漳州海岸线长，历史上无论海防还是海外贸易之人多奉祀妈祖，因而在多地建有妈祖庙，称为“天后宫”或“天妃宫”。

浯屿天后宫。在西隅。春秋致祭。乾隆八年（1743 年），巡道陈树蓍、

浯屿天后宫

署府张廷球扩地改建，未就。乾隆十三年，巡道单德谟成之。乾隆二十五年，知府蒋允焄、知县吴宜燮重修，就外埕余地筑店屋三间，以充庙费。

4. 关帝庙

（1）诏安武庙

诏安武庙位于南诏镇县前街城隍庙后侧。建于明嘉靖四十一年（1562年）。建筑坐西北向东南，面阔三间，依次由影壁、庙埕、前厅、天井带两廊、拜亭及正殿组成。正殿进深三间，抬梁穿斗式木构架，悬山顶。主祀关帝，前厅两侧墙体连同两廊镶嵌明万历和清康熙、乾隆、嘉庆、光绪年间重修碑刻10方。庙宇占地面积约810平方米，建筑面积389平方米。

怀恩古井位于武庙南侧巷内，传为唐垂拱二年（686年）置怀恩县时开凿，故名。井深约7米，直径约2米。上筑井台，高55厘米，条石砌成，上刻菱形图案。井口最宽处72厘米。井旁西墙上嵌有镌“怀恩古井”四字隶书石刻，但无年代铭款。井今仍为居民所汲用，保存较为完好。

诏安武庙

诏安武庙

（2）东山关帝庙

东山关帝庙始建于明初。明正德（1506—1521）年间所立《鼎建铜城关王庙记》云：洪武二十年（1387 年），“城铜山，以防倭寇，刻像祀之，以护官兵”。当时只是一座单开间的简陋小庙，后漳州开元寺高僧圆球和尚（号月堂）云游至此，“仰观帝庙之福地，声灵必震于千年”，遂募善缘，策划重建。正德三年，云霄财主吴子约避寇来东山，与铜陵善士黄宗继等九人鼎力相助，于次年五月初七日，在原庙左之空地上鸠工兴建，至正德七年二月初二日完工，遂成“龙盘虎踞”“纵袤百二十尺，横广五十一尺”之规模。嘉靖二十年（1541 年）重修。清康熙三年（1664 年），因清廷实行迁界，庙被焚毁，住持僧大陆和尚负圣像入云霄，开山下港尾武庙，其侧室为铜陵关帝驻跸之所，号为铜云室。康熙十九年复界，大陆和尚迎圣像回铜山，于旧殿基址盖茅为屋，以安圣像。后由总兵黄镐主持在原址按原样兴筑，翌年落成。此后，嘉庆、道光、咸丰、同治、光绪各朝皆有修葺。

庙倚山临海，坐西朝东，建筑面积680平方米，有门楼、前殿（拜庭）、大院、回廊、大殿及花园等。主座面阔三间，进深六间，抬梁式木构架，悬山顶。整座殿宇飞檐斗拱、雕梁画栋，金木雕、石雕琳琅满目，金碧辉煌。

门楼为华表楼亭式古艺术建筑，俗称“太子亭”，由六根圆形石柱并二根石梁承托数百香木斗拱构就。每拱一斗九升，叠彩垒金而上。楼亭顶端饰彩瓷剪贴“八仙过海”“八兽图”及唐宋帝王将相造型塑像120尊。华表石柱刻“大明正德吴子约敬送”。横梁正面刻“嘉靖壬寅五月吉日前都劝缘子孙重修”。飞檐下前额竖一方镂花鎏金匾，上镌“武圣殿”；后额亦竖一方镂花鎏金匾，上镌明万历年（1573—1620）间铜山进士文三俊敬题的《关帝圣君赞》。

前殿经前院登石级而上。门额嵌“山西神圣”石匾。有石刻门联：“山岛雾收舒正气，海门日出照精忠。”中门两旁立雕花石鼓。前殿拜庭庭廊上方悬挂清乾隆（1736—1795）年间嘉勇侯福康安敬奉的关帝颂文匾。两侧嵌墙柱联为：“入圣门总要请祈休咎，登帝殿便知明断是非。”

大院回廊左右分附祀马良、廖化二公并虎马二将，左墙竖有一方《关永茂碑记》，刻载东山百姓“共尊关帝圣君为祖”，立“关永茂”为户名，于康熙五十六年（1717年）正式入登清朝户籍。右墙亦竖一石碑，系同治九年（1870年）《重修武庙碑记》，刻载海内外士庶商绅及各界信众捐资重修关帝圣庙的芳名与金额。

大殿正中供奉关帝圣君，两边奉立随关帝于麦城尽忠的周仓、关平、赵累、王甫四将雕像。上悬清咸丰皇帝御笔“万世人极”鎏金大匾，左右悬挂黄道周亲书楹联：“数定三分扶炎汉平吴削魏辛苦倍尝未了一生事业；志存一统佐熙明降魔伏虏威灵丕振只完当日精忠。”

大殿左畔有一龟趺，上竖明正德（1506—1521）年间住持僧月堂和尚所立《鼎建铜城关王庙记》碑。旁置清代所铸铜钟一口，高 1.2 米，底周长 2.15 米，其音洪亮，响遏行云。

东山关帝庙

5. 开漳圣王建筑

唐代初年，陈政、陈元光父子先后奉诏于闽南进行绥靖和开发。陈政，字一民，光州固始人，“尝渡云霄，指江水谓父老曰：此水如上党之清漳”。垂拱二年（686 年），陈元光上疏请于泉、潮间增置漳州，并任刺史。历代封建王朝对陈政、陈元光父子开发漳州的功业推崇备至，屡赠封号，民众则感其恩德，奉陈元光为“开漳圣王”。官方或民间建庙奉祀的记载屡见于志书族谱，并有其墓、庙等相关史迹留存至今。

（1）将军山陈政墓

将军山属乌山山脉，因葬归德将军陈政而得名。山峰于平原中突起，高耸挺拔，犹如一位威武的将军雄踞于天地间。将军山与漳江东岸的大臣山对峙，东临云霄县城与江滨平原，为县治镇山，山之东麓有北侧小将军山、南侧石交椅两座次峰左右拱卫，周边还有献宝山、望高山等十余座海拔百米左右的分支山丘环绕。

唐中宗嗣圣元年（684 年），当地军民在将军山前驻军的营垒中为陈政立神祠，即将军庙。康熙《漳州府志》载：“将军庙，在漳浦云霄将军山下西营，唐陈将军元光初渡漳水时屯营于此。后人因其迹立为庙，屡显灵异。庙与归德将军政墓相对。”1997 年，当地民众筹备重建将军庙，在清理基址时出土大量文物，引起云霄文物工作者的重视，遂上报福建省文管会要求进行正式考古发掘。经批准，由福建博物院考古所会同云霄县博物馆进行发掘，获得重要考古发现。

经发掘揭露的宋代建筑遗迹位于下营庙遗址中部，是同属于一个时代的前后两期建筑遗迹。下营庙遗址出土的筒瓦、瓦当、瓦饰等，与 1984 年、1986 年由省文管会两次派员清理的陈政墓享堂遗址出土的同类器物相同。而陈政墓享堂遗址的中层遗物中有一件带纪年题刻的石碑，题刻内容为“嘉熙庚子春，建坟前仪制十事。石匠黄顺、叶和、陈应，住庵净智、戒院僧自知，会首进士陈哲夫、陈缄”，嘉熙庚子为南宋理宗嘉熙四年（1240 年），其时已是南宋晚期。下营庙遗址早期建筑遗迹的上限年代大体与之相当。

云霄将军山

下营庙遗址中出土有宋代“庙”字青釉碟和“圣（王）养花”花盆，以及带有唐代纪年铭刻的陶香炉残片，可知下营庙遗址正如地名所示，应是一处官庙遗址。现存建筑遗迹始建于南宋晚期，而后又在很短的时间内进行过改建，这种情况与陈政墓享堂的兴建和改建极其相似。遗址所出神人及傧伽等瓦饰在福建省较为罕见。傧伽或称仙人，一般与兽头、蹲兽等相配用。梁思成在《中国建筑史》一书中谈到宋代瓦饰时说：“……垂脊之上用兽头、蹲兽、傧伽等。各等所用大小与件数，制度均甚严密。”说明傧伽等瓦饰的配用非一般民式建筑所有，亦可证下营庙遗址属官庙遗址。

2008 年，在将军庙遗址西侧清理出土一批重要文物，其中有唐“元辰门”石雕门楣、建寺残碑、明代红陶水涵管和大量的砖瓦构件等，结合相关历史文献记载，证实其为唐高宗上元（674—676）年间所建之漳州古郡第一座开元寺遗址。据明正德《漳州府志》载，唐高宗上元年间，陈政为母亲在下营屯兵处修建了一座寺庙，原称开士寺，建有元辰门和首祚门，后改称开元寺，意谓漳州佛教启元之寺。陈政逝后，开漳将士依照中原的崇先礼佛习俗，将陈政庙附于开元寺左侧。后世民间又将陈元光等开漳名贤像入祀庙中。

（2）威惠祖庙

威惠祖庙为唐将军陈元光庙，嗣圣元年（684 年）建于云霄。宋建炎四年（1130 年）始建今所。自五代暨宋，累封灵著顺应昭烈广济王。淳祐（1241—1252）间，春秋致祭。明正祀典，改封为昭烈侯。明正统九年（1444 年），佥事陈祚重修。正统十四年庙毁于寇。景泰元年（1450 年）知府马嗣宗、四年知府谢骞相继修。成化二十二年（1486 年），知县李棨重修，邑人林同记。嘉靖二十九年（1550 年），知府卢璧重修，台殿一新，庙后有地甚广，皆官地。庙左畔之前，旧有多景梅，改为揽胜梅，有漳浦林策、长泰王惟恕为之记。清乾隆二年（1737 年），知府童华重修，新其后室，增祀昭烈侯父玉钤卫左郎将政，及子珦、孙酆、曾孙谟。乾隆三十八年，汀漳龙道蒋允焄重修中殿。乾隆三十九年，筑拜坛、两庑、门塾。现存一进院前后两座，占地 1500 平方米，建筑面积 474 平方米。坐北向南，面宽 18 米，进深 60 米，共有照壁、大埕、庙体三部分。主体建筑分前后二进，由门厅、天井、回廊、大殿等部分组成。大殿面阔五间，进深四间，单檐歇山顶，抬梁式石木结构，周边为夯土承重墙。台基高出天井 0.4 米，天井中铺条石御道，辟石踏步两级直通大殿。门厅左侧开一偏门，门侧内壁嵌清光绪二十八年（1902 年）《开漳圣王碑记》一方。

殿内立梭形圆金柱 4 根，下覆圆鼓形柱础。内外金柱间的五架梁上，分别装饰两件瓜柱上承三架梁，三架梁上装饰脊瓜柱撑脊檩。大殿两侧前檐柱与外金柱间的穿插枋上，安置木雕狮、象驼墩各两件支饰抱头梁。下镌“鱼乐图”“福兽图”木雕画，金柱梁枋下精雕龙、凤雀替。内金柱下覆圆鼓形柱础，础面浮雕夔龙图案，柱联“大启漳土永奠闽民但励忠勤二字，依旧云山维新庙貌缅怀功业千秋”，系光绪二年（1876 年）云霄抚民厅同知欧阳骏题镌。内殿神龛上端后枋梁前悬一长方形木匾，阴刻“开漳圣王”楷书大字。两次间外侧的抹角方柱上镌联“启土兴文特先考亭而布化，追封锡号何须唐史更书勋”，为道光二十七年（1847 年）太学生题。外金柱下覆鼓形石础，上刻“八宝”图案各 4 帧，两柱对镌楷书“漳水云山开万世衣冠文物，馨香俎豆报千秋伟绩丰功”联句，为光绪二年监生方均题书。前檐柱方形讹角，下布栌斗形柱础，题联“威振漳江南国兵戈化礼乐，惠流云水西门宫阙亘山河”，为道光十一年（1831 年）信生高国香、高国乔捐题。天井两侧配两廊，各置一神龛。右廊为“辅胜将军”李伯瑶殿，两柱镌联“竖柳为营操胜算，断鹅平峒扫妖氛”，为太学生方捷鳌题。龛前两侧木屏雕李伯瑶运筹帷幄、决胜千里的人物故事画两帧。左廊为“辅顺将军”马仁殿，柱联镌“干略克胜司马职，威灵丕著右鹰军”，为信

云霄威惠祖庙

士周凤翔立。

（3）云霄燕翼宫

燕翼宫由陈元光始建于唐垂拱（685—688）年间。《全唐诗》载陈元光有《落成会咏》诗曰：“泉潮天万里，一镇屹天中。筮宅龙钟地，承恩燕翼宫。环堂巍岳秀，带砺大江雄。轮奂云霄望，晶华日月通。凌烟乔木茂，献宝介圭崇。昆俊歌棠棣，民和教即戎。盘庚迁美土，陶侃效兼庸。设醴延张老，开轩礼吕蒙。无孤南国仰，庶补圣皇功。”

燕翼宫最初是陈元光鼎建之故宅，俗称王府，宋末被元兵焚毁，明初重修后，改祀陈元光祖孙四代，故又称“开漳祖庙”。它既是开漳陈氏祠堂，又是当地供奉“开漳圣王”的重要庙宇。明末及清同治（1862—1874）初年，燕翼宫多次被兵火焚毁并重建。

燕翼宫现存大殿是云霄典型的清代祠堂建筑，较完整地保存了清早期建筑格局、结构和做法。宫坐西朝东，前院后座，前后三进，自东而西依次为大院、前殿、中天井（南、北廊）、大殿、后天井、后殿，平面呈长方形，通进深 55.4 米，通面阔 16.7 米，总占地面积 925.18 平方米。大殿主脊等保存明清早期建筑特征，与闽南明清中晚期建筑脊部形制形成鲜明对比，具有较高的建筑史研究价值。

大殿为抬梁式架构、十三架搁檩造悬山顶的土木石混构建筑，左、右、后三面做三合土墙，前檐、厅堂立柱。面阔五间，通面阔 16.7 米，通进深约 10.6 米，面积约 177 平方米。由于采取当地通用的搁檩做法，主要用隔墙、山墙承重，大殿一共才用 8 柱，即 4 根前檐柱、4 根金柱，均为下长石柱、上短木柱的形式。大殿前出游廊，南北通畅且山墙各设耳门以利出入。前廊三步梁，各施水墨字画，梁间铺设木雕伏狮驮墩，其上驮墩、叠斗相续以承廊檩。前廊三步梁直接穿出前檐柱挑檩，与周边莆美堡谷怡堂、世泽堂等祠堂建筑厅堂前挑檐做法一致，是当地清代建筑典型的挑檐手法。

大殿厅堂南、北一缝（当地俗称南、北正路栋）前后金柱间采取三通五瓜七架梁的抬梁减中柱构架，中三间通畅作厅堂，厅堂与南、北耳房则

云霄燕翼宫

以墙相隔，形成主次相对隔绝的空间格局。作为举行重大仪式的主要空间，厅堂在前后金柱间设置梁架，三爪瓜筒、方形大斗、透雕螭虎花板、雀替等层层相叠，大梁（七架梁，当地俗称大载）、脊檩外皮通施彩绘，隔墙墙头檩下灰塑镶边，装饰极尽繁复。台明、山墙均是三合土夯筑，厚重坚硬。屋顶单主脊、双面坡、四垂带。主脊两端为双龙含脊起翘，其龙头浑圆古朴，是明清早期建筑特征之遗留。

（4）陈元光墓

陈元光墓位于漳州芗城区浦南镇石鼓山，距市区约 15 千米，历史上为龙溪县九龙里松洲保辖地。九龙江支流北溪在墓葬东侧约 300 米，是当年陈政“阻江为界，插柳为营”、与“蛮獠”长期对峙的地方，后人称此处为柳营江。石鼓山又称高坡山，其发端于天宝大山山脉，是一座地势低缓的小山包，海拔仅有 40 余米。墓葬位于东麓山坡，面朝的案山曰楼山，楼山西侧有一长湖如玉带环绕，因陈元光号龙湖而得名龙湖。

陈元光墓周边的同时期史迹较多，除了创建于唐景龙二年（708 年）

的松洲书院外，还有陈元光开漳时期的部将墓葬群等。著名者有陈元光之爱将马仁墓，陪葬在九龙江对岸今属华安县丰山乡的碧溪村；漳州司马李伯瑶墓，在浦南渡东村的虎形山；别驾许天正墓，在浦南的诗朋村；军谘祭酒林孔著墓，在不远处龙峙山品字三片石下；府兵队正宋用坟等。它们构成了一条围绕陈元光将军陵墓的弧线。

陈元光墓

第五章　坚壁结堡寨

无论战时还是和平时期，城池从来就不只是孤城，而是一个完整的军事防御或交通贸易体系的中心节点。每一座城池都与周边的道路、建筑等紧密联系。

城池因为空间相对狭小，所以需要依靠区域内外的各处资源作为其发展支撑。就军事保障而言，各处的城防由府县城池与外置所城、守备、巡检、公馆、塘汛、关隘等组成整体，形成军事上的相互支持；动乱之时，还要号召、组织各处民间堡寨自组民团，“结寨自保”，与官方力量互为声援，形成完备的防御体系。

一、关隘铺递

从唐朝开始，各地官府便对各处的驿道实施系统管控，在保障驿传有

漳州驿路总图（引自清光绪版《漳州府志》）

序、政令畅通的同时，有力地促进并推动了地方经济的有序发展。

福建分布于福、建、泉、漳、汀各州之间并通往省外的驿道体系从唐中叶开始形成，至宋代趋于完备。其中从福州通往广东的闽粤驿道福建段全长约 593 千米，全线共设 17 驿又 2 处“塘驿”，沿途跨越闽江、福清龙江、莆田萩芦溪与木兰溪、仙游枫慈溪、惠安洛阳江、泉州晋江、晋江安海港、同安东西溪、漳州九龙江、漳浦鹿溪、云霄漳江、诏安东溪等大小河流、港湾，翻越福清与莆田之间的蒜岭、仙游与惠安之间的白水岭、南安与同安之间的大小盈岭、龙海的九龙岭、漳浦与云霄之间的盘陀岭、云霄与诏安之间的油柑岭、闽粤交界之处的黄石山等。

宋在漳州城内设有迎恩驿，并在汀漳古道上增设驿铺。明清时期，漳州各处增设县邑，并开始陆续修建从府城通往各处县治的道路，增设铺舍，逐渐形成陆路交通网络。漳州府志记述：“……路远驿疏，行人无所依托。当时守郡君子，往往酌量道里之中，随铺立庵，命僧主之，以待过客，且置田赡僧，俾守庵焉。于是南路十有三庵……又东出漳境为泉州同安界，有鱼孚庵……北路至长泰县，有武安馆、使星馆，未闻设庵，非要道也。”这是宋代对路远驿站少的要道采取随铺立庵、置田赡养僧侣以便利驿运的一个好办法。虽然路途维艰，但相对来说，在清代闽地出省的各条官驿中，闽粤驿道是最好走、最安全的一条；部分路段宽度达 4 米，可供舆马并行。

1. 塘驿

明清时期，漳州府城之外，其东路朝天门外有迎春驿，又东行四十五

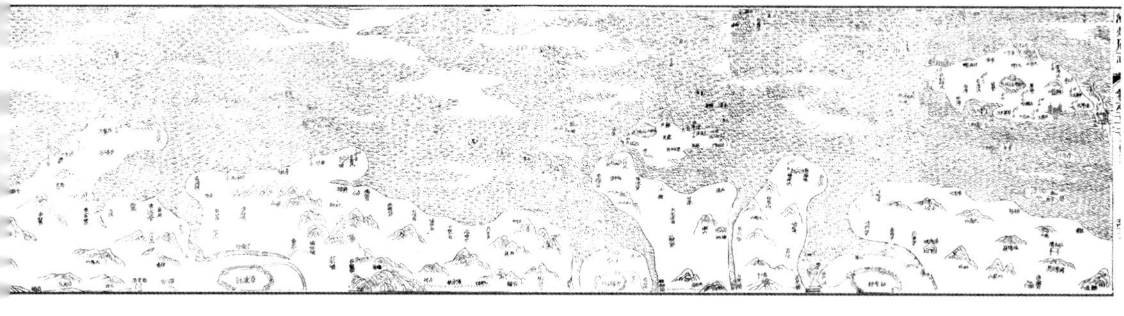

里，有通源驿；南路一百里至漳浦县，有仙云驿；又南行一百九十里，有临水驿。路远驿疏，往往酌量道里之中，随铺立庵，命僧主之，以待过客。于是南路十有三庵，曰：木棉铺庵、甘棠铺庵、横章铺庵、仙云驿庵、梅林庵、无象庵、黄土庵、云霄庵、径心善护庵、大悲铺庵、半沙铺庵、临水庵、竹林庵，皆淳熙（1174—1189）末郡守傅伯寿创。侄雍嗣为守，修其东路。第二铺曰鹤鸣庵，郡守黄朴创始，且置田以赡过客及廪僧焉。第三铺有通源庵，郡守方淙置，亦赡以田。第五铺有龙江庵。又东出漳境，为泉州同安界，有鱼孚庵，郡守黄朴重修，并拨本州岛废寺田以赡之。黄朴申省部，乞诸庵僧道皆以甲乙住管，以图不朽。省部札付本州，从所申事理施行。西路至龙岩县有驻居驿、登龙驿，有仁会亭；北路至长泰县，有武安馆、使星馆，未闻设庵，非要道也。

（1）驿站

龙溪丹霞驿，在察院之东，古驿在府治西。宋淳祐（1241—1252）间，郡守章大任建于朝天门外。元至正（1341—1368）间，徙府治东。明洪武三年（1370 年），知府潘琳移建于此。洪武九年改名清漳，寻复旧。清顺治十二年（1655 年），诸署俱废，独驿尚存。康熙三十八年（1699 年），丹霞驿丞裁，移甘棠驿丞于此。乾隆二十一年（1756 年），驿丞复裁，驿站归龙溪县管理。

江东驿，在县东二十八都。宋为通源驿。元至正二十二年（1362 年）改今名。明洪武七年（1374 年），知府许荣重建。嘉靖十九年（1540 年），通判周南充拓驿基修建。清乾隆二十一年（1756 年），驿丞裁，驿站归龙溪县管理。

甘棠驿，在县南六都、七都，地属漳浦交界。元至正二十五年（1365 年）设建。明洪武八年（1375 年），知府许荣重修。正统十四年（1449 年）毁于寇。景泰五年（1454 年），知府谢骞重建。嘉靖二十七年（1548 年），知府卢璧修，后毁，移至丹霞驿。清乾隆二十一年（1756 年），驿丞裁，驿站归龙溪县管理。

龙海木棉庵

漳浦临漳马驿，在县治西北仙云坊内。宋置，名仙云驿。元改此名。明因之。洪武三年（1370 年），知县张理重建。正统十四年（1449 年）毁于寇。景泰七年（1456 年），知府谢骞重建。正德（1506—1521）间，知县何炯重修。驿属典史兼管。清乾隆二十一年（1756 年）奉文，驿站归县管理。

云霄驿，在县南六都。元时置。明洪武十一年（1378 年），南诏驿驿丞黑中建。成化十年（1474 年）圮。成化十三年，同知蒋璇复建。清乾隆二十一年（1756 年），驿丞裁，驿站归县管理。

长泰驿，在县治后东北隅。

南诏驿，在县城内。宋初为临水驿，在北关外。明洪武（1368—1398）初改名南诏。

南靖平南驿，在永丰里金山社。

（2）塘递

与驿站相对应配套的，是分布于重要交通线路沿线的铺递；与军事防御体系对应的，则是通达于各处重要驻防、守备节点的沿线塘递。

府城东门起：东门首塘、朝天宫塘、鹤鸣塘、万松关塘、江东塘、石井塘、管桥塘、龙江塘与泉州府同安县交界，俱龙溪地，属漳州城守营辖。

府城西门起：西门首塘、双路口塘、乐仁塘、月岭塘，俱龙溪地，属漳州城守营辖。深渡塘、涌口关塘、汤坑塘、林田关塘至适中与龙岩州交界，俱南靖地，属镇标中营辖。

府城南门起：南门首塘、新桥头塘、樣林塘、和尚桥塘，俱龙溪地，属漳州城守营辖。马坪塘，南靖地，属镇标中营辖。甘棠塘、三古塘、饭盘塘、下径塘、罗山塘、漳浦北门塘、南门塘、梅林塘、打石山塘、石敢当塘，俱漳浦地，属镇标左营辖。盘陀岭塘、古楼塘、官津桥塘、七里铺塘、树洞塘、云霄北门塘、南门塘、官陂头塘、马山塘、猫狮桥塘，俱漳浦地，属云霄营辖。罗公宅塘、双见岭塘、大兴塘、林公塘、半沙塘、凤山塘、桥头塘、诏安东门塘、港头塘至分水关与潮州府饶平县交界，俱诏安地，属诏安营辖。

府城北门起：北门首塘、丰乐塘、乌石塘、石佛塘、银塘塘、沙建塘、热水塘、岭兜塘、横奎塘、大杞塘、涵口塘与龙岩州漳平县交界，俱龙溪地，属漳州城守营辖。

各县沿路分设：

龙溪卢桥头塘、莲浦塘、湾腰树塘，属漳州城守营辖。

漳浦三脚寮塘、大水窟塘，属云霄营辖。

海澄西门塘、祖山塘、南门塘，属镇标右营辖。南坂塘、合浦塘、东厝塘、渐山塘、湖后塘，属漳州城守营辖。

南靖南靖塘、岭仔塘、溪口塘，属镇标中营辖。

长泰竹仔桥塘、渡头塘，属漳州城守营辖。

平和丰埔塘、旧县塘、汤坑塘，属平和营辖。

以上各塘兵目自二名以至八名不等，专司递送公文、盘诘奸宄之事。

2. 关隘

福建境内关隘众多，主要设置在与浙江、江西、广东三省交界处。其中，大关主要位于官马大道，通行量较少的道路及边界线上多数只设置隘口。在漳州地区，沿海人口众多，卫所力量较为强大，因此只在地区边界、省界以及平原进入山区的要道处设立关隘，沿途则以驿铺管理为主。

（1）龙溪万松关

位于今龙文区蓝田镇梧浦村岐山与鹤鸣山之间的堆云岭。岭为京省孔道，渡江必由之所。明万历（1573—1620）初，龙溪人陈克聪在岐山路段“植松夹道，连荫十里”，故称万松岭；岁久凋枯，唯巨石尚存，至万历末，提学沈儆炌题曰“堆云岭”。崇祯二年（1629年），知府施邦曜创筑关城于此，称万松关，额曰“天宝维垣”，旁建堆云庵，又建亭，俾往来行旅暂停憩焉。

岭踞郡城之东北，山川形胜，海洋出没，一览在目。关内石屋，高处有洞，镌曰“后吉山房”，其东为“碧云洞天”。有庆元五年（1199年）初夏三山李文瑞等游题石。另有《施公新筑万松关记》，文曰：

万松关

漳麓环而左，麟蹲凤翔，襟带川原，则施使君城两镇屯御要害处也。其从虹桥孔道而入，一径若谷，遥望扶桑。或造化留此，补助需人哉。曩乡人语余曰：“若缮为关门以资保障，诚便，盍言之当道？”时前守杜公为筑基，未就以去。施使君来守吾郡，拮据于寇警腾沸之日，内戢民心，外循捍卫。两镇城址既定，爰履斯关，谓可以固漳郡，奈何惜此心力，乘坚累峻，加以楼堞，俯临沧波，屹然天险矣。前此警闻频至，召乡民防守有难色。今在金汤以内，安堵其间，逢圣明在御，牧守贤良，桑麻乐业，人且登游其上，望云物而咏天和。然则施使君守郡功绩，其见一斑于此也，山高水深矣！

（2）长泰县隘

朝天岭隘，即朝天岭汛，在钦化里。旧设巡司。

林口隘，在旌孝里，路通安溪。

鸬鹚隘，在石铭里，梁冈岭。

长泰青阳寨

下翁隘，在石铭里，与龙溪交界。

上宁隘，在善化里，东连同安，西接安溪。

白桐隘，在善化里，路出同安苎溪铺。

磨枪隘，在善化里，路通同安、安溪。

（3）南靖县隘

韩婆径隘，在县北永丰里。明弘治（1488—1505）间，漳南道佥事杜启建，甃石为门，置更鼓防守。

水尾寨隘，在县西清宁里。

朝天岭隘，在永丰里龟洋、张窖之间罗山林，与永定交界。深谷峻岭，横亘数十里，山贼刘仁、曾渐、曾惜等据此为穴。康熙四十八年（1709 年），知县陈汝咸调乡勇讨平之。

另有九溪径隘、大坪岭隘、宝珠径隘、南岭门隘、风霜岭隘等。

（4）平和县隘

有位于芦溪地界的赤珠山隘、曹充隘、朱公畲隘、根竹隘、三菜洲隘，由立县之初的王文成设；位于大溪地界的龙过冈隘、仙人洞隘、朱家山隘、柏松岭隘、白土隘，由明崇祯（1628—1644）年间知县王立准设；位于管溪地界的宝珠径隘；位于长口村界的大坝头隘、赤石岩隘、矮仔坑隘、大窠头隘等；以及位于南胜地界的南岭门隘、半地隘等。

（5）诏安分水关

诏安处闽粤交界地，是福建的南大门，志书称其“地极七闽，境连百粤”。闽粤分水关位于诏安县上营村与广东省饶平县仙春村交界处，距

柏松岭隘

风霜岭隘

白土隘

诏安县城约 10 千米路程，历来是漳潮两府的地理分界处。这里群峰列障，其间的分水山有一天然鏊口，形成“东连五福，西接两广”的山隘。明正德十五年（1520 年），漳潮巡检司衙署迁至该地。其时分水关未建，周边尚无人烟，巡检司衙署暂借路边的庵庙落足。

明嘉靖二十七年（1548 年），诏安知县李尚理和龙溪知县林松联手在关隘处建一座“闽粤之交”石牌坊，作为两省的界碑，并在山麓建廨署。天启（1621—1627）初年，诏安知县周立捐资发起兴建关城，乡绅沈鈇捐资帮助完成工程，关城设东、西门和一座炮台，周长 380 余米，高约 5.5 米，城内建官署、营房等。清乾隆五十二年（1787 年），副使吴一鸣、千总赵飞龙等拓建佛厅供奉观音菩萨，塑十八罗汉像，称寺庙为大士庵。

崇祯六年（1633 年）至十三年，郑芝龙率船队在闽粤海上多次与荷兰入侵船队海战，屡获战功，闽粤沿海一些零星海上武装集团也被其收服，

分水关（由南往北）

分水关（由北往南）

海面平静，运输畅通。闽粤两省乡绅士民为褒扬郑芝龙丰功伟绩，于分水关建树“功覃闽粤”石坊。

南明永历三年（清顺治六年，1649 年），郑成功部队自铜山挥师入诏安，驻营于龙峰、磁灶一带；他亲自率师屯分水关，扼闽粤咽喉，十一月初离诏攻克潮州。据传，郑成功曾在距关隘三十余步的大岩石上题刻“威震闽粤”四字。康熙十六年（1677 年），清军自泉州入漳后，清将马三奇、赖塔督兵南下，其部属刘进忠部驻守分水关，遂定设“分防分水关汛”，派千总一员，兵四十二名，兼管琉璃岭、港头、桥头等汛地。

同治四年（1865 年）二月十九日夜，太平天国李世贤部自平和越过二都龙过岗抵良峰山安营，大军驻分水关并发兵围攻县城。三月初六日城陷，太平军据城至五月初一日始退。同治六年，知县杨庆容鸠工增高分水关城，署其城门曰“漳南第一关”。

辛亥革命后，军阀割据，南北称戈，诏安当闽粤要冲，军旅频繁往来于分水关，争夺不断。抗日军兴，潮汕一带地方相继沦陷后，日伪军妄图从陆路犯闽，于 1939 年 11 月 28 日和 1941 年 7 月 4 日，两次以数千名军士配合海空兵力由粤境经分水关进犯诏安，我抗日军民据关阻击，血战几昼夜，终将其击溃。1941 年 9 月 3 日，诏安县县长钟日兴特建胜利亭并树《抗倭纪迹碑》以彰胜绩。

现存“功覃闽粤”石坊，东西朝向，花岗岩石仿木结构，三门五楼八柱式牌楼，面阔 7.5 米，通高 9 米。石坊的明次间各为单檐歇山顶石檐板，正脊咬鸱吻；主立柱和边柱共四支，开出三门，侧柱四支斜支撑边柱，形成“八”字构架；门柱间架月梁形额枋，上嵌两方题字板，下方两面同书“福建广东乡缙绅士民同为大总戎都督郑芝龙立”，上方东面书“声震华夷”，西面书“功覃闽粤”。

胜利亭位于石坊西侧，与大士庵前殿山墙相邻。亭坐南朝北，石仿木结构，面阔一间，进深一间，三面通透，南侧砌隔墙。石亭覆双坡顶檐板，正脊咬鸱吻，1941 年所立的《抗倭纪迹碑》竖于亭内。石碑为花岗岩石质，高 1.81 米，宽 1 米，厚 0.23 米。石亭额枋镌刻“胜利亭”，金柱刻

分水关石牌坊

有“抗日已胜”“建国必成”等。

石坊南侧为清代所建的大士庵。庙宇坐南朝北，主祀观音菩萨，现存一进单檐歇山顶的建筑，面阔三间，进深二间，抬梁式木构架保持清代风格。庙宇前廊山墙保存清代碑刻两方，分别是乾隆五十四年（1789 年）《重建分水关观音亭碑》和《重修分水关大士庵碑》，记载了乾隆五十二年副使吴一鸣、千总赵飞龙等人拓建大士庵的经过。

除分水关外，诏安县的主要隘口还有半沙关、老虎关、窟龙关、阁沙岭隘、牛掌隘、龙过冈隘、竹西岭隘、瑠岭隘等。

河灶径，在县西八十里。峻崖深谷，饶平、平和商旅往来所出，通南坑社、白叶洞、峡仔崎等处。明嘉靖（1522—1566）间，饶贼张琏攻掠漳郡，皆从此出没。后拨南诏所军轮守。

走马溪，在五都海滨，内有东澳，亦呼贼澳，为海口藏风之处，贼船往来俱泊于此。明嘉靖（1522—1566）间，给事中杜汝正、参政曹亨、副使方任等镌“天视海防”四字于石。

葵冈山，在县东四十五里。两山相峙，号相见岭。有古关隘，乃诏安、云霄孔道。天启（1621—1627）间，知府施邦曜设名色把总、乡兵六十名防守，驻大兴公馆。

3. 桥梁

五代以后，福建的桥梁建造进入高峰期。《读史方舆纪要》称福州府“郡境之桥，以十百丈计者不可胜纪”，以至于有“闽中桥梁甲天下”之说。漳州古代桥梁中，最为著名的当数横跨九龙江北溪之上的江东桥。

（1）江东桥

江东桥即虎渡桥，又名通济桥，是一座多孔梁式石桥。桥在漳州市东面16千米处，桥面呈东北—西南走向，跨九龙江北溪（古时称柳营江）下游而建。桥址两岸崇山对峙，江宽流急，自古为福建通往广东、江西的交通要冲，具有重要的战略地位。桥名虎渡，明晋江陈让记云：“漳南桥梁，虎渡第一。昔欲为桥，有虎负子渡江，息于中流，探之有碶如阜，循其脉，沉石截江，隐然鱼梁，乃因垒址而桥焉。……是桥亦漳南第一形胜也。”

江东桥始建于宋绍熙元年（1190年），初为浮桥；嘉定七年（1214年），易以板桥并垒石为址。嘉熙元年（1237年），木桥毁于火；在漳州郡守李韶倡议下，建成梁式石桥。《龙溪县志》记此石桥“广二十尺，长二千尺”，桥孔“十有五道”。石梁桥建成之后，屡有修葺。最盛期当属明嘉靖四十四年（1565年），当时桥面“砌石为栏，东西竖两关，东曰‘三省通衢’，西曰‘八闽重镇’，宏伟壮丽，江上巨观”。抗战时期，江东桥被炸毁。1969年，在老桥上加高架设钢筋混凝土公路桥。公路桥下，如今所见，就只有古桥的5座桥墩和两跨桥面了。江东桥下水深3～7米，每个桥墩四周都围有历次维修中抛石固基而积下的乱石堆，桥底呈现一道高于两侧江底2～3.5米的碎石坝，与传说中“有虎负子渡江……沉石截江，隐然鱼梁”的桥成之因存在一定的关联。

江东桥现址全长281米，14墩15孔（另有一墩新砌）。老墩方形，上、下游垒砌分水尖，尖头上翘，呈船形。船形墩用花岗岩条石错缝横砌，尺寸不一，长10～13米，宽5～7米。江东桥以其桥面巨大的石梁闻名于世。石梁桥因重不易举，桥跨（相邻两墩中心距）多为3～4米，一般不超过10米，更大桥跨时一般需造石拱桥；而江东桥除东第1孔、第2孔、第 15 孔长度分别为 12.95 米、15.44 米、10.01 米外，其余 12 孔长度多在 20 米以上，最长的第 13 孔长达 24.11 米。跨度大，桥面石梁的截面尺寸就要相应增大：现存二孔桥面中，第 15 孔桥面用 6 根石梁（梁宽约 0.7 米、厚约 0.5 米）、第 14 孔用 3 根石梁（梁宽约 1.1 米、厚约 1.28 米）；以桥面用梁 2 或 3 根计算，石梁截面的高、宽须在 1.4 米以上，则每根石梁的重量都将达到 100 ～ 200 吨。如此巨大的石梁，如何开采、如何运输，又如何架设到水流湍急的江中石墩上去呢？而且，依据现代强度理论，这些石梁基本上已达到了自身抗拉强度的 9/10，换句话说，江东桥的巨大石梁跨度已接近极限，如果石梁再长一点，它自身的重量就会把它折断。英国的李约瑟在《中国科学技术史》中称：“建筑这些桥梁的技艺随后已经失传，对于供应石料的采石场以及用什么技巧把它们运到工地并安放在应有位置，都没有保存下来的记录。”

江东桥的人文底蕴十分深厚，历代文人称颂不绝。南宋黄朴的《虎渡桥记》曰：

> 漳之北溪，源发临汀，循两山而东，众流赴之，汇于虎渡，南入于海。渡当溪海之交，飘风时至，篙师难之。旧有飞桥联艘以济，摇荡掀簸，过者凛容。腐黑挠摧，疲于数易。嘉定甲戌，郡侯宗正少卿庄公夏更治之，垒石为址，舆梁其上而亭焉。后二十四年，嘉熙改元，桥圮于毁。今礼部侍郎侍讲李公韶，以集英修撰来守是邦，闻之蹙然曰：“是南北往来一都会，其议所以经理之。”有建议者曰：“梁用木而屋之，非计也。今易以石毋屋焉，则善矣。”时郡无盖藏，议几寝。公乃辍私帑，又蠲南山招提非时科敛，俾出万缗以相斯役，闻者胥劝。郡人陈君正义，佛者廷浚与其徒净音、德垕、师照、法笲，奉命惟谨，南走交、广，北适兴、泉，露宿风餐，求诸施者。会乡大夫颜公颐仲持节八桂，庄公嗣子梦说贰郡五羊，捐资佐之。更造如前，计其长三千尺，址高百尺，酾水一十五道。梁之跨于址者五十有八，长八十尺，广博皆六尺有奇。东西结亭，以憩往来者。靡钱楮二十万缗，经始于戊戌二月，其告成则辛丑三月也。

江东桥

清代蔡世远的《新修虎渡桥记》，记录了虎渡桥的一次修缮过程及其周边名胜。

距城东四十里至江东，有桥曰虎渡，是闽广之通衢，而漳南之第一形胜也。狂涛渺汉，激湍射石。或曰桥在寅方，故名虎渡；或曰始为桥时，垒石不就，有虎负子渡江，屡息中流，因其迹置址焉，桥遂成。始造者谁？宋嘉定郡守庄公夏也。易木以石者谁？嘉熙元年郡守李公韶也。桥长三千尺，址高百尺，酾水一十五道。石广厚皆六尺有奇。入明以来，或圮或修，工省力轻。……靖海侯施公琅尝修之，工未成而废。岁戊子，陆路提督蓝公理不惜重资，以兴斯役，越二年而未就。郡守柏乡魏公慨然曰："是吾责也。"命经历王君丕谟、驿丞李君世义董其事。始于康熙壬辰七月，以癸巳四月讫工。五月八日大水，桥第五道又折。公捐修经理如初，先后用金钱八百八十四缗。……夫江东固吾漳之形胜也。天柱在其北，鹤鸣、岐山峙其西。

南望云岩，徽国文公之解经处也。邺山在其东，石斋黄先生之所讲学也。苍然数椽，隐隐江干，北溪先生之故宅也。古碣荒碑，横竖道左，布衣先生之里门也。

（2）三十五桥

起于漳州城南、直达漳浦的宋代三十五桥，多数已毁无存，相关记录主要见于文献之中。如黄櫄的《三十五桥记》：

皇宋庆元四年夏六月丁卯，漳州由南谯门达于漳浦，造桥三十有五所。越明年春正月甲寅，咸告厥功。嘻！此百世之伟绩也。漳浦距城百二十里而远，崖谷倾亚高下之势岈然，洼然斜川断港，湍注奔溢，春霖秋潦，交流之势益悍，往来憧憧睨视咨嗟。畴克拯之太府寺丞傅公来莅州事，内外修明，百废俱举。期年政洽，田里欢康，益思所以利人于远，乃命龙溪宰李君鼎经度桥事。或曰：“役众费广，未易猝辨，请丛贯巨木以济。”公曰：“非所以为后图，必伐石为之乃可。”择僧徒之可任者分督焉。不用官府文书科役百姓，工畴其直，民劝而趋，不竞不哗，谭笑而集。出州行五十五里，即漳浦界。为桥四：曰亭兜，曰桃李径，曰谢仓，曰岑兜。惟马口旧有大桥缺圮，而重修之。自两邑界至于三古坑为桥九：曰赤岭上下二桥，曰冷水坑……曰李林，惟三古坑其桥四，此地灌莽聚石，涧水旁出，故桥特多。自三古坑至于邑，为桥十有三：曰乌石径，曰草屦岭，曰吴径，曰茭蓼潭，其壮大尤为诸桥之冠，曰新坑，曰橡林，曰黄林，曰虎深坑……其间又有小桥九，不著名，悉皆坚好，共长九百五十尺有奇，广狭不齐，随地之宜。桥既立矣，复砌石治道，夷其险阻，凡一千二百余丈，靡金钱五百万。公节用爱人，不事游观，每与官僚语及财赋，恻然曰：“生民膏血也。”独至于捐利与民，及为民兴利，了无靳色，曰：“州郡他无妄费，则惠可及百姓矣。”行道之人去危履坦，踊跃歌舞，愿纪其实以谂来者。

（3）广南桥

记述诏安广南桥的文章，主要有明代漳浦人林偕春于万历九年（1581

年）四月所写的《诏安县广南桥记》，称：

桥梁之政，自古重之，故其财必取诸民，而其权则归于上。……今夫桥梁道路之修，乃有土者之责，彼其人之责不自任以为功，而吾乃贪之以为己力，可乎？是徒以丘民之微而窃夫公上之权者也，而胡可以福利冀？上之于民，既以取之为惮，而募民之举，则指十敛百，指百敛千，纷纷求请，甚于头会。盖用之者十二三，而渔猎之者十六七矣。且其所敛者，岂尽皆其人之欲，与夫远方外邑商贾宾旅之所出哉，类吾宇下之民迫于义而动者也。乃使此辈得以为名，是委其权于下而竟亦用民之力者也，奚便之有？呜呼！王政不行，而世之为民上者，其失所重久矣！予尝以说藏之于心，而是岁履端之首，适有诏安大尹邓公白屏者，以桥记来请。予询其故，则曰："邑地东有洋尾溪，为闽广往来络绎之津，旧募舟以渡，故雨水时溢，或风涛迅激，不利涉。迩以海警，日夜过师，颇梁之以木，而频年修葺劳费，且无已时。蕃入境，亟欲石梁之以图坚久，会岁且荒歉未遑。幸今年和民悦，诸务稍暇，乃召匠计直，鸠众授役。以去岁十月十二日凿石兴工，计今岁春夏间可告成事矣。资皆取之吾民有力好义者、乐助之者也。"盖于是时，已擢二守三山以去，而诸工料调度，则俱授有成算云。夫诏于邑不为繁沃，而其民亦皆纤啬为生，非有陶朱积居之富，卜式奉公之诚者也。公为之逾年，能举数十年未兴之役，期成之以数月，至使泻卤纤俭之民，咸乐输其财力以为之用。虽其去，役不少辍，此果何政之修哉！盖公尝为令宁洋，以拊循爱养著名，诏之民已知有公矣！比加秩进俸来诏，一下车，即询疾苦，矜寡弱，轻徭役，省里甲，平讼狱，修废坠。洁己正身，未尝分毫有所过取于民。民之信公，深于慈父，以故公令一下，而遂翕然从之，惟惧其成之不亟也。夫不忌乎染指之嫌，不假于征募之扰，而竟能以民之财之力成民之事，使便及于众而其权则归于上，公知为政哉！予嘉公知所重，而又恐其无以谕诸后，乃从公请，而为之记。桥之长六百三十丈，广九尺。为趾九十有八，酾水为九十九道。以是岁五月望日竣工，距其

始造日凡七阅月。靡白金以两计，凡千百有六十。题其名曰“广南”，图谶也。

二、结寨筑堡

与地处交通要道及集镇中心的府县城池、巡检、关塘相比，军寨主要选择易守难攻之处设立。漳州位于山海之间，又有相对开阔的河口平原，不同的地形需要丰富多样的防守方式。在官方修筑城、堡的同时，严峻的安全形势使得民间的官绅等自寻出路，修筑具有自卫功能的建筑。在防御力量相对薄弱的乡村，居家生活的乡绅、百姓们发展、建造了别具一格的城堡、寨堡、土楼等。其中，山寨和土楼主要分布在戴云山区，城堡主要分布在相对开阔的平原地带，沿海则以小型的土堡为主。这些建筑外部都修筑了坚固且高而厚的土墙，个别底部围砌以条石，形成具有极强防御功能的大型族居建筑。

1. 城堡

城堡的形式接近于小型化的城池，是民间为保障自身安全所建，数量较多，但规模差别相当大。大的城堡多属官民合建，能同时起到塘汛的作用；小的堡与土楼相当，有的仅一姓一户而已。除此之外，还有一类堡的规模与山寨类似，建在村外的山上，建造的目的主要是在战乱之时防御土匪、兵寇以及地方之间的械斗等。筑堡自卫的传统在闽南各乡村持久沿袭，城堡的规模大小不一，虽然现在多数已经残败，但原有的防御功能及工事等仍然清晰可见。

（1）漳浦赵家堡

又称赵家城，建造于湖西盆地东部的硕高山北麓，南对海拔 565 米的灶山，北临湖西主要溪流官塘溪，分内外城。明万历二十八年（1600 年），由宋闽冲郡王赵若和十世孙赵范建造，由四面围合的三层方形土楼即完璧楼和环楼城墙及其他附属建筑组成。万历四十七年，赵范之子赵义扩建外城，内容包括外城城垣、居住建筑群主体、宗教寺院、河池水塘及园林景

龙文桥头堡远景与近景

观和山林等。全城平面略呈方形，依山势北低南高，南北落差达30米。城墙石构，宽约2.6米，高4～6米。设四城门，以及马面和敌楼六处。四城门上均建有城楼：东门“东方巨障”；西门“丹鼎钟祥”；北门“硕高居胜”为正门，作小瓮城，瓮城中有筑堡碑记二通；南门自建成后即封死，以示不再南退之意。崇祯七年（1634年），增建南三堂等建筑，后又增建辑卿小院、北三堂等建筑。至此赵家堡的总体格局基本形成，并保持至今。

瓮城门内侧建有武庙，由门厅、正殿、后殿组成，梁架木结构，硬山顶，面阔三间，正殿进深三间。武庙前立石坊，四柱三楼式，石仿木结构，横枋上分别刻“父子大夫”“乡贤名宦”。

城东南侧为内城，略呈长方形，周长220米，高4～5米，开三个堡门，内建方形四合三层内通廊式土楼，称“完璧楼”，取完璧归赵之意。完璧楼前为二层小楼，称“满堂春”，为堡主的居处。

赵家堡远景

城中部建四座同式五进府第，第一进为独立的平房，兼为照墙，后依次为门厅、正堂、后堂、后楼。其中正座正堂为赵氏族人奉祀赵家堡建造者赵范以下历代祖先的祠堂。后楼两层，夯土墙体，梁架木结构，硬山顶，青石柱础，木柱承重。府第之间建有厢房。

城东北侧为六堂屋，自东南至西北依次为志堂、忠堂、惠堂、史堂、孝堂、守堂，均由门厅、正堂、后堂组成，面阔五间。堂屋之间为园林式院落，布置湖石树木，为赵家堡主人的读书处，称“辑卿小院”。其中志堂为赵氏族人奉祀赵匡胤、赵光义、赵光美的祠堂。

府第正前面为荷花池，以石构长堤分隔为内外池，内池中建汴派桥，由一平板桥和一拱桥组成，桥西岸为水榭垂纶楼。荷花池西侧为小山坡，坡上多天然花岗岩石，辟为园林，称“松竹村”，建有佛庙及七级方形实心石塔“聚佛宝塔”。

赵家堡的建造者为赵宋皇族后裔，整座建筑处处流露出对先祖帝业的思慕之情，布局立意处处仍沿汴京之旧。

城中散存有历代碑刻十五处，如明万历四十一年（1613 年）《硕高筑堡记》碑、万历四十七年《续筑堡记》碑、崇祯七年（1634 年）“忠堂”匾、崇祯十五年《漳浦县十五都官岭保障记》碑等。

（2）漳浦诒安堡

又称湖西城，在县东 20 千米处。康熙（1662—1722）年间布政使黄性震建。

黄性震，字元起，号静庵，曾献平台十策，对收复台湾起了重要的作用。工程自康熙二十六年（1687 年）三月开始，康熙二十七年十月竣工。建成后，聚族而居。康熙二十九年建造小宗祠堂、广平王庙、两轩、民居，康熙三十二年建造大宗祠堂等。

诒安堡平面呈锁形，高6.7米，厚2.2米，周长1200米，有365个垛口、30 条登城石阶，设 4 座城门、2 座角楼，城墙上可走马，城外开凿护城河，城中沿中轴线建大宗祠堂、府第、土楼等。中轴线两侧建官厅、东西轩、

诒安堡

小宗祠堂、受气堂、燕诒堂、勉求轩，东侧建小学、大学、民居群，又有武庙、广平王庙、祖师公庙、土地庙等。全堡规划严密，街巷整齐，布局合理，主次分明，左右对称，排列有序，疏密相间，整体规模宏大，气势恢宏，既作为官宦府第，又满足城堡中族人在礼仪、生活、防卫诸方面的需求。堡中碑记资料丰富，至今保存基本完好。

（3）漳浦蓝廷珍府第

位于漳浦县湖西乡顶坛村，是清福建水师提督蓝廷珍（1663—1729）于康熙末年修建、雍正五年（1727 年）落成的府第式城堡，也是蓝廷珍之孙、江南水师提督蓝元枚（1736—1787）的故居。蓝廷珍、蓝元枚先后奉旨提兵入台，为平定、治理台湾作出了重要贡献。

蓝廷珍府第坐西朝东，通面宽 50 米，纵深 86 米，占地约 6.5 亩。建筑群纵向五落、左右对称，沿中轴线依次为门厅、正堂、后堂、主楼与后厢，左右两侧设护厝。门厅、正堂、后堂围绕两个天井形成两个串联的四合院，以对称的布局、变化的空间和明确的层次，表现了提督府的威严和气势。左右护厝外石基土墙，内以过水廊与正堂、后堂相连，首尾与门厅、后厢房相接而围成一个大院落，形成大合院内套两个小合院的平面格局。后半部两层土墙木构之主楼高耸，形成独具特色的“院城”。府第前由 360 块条石砌成宽阔的广场。条石纵横交错，气派恢宏，据说内藏远游的族人互认宗亲的暗号。府第四周建筑犹如城墙环绕，故有院城之称。又因与赵家堡、诒安堡相邻，俗称“新城”。

第一落为七开间凹寿式门厅，屋顶曲面升起为重脊硬山式。大门两侧立一对青石抱鼓，高 1.5 米，鼓面有麒麟、荷花、水草等精美浮雕。大门门柱镌刻楹联“复鹿耳于崇朝，韬略奚似管乐；定东都以七日，戎机可比孙吴”，乃赞颂蓝廷珍平定、治理台湾的历史功绩。门廊卷棚，门内不设

蓝廷珍府第

屏风，可以直望天井及正堂。

第二落正堂为重脊硬山顶，后有屏风，前有卷棚式檐廊。天井两侧为有屋顶的半开敞的连廊，平面空间呈“十”字形。地坪自天井、侧廊、门厅、正堂渐次提高。堂前檐廊带有“翻轩”，围绕天井形成半封闭半开敞的空间，适合举行庆典仪式。正堂两侧的卧房面对窄长的小院，院中用漏窗花墙隔成一大一小两部分，既隔绝了前后房间的对视，保证了私密性，又创造了有层次的庭院空间。

第三落后堂，是供奉神佛、祭祀祖宗神位的场所。后堂与天井连通，两侧敞廊和正堂的后廊连成一体，形成全宅最大的室内空间，体现作为全宅中心的统帅地位。

第四落主楼，是木构土墙两层楼，乃主人的卧房。主楼面宽 23 米、进深 10 米，平面九间，中间为厅，厅后为梯间。20 世纪 40 年代木结构焚于火，楼墙仍完整竖立。楼墙底层系方整条石砌筑，二层系三合土墙。整座土楼只有一个大门，窗户很小，条石窗框，条石竖棂，显然是出于防卫需要。楼门上有“日接楼”石匾，乃蓝廷珍亲笔题写，楼名取自《易经》中的“昼日三接”，寓意蓝廷珍有子日宠、日章、日宁，蓝氏家族后继有人。在府第建筑之中围建土楼，这在闽南民居实属罕见，正是蓝廷珍府第独特之处。

第五落是后厢房，当中一间为敞厅，两端设后门，是族人卧房。左右护厝是附属用房，庭院宽敞，天井窄长，内置三口水井，形成风格各异的内院空间。

整座建筑以砖墙、土墙承重的歇山桷搁檩与木穿斗构架相结合。门厅、正堂、后堂为木穿斗构架，梁柱粗壮。梭柱直径达 40 厘米，上下两端略有收分，显得饱满、刚劲。整个府第的建筑装饰朴实无华，屋面装饰只集中在精美的燕尾式屋脊。石柱础为八角莲花座，雕刻花卉鱼虫飞鸟，极为精致。主建筑台基勒脚为大面积花岗石，外墙面红砖、灰砖与白粉墙交相辉映，构成独特的装饰效果。

（4）云霄莆美堡

又称埔尾堡，始建于明弘治十八年（1505 年），系莆美张氏族人联合胡、吕、游、杨四姓为防备山寇倭患而兴建。城堡在正德二年（1507 年）防御山寇流劫、嘉靖三十七年（1558 年）抵御倭寇侵扰中彰显强劲的防御实力，从而以“两歼巨寇”驰名远近，“自是贼不敢犯，远近咸倚为重”。清顺治六至七年（1649—1650），郑成功两度攻陷云霄，清守将张国柱、包

云霄莆美堡

泰兴先后战死，云霄镇帅随即移驻莆美土城。同治三年（1864年），此堡又在联乡抗拒太平军南方余部中取得胜利，成为民众倚重、抗御强敌的防御性城堡。林偕春在《莆美张氏先祖筑土城碑记》《邑志兵防论》中多次言及莆美堡，称颂其巨大作用。后者曰：

> 坚守不拔之计，在筑土堡，在练乡兵，何以效其然也？方倭奴初至时，挟浙直之余威，恣焚戮之荼毒。于时村落楼寨，望风委弃。而莆尾独以蕞尔之土堡，抗方张之丑虏。贼虽屯聚近郊，迭攻累日，竟不能下而去。当是之时，一兵莫援，一镞莫遗，冲橹逾垣而推陨如破，获蒿近竭而渠首受伤，虽有天幸，亦缘地胜。自是而后，民乃知城堡之足恃。凡数十家，聚为一堡，寨垒相望，雉堞相连。每一警报，辄鼓铎喧闻，刁斗不绝。贼虽拥数万众，屡过其地，竟不敢仰一堡而攻，则土堡足恃之明验也。

明末大思想家顾炎武在《天下郡国利病书》中，也把莆美堡作为城防的代表，记曰："埔尾土堡，在六都，去云霄九里。始累土，后稍缘以山石……嘉靖三十六年（1557年），倭寇突至，所在残毁，独是堡坚守。旬余，倭不能克，竟为所摧。自是寇不敢犯境，寇退乃更拓基砌以砖石。"

莆美堡依山势而建，平面呈不规则椭圆形，周长约1.5千米，占地面积达20余公顷。城墙以乱石为基，上部三合土筑墙，墙高逾4米，广布枪眼，有宽达2米的走马道。城辟东西南北4门及小水门4个，四通八达。沿城有水道绕护，濠宽15米以上，蓄水自西面引入山泉汇集而成。平时以积土分隔为11口池塘，积土处用作通道；战时清除积土，连塘为护城之濠。城中以鹅卵石铺道，民宅布局井然有序。城内世居张姓一族，村民常年习武，住户逾600，人口数千。

堡大门分别立于四向，东曰"朝阳"，西曰"迎龙"，南曰"迎薰"，北曰"拱辰"。城门一层设门洞，门宽1.2～1.4米，高2.2米左右，拱券门做法，用花岗岩条石密缝垒砌；二层为岗楼，在楼旁设踏步而上，均为双坡顶瓦面，以山墙直接承檩。4个城门内均建有福德正神庙，其中西门还建有城隍庙；4个小门的背后都布设排水沟，城中污水集中往此排放。

四门之中，以西门“迎龙门”的地理位置最为重要，其西面群峰拱秀，面朝云诏官道的要冲。现存“迎龙门”规模较大，两侧较好地保留了各 25 米长的一段城墙和用作瞭望守备之用的炮楼遗址，南侧城墙尚存一通同治八年（1869 年）的《重修莆美堡碑记》。

城堡几经战火，屡次修筑固防，最近一次大规模修缮是在同治八年（1869 年）后，至今仍完好地保留着重要的城防设施即 4 个大门和 4 个小水门，西北侧也较好地遗存一段长约 100 米的城墙。

（5）云霄菜埔堡

南宋末年，开漳将领张伯纪的第十九世裔孙张论带着妻儿辗转来到西林定居，成为云霄西林张氏开基始祖。

菜埔张氏为西林长房支系。菜埔堡位于云霄县火田镇菜埔村，这里距菜埔张氏族人的发祥地西林仅 1000 米。城堡周边地势平坦，漳江自北侧百米之处流经，并在东侧向南直拐而下，形成一个地理位置绝佳的三角洲。

城堡始建于明崇祯（1628—1644）末年，系由告老还乡的菜埔名宦张士良一手谋划、聚合族之力而建的大型城堡。张士良进士及第后，崇祯三年（1630 年）调任宁波知府。当时倭寇侵扰中国东南沿海，张士良筹饷练兵，备御倭寇，很快便安定了全境。他还整饬吏治，明断悬案，卓政惠民。不久因群雄揭竿而起，时局动荡不安，他辞官回乡隐居。

自明弘治、正德以来，漳南一带常有山寇海盗出没。特别是明中后期，沿海倭寇多次到云霄镇城抢劫，百姓苦不堪言。张士良返乡后，积极出面筹资，集合族之力，在漳江之畔建起深濠高墙的菜埔城堡。自此菜埔安定，民生有障，不再因寇患流离失所。数百年来，菜埔堡成功抵御过倭寇、太平军、陈炯明粤军、日军、伪军等。

同时，张士良不遗余力地投身家乡各种公益事业。顺治九年（1652年），平和重建城垣（县址原在九峰），张士良欣然题写《重筑城垣功德碑记》；顺治十年，闽浙总督李率泰征调九县民夫修建云霄镇城，主董筑城者也有张士良、陈天定等名宦耆宿。康熙三年（1664 年），张士良辞世，终年 87 岁，安葬在平和安厚后坪山。因其毕生清誉，死后入祀乡贤祠，菜埔族人尊其为“张老爹”“老爹公”“菜埔老爹”，并塑像建坛，供奉于狮子岩、天堂岩及菜埔堡内的故宅内。

菜埔堡平面近似椭圆，城周长约 600 米，总占地达 25670 平方米。堡墙均用坚固的三合土夯筑而成，外墙厚 60 厘米，内墙厚 48 厘米，外墙高度在 4 ～ 10 米。外墙内侧辟有约 2 米宽的走马道，保留着城垛的做法，且墙身广布枪眼和瞭望窗。

环堡设有东西南北 4 门，各门边角突出，筑有两层角楼，兼备马面、

云霄菜埔堡

谯楼的功用。各门后面设有土地庙，北门设城隍庙，东门还附设有瓮城。北门是最重要的出入口，门框条石平顶，门楣镌刻篆书“拱极门”，门前有大片旷埕，视野开阔。距门外1.3米处保留天启五年（1625年）的“贞德垂芳”石坊。系为彰扬张士良的祖母朱氏20岁守节奉姑抚子的德行而建。坊表为石仿木结构，面阔三间用四柱，明次间覆上下檐3个门楼。4根抹角方形石柱承托石阙顶，脊首雕圆卷状，架以两道平梁。正楼中立“圣旨”竖匾一方，左右嵌浮雕太监立像两方。上枋梁横镌行楷大字“贞德垂芳”，下枋梁镌宋楷“旌故处士张珍伟妻朱氏节孝之门”。两侧次楼小平梁上各镶人物故事图案浮雕一方，柱端各饰石雕卷草、鱼龙雀替。立柱镌有探花陈子壮赠联“鲤膳怡姑湘竹霜深斑有泪，熊丸课子阶兰日暖玉生花”。正楼两梁间，夹镶青石匾额3桢，上镌表彰奏本原文3则。

堡内楼宅相望，住户数百人丁逾千，但布局井然有序，规划十分合理。北门与东门连接堡内最主要的一条横向街道，呈西北至东南走向，长145米，最宽处达12米；堡内整齐地布置着各条街巷，经纬纵横，错落有致，其中南北向的纵向街巷5条，东西向的横向街巷4条，又设通道贯通4个城门。堡内的水管沟渠依街巷而设，通达相连，最后集中到东门一带向外排污。

堡外则引漳江之水环绕护城，濠宽达10米，深数米，平常仅能从各堡门所设的吊桥进出，可谓深濠高墙，牢不可摧。

（6）平和大溪堡

大溪堡即大溪汛，叶姓所筑，又称庄上大楼。平面前方后圆，南北楼墙外皮相距220米，北墙长190米，南墙长123米，周长700米，占地面积34650平方米（不含墙外0.5～1.5米的台明），建筑总面积9000多平方米。夯土楼墙环山修筑，高8.1米，墙根厚1～1.2米，墙顶厚0.4～0.6米，略有收分。楼墙外皮高3米以下部分用卵石堆砌。台明高约1米，亦用卵石垒砌。

楼内地势西北高、东南低，落差约10米。楼内建筑依地势而建，错落有致。住房建筑分内外2环，均为穿斗式木构梁架。外环3层，高9米，

平和大溪堡

共有 142 个单元，单门独院，第三层有通廊贯通全楼。梁架由夯土楼墙承托，出檐 1.2 ～ 1.5 米。

楼内除住房外，尚有东、西、南、北 4 处大门及小东门。楼内还有祠堂、书斋、宫观等公共建筑物，并凿有水井 4 口。所有道路、水沟及山坡空地均铺垫卵石。

正对小东门建有叶氏四房总祠“永思堂”，坐西向东，由门厅、天井、左右厢廊及大厅组成，通进深 25.6 米。台明、踏步和天井均用石板铺砌。两厅硬山顶，面阔三间 18 米，红方砖墁地。明间均抬梁式木构架，雕梁画栋，次间枋檩则由山墙承托。

南门右边楼墙外附建一座圆角小方楼“岳钟楼”，背靠大楼南墙，楼内三面建有住房，正中建有一座面阔三间硬山顶的关圣庙。

楼内大宗祠“永思堂”木构架用材硕大，斗栱、瓜柱和木石梭形立柱等具有明显的明末清初风格。额枋上立有平和县知县林翃为叶之荆所立“允光硕德”匾和叶之荆之子、康熙三十二年（1693 年）中式举人、诰授“武德将军”叶士伟立的“名标大廷”等牌匾。

（7）其他

据文献所记，漳州各地明清时期的主要城堡还有：

龙溪境内的福河土堡、长桥土城等。

漳浦境内的青山司城，洪武初建于陆鳌，后迁于莆头，嘉靖（1522—1566）间又迁月屿堡；溪南城，在县南五里；狮头土堡，在七都；荔枝围城，迁界时建；洋下堡，在六都，方姓所筑；横口土堡，在二十八都，处浦澄之交。

云霄境内的西林堡，在六都，旧有石城，世传为泉州同知陈世民筑，也有称“元将陈君用筑”，清顺治（1644—1661）初云霄镇镇帅移驻莆尾，后移西林，至顺治十七年（1660 年）更城云霄驻焉；前涂土堡，在六都，始以土筑，嘉靖三十七年（1558 年）倭乱，更砌以石，为灰垛其上，与莆尾堡相为犄角。

平和县内的侯山堡，明同知李文察筑；溪浒堡，在浦和靖三县之交，与侯山相望，垒土为城，缘溪为池，寇自不敢犯；龙峰头堡，在大峰山之南；横坑山堡，在广东大埔之交，绵亘数十里。

海澄县（今龙海区）内的排浦城，即厚境汛，距县北十里许，康熙九年（1670 年）民筑；溪尾铳城，在港口，捍水之下流，与溪尾城俱明崇祯（1628—1644）间余应桂建；渐山土堡，在渐山，浦澄之交。此外还有草坂堡、钱屿铳城、木屿铳城、南溪墘堡等。

南靖县内有溪浒堡、林田堡等。

诏安县内的象鼻土堡，距县治五里，为水口咽喉；川陵土堡，在五都，明知府罗青霄建。

2. 寨堡

宋代以前的山寨多属官方性质，称作军寨。军寨制度在宋代之后并未延续，但结寨自保的形式却在民间发扬光大。寨也由最初屯驻正规部队的军寨，逐渐转为民间聚众自保的大型防御性围合式建筑。

（1）龙溪

果堂寨，近江东桥。天启（1621—1627）间，乡人陈天峰等所筑。海寇曾堂据此扼险。

广屿寨，在二十九都。

横古寨，在榴山顶二十八都。

（2）漳浦

娘子寨，在县南二十里。

大帽山寨，在二十八都。正德（1506—1521）间，县丞纪镛战死于此。

树洞寨，近树洞塘。

（3）海澄

许林头寨，在三都。

马鞍寨，在渐原七都。

（4）南靖

罗山林寨，在永丰里龟洋、张窖之间，与永定交界。深谷峻岭，横亘数十里，刘仁、曾渐、曾惜等据此为穴。康熙四十八年（1709 年），知县陈汝咸调乡勇讨平之。

（5）长泰

泰安寨，在县后新寨山。宋时设，今废。

石冈寨，在方成里。宋蔡君泽尝凭此避贼。

天成寨，在钦化里双髻山。元蔡淳尝凭此破贼。明布政使杨莹钟建。今废。

山后寨，在人和里石壁施。一面临大溪。

待诏寨，在彰信里待诏山上，极宽广而险。

长泰林墩寨

董湖寨，在石铭里，高数十丈，一名铜湖。

亭山寨，在旌孝里，连亘三岐。

东陈寨，与亭山隔溪对峙，极险。

径上寨，在善化里。

林墩寨，在善化里。嘉靖（1522—1566）间，筑以避倭。顺治三年（1646 年），生员林承芳易以石。顺治五年，山寇起，各寨俱被蹂躏，唯此寨杀敌无数。康熙十六年（1677 年），敌众千余乘夜突攻，寨中发炮，击伤甚多，人多避难于此。

（6）诏安

乌山寨，距县北三十里。一路通平和，由笼石进；一路通云霄，由水晶坪进；一路通四都，由马洋长田径进；一路通三都，由溪东龙充进，皆从山深谷。明天启（1621—1627）间，麦有章、沈金目等据此为巢穴。

十八洞寨，即橼仔林山，在县北五十里。从乌山入，崖石森列，有石屋数十处，各可容百余人。明嘉靖（1522—1566）间，山寇出没，进士蔡一楠被掳在此。天启（1621—1627）间，乌山贼起，营于此，以为别窟。

六洞寨，在县西北六十里，连接金溪诸山。旧有银矿，奸民生事呈采。明正德（1506—1521）初，浦令胥文相奏罢之。万历（1573—1620）间复开采，几致生变，乃更封闭，以南诏所千户一员守之。

3. 土楼

土楼主要分布在福建南部的永定、南靖、华安、平和、诏安及相邻的广东大埔、饶平等地，是一种以夯土墙承重并围护、体量巨大的群居性楼房住宅建筑，其平面形式有方形、圆形、多边形、半月形及多环相套等多种形式。据不完全统计，福建境内两层以上、聚族而居、具有防御性质的生土民居建筑有数千座。

福建土楼历经近千年，在形成和发展过程中，十分注重与当地的自然环境相结合，同时随着中原居民南迁入闽，又充分吸收了中原的传统文化，形成了独具特色的围合型生土建筑。建筑单体规模宏大，占地面积多在1000平方米以上，最大的占地近20000平方米；层高以3～5层为多，直径多在30～80米间；形式主要有圆形（含椭圆形）楼、方形楼、五凤楼（府第式）、宫殿式等。在群落布局上，依山就势，沿溪落成，与大自然浑然一体，又呈现出姿态各异的组合景观：有的气势磅礴，蔚为壮观；有的错落有致，恰似天成。

福建土楼在选址上，充分考虑了地质、水文和气候等自然条件；在材料选用上，强调就地取材，以当地丰富的土、木为主要用材；在结构上，以生土夯筑的外墙与内部的木构架相结合，讲究建筑的牢固性和居住的舒适性；在布局上，外高内低，注重建筑的美观和实用性。

怀远楼

（1）南靖怀远楼

怀远楼为双环圆土楼，建于清宣统元年（1909年），坐北朝南，占地面积1130平方米，建筑面积4520平方米，直径42米，高4层13.5米，每层34间，共136间，房间面宽3.1米，进深3.5米。楼内4部楼梯均匀分布。楼基用巨型鹅卵石和三合土垒筑3米多高，墙面至今光滑无剥落。其夯土配方独特，夯筑技艺高超，可作为古代夯土版筑技术的标准实物。楼外墙顶层4个方向建有4个瞭望台，楼门顶部设有3个防火灌水道。怀远楼最引人注目之处，是内院核心位置的祖堂与家族子弟读书的私塾“斯是室”，为极其精巧秀气的“四架三间”上下堂建筑，占地190平方米。“斯是室”内雕梁画栋，古色古香，正堂两边屋架斗拱上装饰精美的吉祥物孔雀、狮子、蝙蝠和木刻书卷等。堂上悬挂“斯是室”横匾，两边的柱子上题对联：“斯堂讵为游观只计敦书开耳目，是室何嫌隘陋惟思尚德课儿孙。”

（2）南靖和贵楼

和贵楼位于南靖县梅林乡璞山村，因起基于璞山打石洋中心崎山脚，又称山脚楼。楼坐西朝东，方形五层，生土夯筑。据族谱记载，土楼开基祖简次屏公，生于康熙五十一年（1712年），乾隆二年（1737年）县学第一名生员，卒于乾隆六十年。以此推断，和贵楼的始建年代应在乾隆初年。

和贵楼是当地极具代表性的土楼建筑，具备大型土楼规模宏大、聚族群居、防御功能突出等所有共同特点。土楼倚山面水，船场溪由南向北流经，在楼前形成“冠带水”“眠弓水”的“大吉”地形；在溪对岸不远处兀立的山顶人工堆塑出笔尖形象。楼前围有单层的护厝，楼内中轴线尽端建有前凸式的私塾，形成“厝包楼（喻‘子孙贤’），楼包厝（喻‘子孙富’）”的当地特有布局。

和贵楼外周铺有卵石填砌的台明、水沟，总面宽 42.48 米；从前往后依次为开阔的庭埕、单层护厝、五层的土楼及楼后的水沟、护坡等，总进深 66.64 米，占地面积约 2822 平方米。土楼平面呈长方形，设一个大门出入，面宽 35.67 米，含角间、门厅共 9 间；进深 28.85 米，前后角间、楼梯间，中分 4 间。楼内每层 24 间房，四角 4 部楼梯，中轴对称布置，围成一个内院大天井。内院宽 23.08 米，进深 15.15 米。在中轴线的尽端设祖堂，在祖堂之前的内院中建两廊和门厅，与后面的祖堂组成小四合院，平时当

和贵楼

作学堂使用。学堂两侧墙外，各凿一口水井，其中一口井水质清澈可供饮用，另一口井水质浑浊可供洗涮，故有“阴阳井”之称。

土楼总高 17.46 米，底层高 3.46 米，除东、西二面正中分别用作门厅、祖堂，及 4 个角间（与楼梯下的空间相通相连，故面积稍大）作为储藏间外，都是厨房。厨房内砌筑灶台，灶台边的墙上挖有灶神龛、壁橱等。内通廊式，即在 2 ～ 5 层朝向内院一侧，都有宽逾 1.3 米的走马廊。

楼前护厝单层，均为二坡顶；主楼 5 层，前、后二面采用歇山屋顶，中间用二坡顶过渡。主楼的西面屋面高出于前面约 0.87 米，侧立面呈层层递高的形式。主楼瓦屋顶坡度平缓，出檐达 3 米以上，使整座主楼显得格外雄伟壮观。

（3）华安二宜楼

二宜楼由蒋仕熊始建于清乾隆五年（1740 年），直至乾隆三十五年落成。自落成后即为蒋氏家族聚居之所，鼎盛之时曾住居民 500 余人，现仍有住户 39 户共 100 余人。清中后期，蒋氏后裔人丁兴旺，二宜楼已不能满足居住需要，于是又在二宜楼东南侧建造了南阳楼、东阳楼。其中南阳楼平面空间布局与二宜楼相仿，始建于嘉庆二十二年（1817 年），系蒋仕熊之孙蒋经邦建造；东阳楼为方形土楼，系蒋仕熊之孙蒋宗杞于同年所建。这 3 座土楼组成大地土楼群，互为辉映，相得益彰。

二宜楼为生土夯筑的土楼，属民居建筑，平面呈圆形，直径 71.6 米，占地面积 4026 平方米，高 5.22 米。楼中大院直径 12.4 米，面积 120 平方米。楼为单元式与通廊式相结合的空间布局。全楼共分 16 个单元，分别为宗祠、西大门、北侧门、南侧门 4 个公共单元和 12 个住宅单元。住宅单元的外环主楼为卧室、储室；内环平房为炊室、餐厅；设左右廊屋过小天井连接内外环。单元内各备梯道上下，自成体系。外环二、三、四层有阳台，四层、外环夯土墙外 1.2 米做环形隐通廊，可与各单元四层厅堂连通。

二宜楼为防卫需要，设置有传声洞、漏水泄沙装置等防御措施。大院有两眼水井，各单元小天井均设排水孔将污水集中到大院，再由北门地下水沟排出；牛栏、猪圈、厕所均建在楼外，总体设计较为科学。

二宜楼

外环、内环、各单元隔墙均直接承重。墙体下部块石垒砌，上部生土夯筑。门、窗等部位增加木排，具有较强的抗震性能。外墙开 3 门，大门朝西偏北 30°，门额书写“二宜楼”，另有南侧门、北侧门以供进出。各门洞皆为花岗岩条石密缝垒砌；四层起开窗，共开 51 个。外环土墙外皮无抹灰，内皮大部分用稻草白灰砂浆找平后再加抹白灰，单元隔墙皮局部以灰层作色勾画砖纹或什锦纹。外环台明宽 1.4 米，以砾石铺墁；内环台明宽 1.35 米，以花岗岩条石铺墁。大院地面为砾石铺设；小天井以花岗岩条石铺砌。各单元内部一层地面多为三合土，二、三、四层地面为木楼板，隐通廊为砂灰浆找平地面。外环二、三层阳台少数单元以楼板作面，多为红砖铺墁。各单元三层腰檐上方以粗砂灰浆找平作四层阳台台面，少数为方砖铺墁。屋面为两坡顶式。梁架彩绘油饰，其中宗祠单元一层、四层梁架和部分单元外环四层、三层前廊梁架等有苏式山水、花鸟、人物故事彩绘。

（4）平和绳武楼

绳武楼为生土夯筑的土楼，属民居建筑，平面呈圆形，楼墙外皮直径43.8米，占地面积1506平方米（未包括墙外1.3米宽的台明部分），建筑

平和绳武楼

面积 1266 平方米。楼分内外双环，外环三层高 11.3 米，内环一层高 5 米。楼中大院直径 17.5 米，面积 240 平方米。楼为单元式与通廊式相结合的空间布局。全楼共分 14 个单元。正中两单元为公共设施（宗祠与大门通道），其余 12 单元 24 开间为住宅。住宅单元的外环用木构门，窗在中部横隔一道，形成门厅（前）和环天井走廊的平面布局，厨灶安于走廊靠墙一侧。外环一层的平面布局则为前餐厅、后卧室，左侧设梯道通二楼。二楼为卧室，朝大院一面设窗与窄小的假阳台。二楼于大门上方设有 3 个漏水泄沙的防御孔道。三楼为储室，朝大院一面设环楼通廊。

大院以河滩砾石铺墁，在近中心部位有一口水井，院内排水系统良好。二、三楼层朝向大院一侧墙面均为木结构，设门设窗，并在瓦脊上设假阳台，阳台置矮栏杆。二楼的窗、门、门额及栏杆均为各类花鸟木雕或由木条拼成的各种几何图案，很少雷同。二楼窗、门两侧并书对联，门额木雕之上有彩绘图案和题词。一楼厅堂部分也有各种木雕，有花鸟也有一些寓意丰富的画面，大部分描金。厅堂侧壁部分残存壁画。二楼檐下墙面也有保存较好的彩绘浮雕和壁画。三楼门窗的额部也为各种小型木雕。

绳武楼采用第一、二楼层单元式结构与第三楼层通廊式结构相结合的手法，这点有别于其他的土楼建筑。

（5）漳浦锦江楼

锦江楼为内高外低三圈内通廊式圆形土楼，清乾隆五十六年（1791 年）林升泽始建，嘉庆八年（1803 年）其妻李灿续建中圈，清中期后续建外圈。内圈平面直径 25 米，高 3 层，层高 3 米，门楼 4 层；中圈平面直径 42 米，高 2 层，门楼高 3 层，楼顶作内向单坡顶，外墙高于楼顶 0.7 米，沿墙边设有宽 0.7 米的人行道，供防守时行走；外圈平面直径 58 米，双向坡顶，均为平房。楼门西南向，前留宽 16 米的通道，铺设 3 层砖埕，埕前 50 米处为戏台，供祭祖祀神用。

锦江楼采用条石和三合土混合夯筑，墙体密度甚高，至今仅出现数处轻微裂缝。楼中木结构用材讲究，精细而不事雕琢。锦江楼在防御、打击外敌、防火、防盗、排水等方面的功能甚为完善。全楼内外 3 圈，外观呈

漳浦锦江楼

金字塔形，这种独特的建筑形式在闽西南土楼中是仅有的。

（6）新罗东洋楼

东洋楼又称苏邦东洋大宗祖楼、网形楼，为雁石镇苏邦村陈姓祠堂。该楼于明末清初为纪念开基一世祖陈宗友而筹建，清顺治八年（1651 年）建成。楼前曾竖有记载历史上家族子弟考取功名的旗杆数支，可惜毁于“文化大革命”期间。

据村民讲，1930 年六七月间，正是夏收季节，龙岩土匪刘烈波率 100 多人骚扰该村，村赤卫队 30 多人凭 10 多支步枪和鸟铳依楼拼死抵抗。相持阶段，土匪搬来稻草、木柴烧外厝大门，但火被门顶内侧上方水箱储存的水浇灭。恼羞成怒的土匪准备用手雷和火药轰开大门，又被角楼射出的枪弹所阻。经两天激战，土匪死 3 人、伤 10 多人，不得不狼狈离去。村赤卫队仅轻伤数人，保住了退到楼内的数百名村民和新收的 2 万多斤稻谷。现该楼外大门保留下来的局部火烧的痕迹和边墙上的弹孔，就是当年土楼保卫战的历史明证。

楼坐东朝西，厝包楼，生土夯筑内 3 层、外 2 层方形土楼，占地面积约 5000 平方米，分外厝和主楼两部分。主楼高 15.5 米，3 层，墙厚 1.75 米。大门朝西，高 2.6 米，宽 1.45 米，梓木外包铁皮。主楼天井长 18 米，

新罗东洋楼

宽 17.5 米，面积 315 平方米，用大小不一的鹅卵石铺底。楼内二、三层均设有木质通廊。西大门右侧设楼梯一部，可通至顶层。主楼顶部为抬梁式木构架，单檐歇山顶，屋面 4 个转角为双坡式。主楼每层有房 22 间，3 层共 66 间。天井设有水井一口。

外厝环主楼而建，2 层，高 9 米。外厝 4 个转角中，有 3 个角建有突出的、宽 1.5 米的防护角楼，每个角楼直角两边均设有枪眼，可向外放箭、铳。外厝外墙厚 0.9 米，四周环绕主楼，中间为宽 6.5 米的露天廊道。外厝每层有房间 48 间，两层共 96 间，设楼梯 8 部。一层主要关养牲畜和存放块状粮食如地瓜、芋子等，还设有碾米、踏碓和柴火间。二层为陈姓各分支后代住宅。外厝大门朝北，高 2.8 米，宽 1.6 米，厚 0.3 米。环外厝四周挖有宽 3 ～ 8 米不等、深 1.5 ～ 2 米不等的护厝（楼）水沟。

外厝大门厚重、坚固，是全楼唯一进出通道。大门有火烧痕迹，门和两边土墙上还留有许多弹孔。东洋楼由于地处雁石、万安、白沙 3 个乡镇交通要冲，300 多年来时常遭受山贼、盗匪和溃兵的袭击，但大楼从来没有被攻破，这得益于其坚固的大门和外墙，加上宽广的护楼水沟和从突出的角楼射出的箭、铳。

（7）田螺坑土楼群

土楼群由 1 座方形、3 座圆形和 1 座椭圆形共 5 座土楼组成，方形的步云楼居中，其他 4 座土楼环绕四周，依山势错落布局。

5 座土楼均为土木结构，坐东北朝西南，各设一个大门、一口水井，高 3 层，内通廊式，一层为厨房，二层多为谷仓，三层为卧室。

步云楼占地面积 1393 平方米，楼高 11.93 米，面宽 29 米，进深 29 米，每层 26 开间，3 层共 78 间，设对开 4 部楼梯。楼顶层有 4 个射击口，底墙厚 1.15 米。

和昌楼占地面积 1268 平方米，高 12.3 米，直径 33 米，每层 22 间，共 66 间，设 2 部楼梯。楼顶层有 4 个射击口，底墙厚 1.2 米，内院以鹅卵石铺地。

南靖田螺坑土楼群

振昌楼占地面积976平方米，高11.53米，直径33米，每层26间，共78间，设2部楼梯。底墙厚1.2米，内院以鹅卵石铺地。

瑞云楼占地面积1063平方米，高11.2米，直径35米，每层26间，共78间，设2部楼梯。底墙厚1.2米，内院以鹅卵石铺地。

文昌楼占地面积1288平方米，长径45.7米，短径34.5米，高11.8米，每层32间，共96间，设2部楼梯。楼外墙顶有3个瞭望台、4个射击口。底墙厚1.2米，内院以卵毛石铺地。

土楼属集体住宅，一般是十几到几十户人家共住一楼。土楼内部由大门、厅、楼梯、天井、走廊等部分构成。一座土楼一般只有一个大门出入，早开晚关。外周土墙通常厚 1 米余，门券、门框、门槛一般用坚实的石条砌成，两片大门板厚达十几厘米，加上又粗又长的门闩。大门进去是大门厅，这是出入通道和家族聚会休闲场所，楼里的人家都喜欢在这里吃饭、乘凉、聊天。穿过大门厅，就是宽广的天井。天井一般挖有一口水井，是全楼用水所系。天井和一楼不立柱的走廊相通，形成一体，非常开阔。

第六章　城堡御戎机

筑城难，守城更难。最为艰难的，却是如何做到以和为贵，使坚城无用武之地。这里面的关键，古人早有总结，那就是“人”与“仁”。

漳州地理位置特殊，防御形势极其复杂，社会财富却相对贫乏，能够供养的军队和兵源较少，正所谓“古也民自为兵，故兵出于赋；今也以兵卫民，故养兵之费亦出于赋。赋与兵实相表里”。要使有限的军事资源发挥最大作用，除了要做到大小城池、汛塘、堡楼之间的有效配合，最主要的还是要发挥军队与地方民众的积极性，做到“动必先机”“共襄兹举”。

一、守城以兵

漳州的城防形势，从初设兵制的唐代开始，就显得异常严峻。随着守备人员的增长和治安形势的变化，城池的建造渐成体系。根据城池营造的成长与变化，可以将漳州的城池发展分为前后相接的 3 个阶段。

1. 相视山原，开屯建堡

第一阶段，是漳州初建前后的开创期。官府力量初入蛮荒，缺少稳固的根据地，没有建造城池的社会条件，所以城池形式与营寨接近，建造方便、快捷，但是规模小，流动性强，只适用于军队的驻扎需要。

漳州之地远离教化，建州之前的形势从当时唐高宗皇帝颁布的《诏陈政镇故绥安县地》中可见一斑：

泉潮据闽广之交，岭南为“獠蛮”之薮。玉钤卫翊府左郎将归德将军陈政，刚果有为，谋犹克慎。其进尔朝议大夫，统岭南行军总管事，挂新铸印符，率府兵二千六百名，将士自副将许天正以下一百二十三员，从其号令，前往七闽百粤交界绥安县地方，相视山原，开屯建堡，靖寇患于炎荒，奠皇恩于绝域。筮辰佥吉，明发斯征。

府志谓：“总章以前，漳地未辟。建堡设屯，实首陈归德”。陈政、陈元光父子率领将士持续征战，以“建堡设屯”的方式稳步推进开发，各处堡寨“遂扼闽粤之吭，开千百世衣冠文物”。在寇患初歇、地方形势初定后，时任泉潮守戍、左玉钤卫翊府左郎将的开漳将军陈元光向唐朝廷上《请建州县表》，阐述了建立州县政权对于地方治理的重要性，文曰：

兹镇地极七闽，境连百粤，左衽居椎髻之半，可耕乃火田之余。原始要终，流移本出于二州；穷凶极暴，积弊遂逾于十稔。元恶既诛，余凶复起。法随出而奸随生，功愈劳而效愈寡。抚绥未易，子育诚难。窃惟兵革徒威于外，礼让乃格其心。揆兹陋俗，良由职方久废，学校不兴。所事者蒐狩为生，所习者暴横为尚。诛之则不可胜诛，徙之则难以屡徙。倘欲生全，几致刑措。其本则在创州县，其要则在兴庠序。盖伦理讲，则风俗自尔渐孚；治法彰，则民心自知感激。切以臣镇地曰安仁，诚为治教之邦；江临漳水，实乃建名之本。如蒙乞敕，定名号而复入职方，建治所而注颁官吏，治循往古之良规，诚为救时之急务。胡越百家，愈无罅隙；畿荒一德，更有何殊。

漳州于唐垂拱（685—688）初年成功立州，至垂拱四年六月，已任漳州刺史的陈元光上《谢准请表》，阐明了建州之初的积极成效，曰：

伏以社稷初开，首有官僚之建；皇天眷命，重兹楞栎之材。山川顿改，人物更生。窃念臣州背山面海，旧为蛇豕之区；椎髻卉裳，尽是妖氛之党。治理诚难，抚绥未易。恭惟陛下威振百灵，气消六沴。自东自西，不违于指顾；我疆我理，咸得其区分。民心有系，土俗转淳，觉昨非而今是，必旧去而新更。……继当恪守诏条，征庸俊乂；平均徭赋，示以义方。持清净以临民，重修前志；守无私以奉国，再砺于衷。展驽骀之力，申鹰犬之劳。庶荒陬蛮獠，尽沐皇风；率土生灵，备闻斯庆。

2. 州为重镇，军府独置

第二阶段，为建州之后的唐至宋元时期。

陈元光建置漳州之后，在继续扫除“凶丑”的同时，又为之立郡县、置社稷，“奏立行台于四境”，对漳州各地实施有效管辖。行台即官署，其一在游仙乡松洲堡（今浦南），上游可达苦草镇（今龙岩）；其二在安仁乡南诏堡（今诏安），下游可至潮州之揭阳；其三在长乐里佛昙桥，直抵沙澳里太姆山（今龙海港尾）；其四在新安里芦溪堡，上游直达太平镇（今龙岩永定）。行台所在虽然僻远，但皆有道路可通州治，“时时巡守。自此以后，东距泉、建，西逾潮、广，南接岛屿，北抵虔、抚，数千里中，桴鼓不惊，号称平治”。

唐末五代，漳州归属闽国。南唐灭亡闽国后的次年，泉州散员指挥使留从效废刺史王继勋，割据泉、漳两州。之后，漳州历经董思安、张汉思后，由陈洪进自领州事。太平兴国三年（978 年），陈洪进向宋廷投诚，上《纳地表》称：

臣所领两郡，僻在一隅。自浙右未归，金陵偏霸，臣以崎岖千里之地，疲散万余之兵，望云就日以维勤，畏首畏尾之不暇。遂从间道，远贡赤诚，……臣不胜大愿，愿以所管漳、泉两郡，献于有司。使区区负海之邦，遂为内地；蚩蚩生齿之类，得见太平。

宋设福建路钤司官，钤司一员，总制一路八州军马，开府于漳。在城者有东厢兵马都监、南厢兵马都监、北厢兵马监押。都监则提举兵马公事，监押则兼在城巡检，各营有指挥，各寨有巡检诸军。

宋制，漳有威果、广节、保节、左翼等军，又有诸寨巡检以及土军、刺配、北城、牢城等军。而宋初福建三军，保节、崇节之外，有水军置在漳、泉，崇节则福、兴、泉、漳皆有之。钤司统辖八州，独置军府于漳，则漳固重镇矣。有设在龙岩地者，曰虎岭寨军、南岭寨军、大池寨军。

元初，以兵增戍诸路。有总管万户翼万户府、千户长等官，分统各路兵马。又有巡军、弓手等军，并隶巡检司，因宋制而增损之。劲卒强弩，闻于四邻。大抵漳之为地，山海丛杂，上下闽广数千里之襟喉，故历代戎兵必饬。

3. 居重驭轻，水陆联营

第三阶段，是明清时期。

漳州民风彪悍，所以无论官兵，皆勇猛有加。志书称之曰：负山者，绝蹬悬崖如履平地；傍海者，回风巨浪若涉安流。武健相尚，习俗固然，文柔者十之三四耳。明朝蔡陂之战，贼仓促蜂起，戚继光立斩退缩者三人，遂以破敌。浮宫之战，刘香楼橹巍若雉堞，骁卒林行先登斩其魁，袁德继之，贼遂大溃。清朝古县之战，固山金砺乘烟冲突。溪西之战，总督姚启圣父子合满汉兵迸力。澎湖之战，蓝理、曾成等以七船冲锋先入，诸军不继，几致失陷。既乃申明军法，将军施琅与六镇总兵驾舰当先，以数船攻烧一船，死伤狼藉，各船无敢后者。此皆漳之已事。当其时，大将自择其偏裨，偏裨自择其目卒，挑选既精，训练有素，故勇怯皆应，所向以克，简将卒之明效大验也。夫挑选当择其所始，迩有选顶，补于余丁，法为差善。要于人无巨细，必少壮而强干，骑则先试之以马，步则先试之以趋，水则先试之以洋面之风浪。责千把总教其技勇，坐作分合进退，日习而月课之。则又责主将每年霜降及暇日，数举大操，亲第其技勇之高下，定马步战兵之差等，以示其赏罚，拔其尤者为材官百队，水军法亦如之。若此而不自为磨砺者，未之有也。

各省官兵自陕西而外，莫多于福建，合水陆马步战守计六万三千一百四十有奇。而漳属一州自额设以及提标金门水师，贴防计一万六百二十有奇，不为不多矣，乃山海之盗未能尽绝者。其故，有在漳属游手赌荡，学习拳棒久，多为窃主者，追捕公然剸其刃于腹耳，杖枷三木视同儿戏，他日穴于山而啸于海者，皆若辈也。定为三犯必死之条，虽不畏刑，犹知畏死乎？漳属自龙溪、漳浦、海澄以外，各县多有深山邃谷、人迹不到之处。宵小倚以为奸，出剿则奔窜无踪，归汛则行劫如故，势穷就抚，释弗就诛，宁复有所顾忌耶？得其巨魁置之重典，则贼不得以招抚为尝试矣。而海贼每多于陆者，何也？陆路官兵棋布，山虽险，踪迹易寻。贼艘星散外洋，觇舟师之分合以为动静，南风行劫，北风散归，为民为盗，变化于俄顷，所以屡勤剿抚而游魂未断也。

有明一朝，海氛未靖，于滨海要处盛设官兵。明初置卫所，以开国靖难后裔为指挥千百户。漳有漳州、镇海二卫所，铜山、陆鳌、悬钟三守御所，更置铜山、浯屿、悬钟三水寨。厥后析漳平、平和、诏安、海澄、宁洋设南路参将，置土兵、浙兵诸营。设南澳副总兵，置澎湖、南澳、海澄各游。又各属有巡检、弓兵，有机兵，卫所、水寨、巡检司城，设险以守其国。征操、屯旗、屯粮各寨沿海等军，犹古者寓兵于农之意也。

南路参将始于嘉靖三十八年（1559 年）。福建地方分为三路，各设参将，兼辖水陆。漳州为南路参将，辖漳州、镇海二卫所军，浯屿、铜山二寨及各营陆兵。漳州浙兵为前部中营，铜山浙兵为前部左营，陆鳌土兵为前部右营，营各设把总一员。建参将署于郡城之西偏，遇汛期则驻悬钟调度防御。后因南澳设副总兵而移驻铜山。万历二十年（1592 年），复移驻中左所，即今厦门。南路参将兼辖泉州、永宁二卫，浯铜、澎湖二游，崇武、福泉、高浦各所，自祥芝以至大城，皆为汛地。

漳州浙兵营。万历十一年（1583 年），吴双引谋乱，朝廷特设浙兵一营，驻扎府城西教场，名色把总一员统之。后以浦头镇一带河道不时发生盗匪作乱，乃设哨船二只，轮兵巡缉。平时则府城内外以至镇海、井尾等沿海，万松岭岩亭孔道，皆其哨守。有事则专听调度征剿。裁减至万历四十一年，尚存官兵五百七十五名。

铜山浙兵营。万历九年（1581 年），沿海多警，特设浙兵一营，驻扎所城外，名色把总一员统之。平时则自铜山以至悬钟、诏安等处沿海，油柑岭、凤山孔道，皆其哨守；有事则专听调度征剿。裁减至万历四十一年，尚存官兵四百五十名。

陆鳌土兵营。隆庆六年（1572年），诏安盗起，朝廷特选贫民充伍，名色把总一员统之。初守铜山，续与浙营对调，驻扎陆鳌城外。平时则北抵莆头，南至古雷等处沿海，内地云霄堡，皆其哨守；有事则哨探向道，相机征剿。裁减至万历四十一年（1613年），尚存官兵四百五十名。

海澄营，在县城东。旧为机兵营，建邑初，额设兵五百名。万历间，只存四百名。分为四哨，三哨在陆，一哨在水，以卫所官一员教练。万历四十年，改四为三，水兵仍用土著，陆则易以浙兵，名色把总一名统之。浙兵久多侵暴，澄人苦焉。后以海寇猖獗，增置圭屿腰城诸要害，益募土兵分守，额数随时增减不一。

至清康熙中期，台湾收复，诸岛悉平，乃酌定营制，立镇郡城，置营各县，居重驭轻，势如臂指。宿八旗重兵于京师，设提镇、协营、绿旗官兵于各省。以提督总兵官统辖全省，以各镇总兵官统辖各协营，而各协副将亦自辖其所属之营。营有参将，有游击，有都司，有守备，有千总、把总。凡一游或一参将、一都司、一守、二千、四把，约马步战守千人，而合为一营。以福建为东南要地，水陆官兵倍于他省；以漳州为沿海要地，倍于他州。兵制之善，从古未有，防至密矣。康熙四十三年（1704年），添设浦、诏两县游巡。既添设游巡，复设瞭望。水师重在巡哨，顾望风涛；至瞭望，乃凭高觇贼之往来，以便追捕。

二、卫城以险

漳州之地，山海相连。州城之西，大山连绵，崖谷相连，或数十百里，仅以二千总驻防，兵单而汛广。狐鼠乘间伺其隙，无所弹制而窃发，所谓重在此而忽在彼者也。州城以东，海岸漫长，虽添设沿海游巡瞭望，各县陆路亦添设防兵，犹且挂一漏万。山海之间，宜更复其城，量拨防兵，各城之间远近联络。当此太平无事，似不足重轻，然皆水陆险要，则有备无患，未为无见也。

漳浦人蓝鼎元在《论海洋弭捕盗贼书》中，对当时的治安形势难言乐观，分析称："国家东南环海，万里汪洋，舟楫利涉，为民生之大利。其间，宵匪潜伏，出没行劫，亦为方隅之隐忧。……自潮州沿海而下，千有余里，半以攘夺为生涯，水务习熟，往来如飞，而广、惠、肇、高，深山聚处之民，往往集众操戈，载大橐以出，剽掠富商大贾。地方官不敢过问，或家人徜役为其所擒，黥面馘耳，亦佯为不知而姑息焉。彼此相蒙，幸免盗案参罚，将来流毒，不知其何所届。"

1. 依近据险，度地为城

夫据险要，管将卒，此水与陆之所同也。顾险要，有一定不可易者，有忽重在此忽重在彼者。如海寇窥漳，东必先于海澄，南必先于南澳、铜山。海澄、南澳、铜山固，寇在水者不足虑矣。山寇窥漳，西必先于平和，南必先于云霄，北必先于漳平。平和、云霄、漳平固，寇之在山者不足虑矣。此一定不可易者也。若江东之险，元将张石古违罗良节度，漳遂以破。而明施邦曜筑关于万松，据内险而增其保障也。镇门二山横亘，一水中流，明陈天定、施邦曜筑城以为内固。顺治（1644—1661）间，移城于三叉河、石码，置北港防汛于玉洲，据外险而收其全势也。浯屿外控大小担屿之险，内绝海门、月港之奸。嘉靖（1522—1566）初迁入厦门，前人以为自失其险，然弹丸黑子，屯聚无多。后驻水师提督于厦门，以障全闽之海口，人民、商贾、番船辏集，等诸郡县。而别驻千总于浯屿，盖据内外险而兼收其形势也。

除据险设城外，还要兼顾就近的原则。具体的案例，主要有南靖县，如《请移远县地界改属近县疏》中所称：

> 惟设官分职，布列州县，所以理赋役、平词讼、美教化、厚风俗也。然离县治大远之地，往往有难治之患，莫如改归近县，最有益于吏治民生。福建漳州一府，属有十县，而漳浦、南靖、平和三县相为比邻。南靖地方有地名车田者，户口千余家，去县治地百有数十里，又多山林险阻。富者恃远而抗粮，催纳多不遵畏；贫者恃远而以宰牛窃盗为事。强弱相凌，即赴县伸理，而差役登门，多抗而不出，偶有

争竞，则聚众格斗。此皆离县太远之故也。又平和县地方有地名五寨者，户口亦千余家，去县治一百九十里，多崇山峻岭，风土民俗刁顽不一，与南靖之车田无异，此亦离县太远之故也。而漳浦县治去车田止有十余里，去五寨止有四十里，凡车田、五寨之人商旅往来，俱从漳浦贸易，而南靖、平和实为罕至，故官司难得而治，积习相仍以至于此。臣漳浦人也，与此两地相去不远，知之最详，伏乞皇上敕令督抚委员，准将南靖之车田二十四保、平和之五寨一方，俱改归漳浦县管辖。地近则催科得以照期追比，宰牛窃盗格斗者得以官法究治，负冤者得以乘时赴诉，吏治无鞭长不及之患，而民享安居无事之乐矣。

此外，涉及镇海卫与海澄驻兵，有《请移水汛以重海防疏》一文以申之：

福建漳浦县有镇海地方，离治百余里，厦门往广东及通外洋各港，上下往来船只悉于此地停泊，最为紧要重地。明洪武二十一年，筑卫城，辖陆鳌、铜山、悬钟三所。至顺治十八年迁界，卫城仅设水师把总一员。至康熙六十年，台湾朱一贵窃发，督臣觉罗满保添设海澄营陆路千总，带兵协防。今承平日久，海波不扬，然未雨绸缪，此地终非微员所能弹压。伏查石码一营，系龙溪县地方，离漳州府城仅三十里。漳州有总兵驻扎，石码外十里有海澄营游击驻扎，其间下浒、福河等处又有千总汛防，棋布罗列。且属内地小艇往来之所，并非边海洋船经过之处，乃设水师左营游击驻扎，殊非要紧。况石码系陆路地方，请将水师左营游击移驻镇海，而以漳州右营守备移汛石码。一转移间，而边海重地固于苞桑矣。

另有《圭屿建城设兵记》，也说明了就近设城驻兵的重要性：

善治国者，譬之自营其家门。彼堂室俨然，而回廊曲巷，密牖重扉，以固其内藩，犹必长垣四围。因而树篱插棘焉，以保门户，严扃钥，而备御时不乏人，然后外藩永固，此家政也。郡邑之间，城郭宫室，内外相守，联亘不绝，顾必遥烟深屿，照管不到之处，而时为警防所为措国于不崩。《易》称“地险山川丘陵，而王公设险以守其国”，谓此志也。漳在岐海最南，其南下与涨海相接，盖梈闽而控越，盗贼出没，在处有之。高皇帝时，遣江夏侯阅师海外，筑城备倭，于是吾漳诸要害地，崇墉棋布，健儿枕戈而待敌。绝流横波，不特郡邑之雉堞，岿然丽谯也。独圭屿在海门，去澄邑仅衣带水。前守用形家言，亦尝筑城其上。后有大力者负之而趋，波臣怒号，小丑乘之得计。澄虽旧有客兵，然虑不越窔奥，安能贾勇飞渡，作水中龙哉？夫时平而小丑窃发，亦一二贾舶渔艇之是虞，万一海外云扰，大盗见窥，而海门一片阒其无人，祸乃有不可知者。居恒恃浯铜游兵为讥察。然浯铜，泉属也。漳自有其门户，而使邻封代居守，不大左计耶？岁在丁丑，邻部闻警，分守参知洪公衣袽屡戒，苦心借箸。于是有倡圭屿之是图者，谓宜建复旧城，以一旅守之，有金汤之安，而无山颓海立之虑，于策良便。公下其事于郡邑，署郡司李萧公、邑大夫傅公，故尝留心圭屿者。先是，士大夫于屿建浮屠、立精舍，所需不赀，两公捐锾甚奢，以供缔构。功未竣，而城守之议适于期会，遂力起赞决之，而合以成其壮图。于是乃量事期，计徒庸，分财用，具糇粮，访基址。鸠工于丁巳四月，而告成于戊午二月。城广二百余丈，高丈有五尺，计费二千有奇。置兵二百三十人，材官二人统之。设营其内，水澝波心，旗鼓隐隐起矣。

2. 里道适均，连亘不绝

城池之建，目的是保一方官宦与百姓之安宁。但城池面积有限，变乱之时，可以收纳的人员并不多；一城之兵力有限，其可以前出保障的范围一般不超百里。因此，一县之境，以周边不超百里为宜。

城池的建筑除了防御，更重要的是要教化一方百姓，所以城池内外都会建造众多的文教与民生设施，其目的是维持辖区内的社会秩序。以平和县的新增为例，时任都御史的王守仁上有《添设平和县治疏》，称：

河头地方，北与芦溪流恩山冈接境，西北与漳平象湖山接境，而平和等乡又与广东饶平县大伞、箭灌等乡接境。皆系穷险贼巢，两省民居相距所属县治各有五日之程，名虽分设都图，实则不闻政教，往往相诱出劫，一呼数千，所过荼毒，有不忍言。正德二年，虽蒙统兵剿捕，不过数月，遗党复兴。今蒙调兵剿抚，虽少宁息，诚恐漏网之徒复踵前弊。呈乞添设县治以控制贼窠，建立学校以移风易俗，庶得久安长治……蒙漳南道督同本职与南靖县知县施祥，带领耆民曾敦立等并山人洪钦顺，亲诣河头地方，踏得大洋陂，背山面水，地势宽平，周围量度可六百余丈。西接广东饶平，北联三团芦溪，堪以建设县治。今将南靖县新安、清宁等里，漳浦县二、三等都，分割管摄，随地粮差。芦溪枋头坂地势颇雄，宜立巡检司，以为防御。就将小溪巡检司移建，仍量加编弓兵，点选乡夫协同巡逻，遇有盗贼，随即扑捕。再三审据通都民人合词，执称南靖地方极临边境，盗贼易生，上策莫如设县。况今奏凯之后，军饷钱粮尚有余剩，各人亦愿凿山采石，挑土筑城，砍伐木树，烧造砖瓦，数月之内工可告成。为照南靖县，相离芦溪等处委的窎远，难以提防管束，今欲于河头添设县治，枋头坂移设巡司，外足以控制饶平邻境，内足以压服芦溪诸巢，且民皆乐从，不烦官府督责，诚亦一劳永逸事颇相应。

诏安县人许仲远在《奏设诏安县治疏》中，也有类似的表达：

臣等窃思地方之计，保障为先；缉盗之策，郡邑为切。语云："马不敢肆足者，衔辔束之也；民不敢肆情者，法令束之也。"百里为邑，古之制也，安有旷绝二三百里无郡邑而居者？俗不为顽为恶，不弱肉而强食者，无是理也。重熙累洽之世，在在均沾圣化，宁忍置一方生灵于法制之外，而不曲为之处乎？臣等岂不知劳民伤财，但南诏地方城池完固，衙门鼎新，所少者惟县与学耳。工费不过二千金，见今贮库淫祠银约有三千两，动支绰有余。内岂不知官多民扰，但漳州府通判三员，漳浦县丞二员，截彼就此，员不加增。又岂不知新设县学，便有廪膳斋门库子等差，胆敢盈于市利，横索于包赔，吮血于豪猾，空杼于盗贼，彼此较量，所获不啻十百。如果地方形势攸宜，民情允协，比照递年分析平和、大埔、惠来、三山、峡水等县事例，将漳浦二、三、四、五都分裁设县治，以便里道适均，徭差便利。庶官近民则法令无扞格之虞，民知礼则闾阎有于变之俗，不特今日为弭盗之策，实万世长治久安之图也。

三、固城以仁

漳州各处城池以靠山临水为共性，城池形状则以不规则的椭圆形为主，形如网袋状的为多，也有人称之为荷包之形。坚固的城池，给了乱世之人以创业的信心，也由此生出求学、求财的愿景，并趋善向好，共同发力守护一方家园。

1. 唯地有险，成之在人

建造城邑的目的，是守土护民，所以需高墙深濠，所用不菲。有《长泰县朱侯筑城记》一文，记述了明正德（1506—1521）年间长泰县城的营造过程：

> 长泰置县，始自南唐，历宋迄元，厥城惟土。入国朝，洪武初乃砌以石，工费浩繁，其所成者无几，而缺者尚多焉。成化以来，屡举而修之，官代弊滋，徒为劳费，而城之废弛日益甚。正德十三年冬，朱侯下车，兴利除害，崇本抑末。凡政可以久安厥民者，无所不用其诚。一日阅城，睇遗址而叹曰：“城所以捍外卫内，城之不城，令之责也。但邑小民寡，其财与力莫能办尔，吾知所以处之矣。”适诸当道稔知侯之有为，悉以城事属之，而民以此注望。侯亦以此自任，乃躬亲营度，定其规模，相其高下，因其旧而加之以新。凡厉锻之材，畚锸之具，工匠徒役之备，总计其费金至三千五百有奇。于是治城之旧牍，得蠹匠侵渔与奸民逋负者，考刑书得赎锾者，鬻官地寺田得输直者，约其数可当十九。不足者，以败桥废寺石充之。谋既定，用既足，兴工于十五年九月癸酉。籍民之可任者，得百五十有六家，仍较其粮之多寡以为给银等差，而修城之丈尺偕之。程限有期，劝惩有方，众大欢悦，相先以赴。越十二月壬寅而功告成。

位于九龙江入海口位置的海澄县城之营建，则更是如此。如侍郎吕旻在《新建海澄县城碑记》中的记录：

海澄，旧月港也，为龙溪八都、九都之境，一水中堑，回环如偃月，万室攒罗，列队百重，自昔号为巨镇。顾其地滨海，潮汐吐纳，彝艘鳞集。游业奇民，捐生竞利，灭没风涛，少抵牾，辄按剑相视，剽悍成俗，莫可禁遏。当道者忧之。嘉靖戊申，中丞秋厓朱公循百姓之请，疏立邑于兹土，格持议者弗果。亡何，岛彝入寇，奸彝煽殃，相率叩关。复以立邑请，诏下其议。前守麓阳唐公缕陈其便，力恳于两台。中丞南明汪公，侍御又池王公以闻，既报可，海澄乃得自为县，时嘉靖丙寅岁也。先是，八都、九都各有堡以自卫，而八都扼海口，当贼之冲。唐公于是即八都之堡置县治，而建学宫于九都。当其时，海氛四塞，戎事方殷，取粗办目前而已，因陋袭敝，民犹惴惴若集木。然有识者屡欲城之，竟以兵燹之后民力未充，弗遑也。隆庆庚午，南泉罗公来守我漳，按图省方，每恻然念曰："县澄所以捍漳也。乃弗城，奚以县？为未雨绸缪，今其时矣，顾谁与我共此者乎？"既而澄尹临海王君以城请，公喜曰："是足副吾志矣！"即命驾往临，周视原野，相度险夷，遂戒工于八都，撤故堡，甃石焉。虑材鸠庸，赋仗任力，酌阖邑丁粮以均其役，取诸邮羡钱以充其费。版筑斯兴，畀辇咸集。经始于壬申之春，抵秋而成。

海澄立县之初，因形势所迫，将周边旧堡围合而成新城，形成独特的"一城三堡"格局。其营城过程之艰辛，见于吏部郎中傅夏器的《王公城碑记》一文：

漳之南，山麓所延，水势所趋，至龙溪县之八都、九都而会海。其地之形，水萦之如月然，故为月港，人烟辐辏，商贾咸聚。顾其地滨海际无涯，风涛出没无常，识者忧之。嘉靖戊申，抚台朱公纨疏请立邑，弗果。未数年，果潮贼入寇，倭夷继扰，奸民亦不靖，地遂丘墟。嘉靖四十四年，百姓复相率以立邑请，诏下其议。前守唐公九德力陈其便于两台，汪公道昆、王公宗载以闻。既报下，乃得分龙溪、漳浦之地，自为县，曰海澄。是时百事草创，即八都旧堡置县治，而建学宫于九都。土壤为垣，卑陋殊甚。职于地者，虽知其当城，竟以兵燹之后未遑。隆庆五年，临海王公以乡进士来尹兹邑，按图省方，慨然曰："惟地有险，成之在人。"于是撤故堡而代以石，赋丈以任力，计财以鸠工，均以阖邑之丁粮，充以八县之邮羡，昼作暮程，细巨必亲。经始于辛未冬十一月，告成于壬申八月……以此地论之，城郭之未立而寇贼之昌炽也。大海跨以为鼎，毒焰积以为薪，聚万物于鼎沸之中。父不得有其子，兄不得有其弟，夫不得有其妻，天伦天叙之常溃然泯乱。及夫城郭之立，而守御之备，父子兄弟夫妻得相亲相保，以相秩之而为礼，宜之而为义，濡之如甘露，洒之如清风。以城郭之未立如彼，已立如此，则城郭固不关于礼义之大欤！

因海澄之学宫独处一地，故亦有《邑侯刘公砌筑学城记略》一文以述之：

邑侯刘公莅澄久之，念澄故三堡，邑居其一，港口与学宫如右拒与前茅。港口堡杂踏，倚人四围，尚无恙也，葺而饰之足矣。九都堡为圣人之居，易土以石，与邑治等，则掎角之势成，缓急可以互援。于是以孝廉廷荐李君，与余弟起龙督其役。城崇一丈七尺余，周三百三十余丈。工肇于天启癸亥之秋，竣于甲子春之暮，费二千三百余缗，均士民所乐助。明府刘公实先捐俸百缗以为之倡云。余尝阅唐史，马燧刺陇州，聚石种树于西山上之通道，设二门，为谯橹，虏不能暴。张守珪刺瓜州，完故城版筑方止，虏奄至，置酒城上，会诸将作乐，虏为引去。二事千古美谈，然未有寓折冲于樽俎，壮干城于带砺，如今日之我侯者也。其以砥柱中朝，锁钥北门，讵有量哉！

2. 体用一原，政教既敷

城池建成之后，必重水利，方能持久。漳州郡守王仲谦著有《重修官港记》，说明城池与水利工程的密切关系，曰：

水利，必人力而后兴，有兴一世之利者，有兴一方之功者。泽民之功有大小，惠则一而已。予以洪武甲戌，由胄监出守于漳。时陈生子确执吏役于府曹，一日率乡人杨敬和等，诣庭下言状曰：“漳之龙溪县二十九、三十都，大海环其东南，群山围于西北，地形硗确凸凹，非高平广陆。北高燥者每病于旱干，卑洼者常虞于咸卤。虽厚稔之岁，得失恒相半焉。昔宋淳熙二年，有里人进士丁知几者，尝簿潮邑。于本乡欲兴水利，以惠一方。乃率乡人陈大柔等，赴福建提举司陈水利状。韪之，下其事于郡邑。募民自二十八都文甲保，下至二十九都石美保，开地为港一，道阔为尺一十有八，深为尺一十有六，以通柳营江淡水。凡若干里，于内堰石为陡门二，所以防旱潦。又为小石桥十余，横卧港上，以通往来。每于农隙之时，官为督修，故号曰官港。刻石立碑为记。二都之田无高下远迩，咸赖其灌溉。于今二百三十九年矣！越历岁久，壅塞殆半，耕者病之，必借于官，庶修之功易集。”予慨然曰：“兴水利以便民事，予职之先务也，奚容以烦剧辞？”乃榜其民为修治之举，仍令子确董其役。民乐于趋事赴功，期月而知几之旧址视昔如新，其桥为倍广，耕者利、行者便焉。

同样，漳州城池自建成之后，对城内外河道、濠沟有着多次的疏浚与维修。如蒋允焄在《重浚漳州郡城濠沟碑记》中的记载：

漳州自唐兴元初，刺史柳公少安奏移治所于龙溪，其形势负山襟水，蔚为八闽名郡。然山体奠定，而水之支流附近城郭者，或疏或壅，随时而异。形家言以为物力之消长，人文之盛衰，皆视诸此。城中故有濠，始于西北，而中分之为东为西，创自宋咸平、祥符及绍兴间，置闸门三，历元明，代有经理。我朝海氛平靖，一浚于巡道朱公鸿绪，再浚于郡守张公廷球，而收厥功者，郡守金公讳溶，余座师也。乾隆庚辰，余自福州移守，按郡邑志，读及碑记，未尝不叹公之尽心水利，为国筹久远者，功甚巨也。越辛卯，余自台移节，再至清漳，则见濠间故道填塞，积土至高踰两岸，郡之气脉为壅阻。因忆余师记中有云：“俾后者保障勿替。”噫，是果谁之责耶？明年仲冬，岁大稔，余同郡守李君维钰、龙溪令崔君绎商其事，捐俸以倡，邦人踊跃。爰按故迹，分两闸趣工。董东濠者为乡绅郑蒲、郭履楷，举人詹恒、王廷珪、李云汉、郑芳圃诸人。董西濠者为乡绅刘希周，举人郭于青、林挥、吴暻、郑绍徽诸人。两濠既竟，并浚近北之中濠，迨癸巳夏五工竣，费白金五千五百两有奇。于是潮汐相通，悉从故道，积污毕消，清流可鉴，两濠之水出闸口，皆得汇入南溪矣。城外之濠左，自城东北，环东门至南城门，会东闸口之水，入于城中之东南。濠右自城西北，环西门至南城门，会西闸口之水，入于城中之西南濠。舟楫往来，利莫大焉。迩者民安物阜，比户恬熙，大比宾兴，人文蔚起，佥以为此皆浚濠之明效大验也。

此外，还有郡守沈定均的《重浚漳州府城濠沟碑记》：

今就漳郡之形势论，地濒山海，无江湖支流贯阛阓而通往来。所取于水者，盥濯汲饮外，流秽恶为亟，以水系沟，遂以沟系濠云尔。东濠西沟，宋设二闸，历元明无大变更。我朝乾隆七年、嘉庆九年，尝一再疏浚，丰碑具存，厥有成绩。同治甲子……市廛灰炉，濠之集污，视乾隆水患尤甚，潢潦泛则沮洳，炎敲蒸则蕴郁，邦人患之。甲戌冬，余摄郡篆。越岁举善后事，闲进绅耆，询斯濠本末，因及重浚，众论翕然，旋鸠赀陆千玖百贰拾两有奇，请余揆工。既达大府报可……经始于乙亥秋九月，迄工于戊寅夏四月，凡纵横浚濠壹千肆百余丈，堤岸之圮者修，窊者补，水道之纡者径，绝者通。尝登芝山，规睥睨以周瞩，洋洋泮沼，道流学海。其余脉络疏分，涓滴输泻。虽无成渊之池，引通川，跨巨梁，容与乎舫楫，极一方宾旅利涉之盛，而淤滞毕宣，迤演澄澈，弭重膇之患，发人物之秀，期与吾民涵泳圣涯，涤瑕荡秽，而镜至清矣。虽然，公家之事俄举俄废，城市之沟非若田间之沟，人各私其产也。继自今，禁摧烧之沦入，严界道之侵占，惟在有司者勤其省察，庶无陊坏。

海澄县以河港而兴，其水利设施的完善对于城池的巩固更是不可一日或缺，故也有不少的事迹留于志书中。如刑部主事杨守仁的《重兴陈公开疏河记》，曰：

澄，新邑也。六、七、八都，筑海盐田六千四百石。先时河渠未通，旱潦胥病，民失西成之望。兵部主政陈公，轸念民瘼，经画地图，奏请捐俸募工，开疏河渠，上通虎渡，下达清平，引淡灌溉。都民赖之，国赋以供，公私称便。岁久圮颓，未及载浚。隆庆辛未冬，邑大夫王公莅任，陈公裔孙文德诣状，请即旧址，图其兴复。遂令伐石兴工，而河渠于是复故。工竣，属乡进士刘文征言于余。余时承钦命南来，闻斯义举，因叹士之建功立业，为德为民是已。而苟为一身一时之谋，不为斯民千百世之虑，其功不足多也。公海滨开先甲第，主兵部政，未遑他务，慨然以都民盐田失所为虑，又捐己俸，不费于官，不扰于民。民享稼穑之利，皆公力也。报德颂功，秉彝之良，又乌可已？陈公讳炯，字仲昭，洪武戊辰科进士。邑大夫王公讳谷，浙江临海举人。开创之劳与再造之勋，同为悠久。是为记。

3. 城依山水，钟灵毓秀

漳州的山水与城池的形势息息相关。清代郡守魏荔彤有述，称：“今漳之为郡，山高而水不深，形大而力不厚。风俗恐趋于浮靡，人心恐流于儇薄。学术事业恐华而鲜实，盛而未永，是不可不知。所以培之也，建阁竖塔，垒丘叠阜，培之使高。凿河浚隍，垣堤束闸，培之使深。”

关于塔之兴建与城池人文营造的关系，见于周起元的《圭屿建塔募缘疏》：

原夫鳌极植地，娲石补天，理甚超忽。维以川融山结，不无亏全，天巧未辟，人力乃施，其手扶身造亦有诸焉。吾漳玉钤开郡，岐海划区。元和以来，人文肇兴。紫阳而后，治教翔洽。亦既风华遒上，流峙炳灵矣。东临沧海，山川襟带之势，到彼而尽。惟圭屿一峰，屹当巽维。外盱波涛，则漭荡无垠；内瞻郡邑，则相错如绣。隆庆二守罗公拱宸，相是地形大关风气，筑城八面，以象八卦。虽陵谷变迁，而神理不灭，计所阙略者增高，及远插汉参云，盖有待也。今下城陶明府，博采刍荛，以屿当建塔，耸秀地灵，请于景源袁使君，主持宏议，特允所请，刻期经厝。以去岁某月诹吉鸠僝，因高就胜，骎骎乎有凌霄之势矣。闻且条诸当道，大阐福业，襄厥盛嬓，而吾漳善信劝施，未厪奔辏，亦何以佐下风焉。竺氏微理，难可殚述。闻之婆娑置塔，本自耶舍尊者，随佛放光，即成窣堵。故塔即福地，建即福缘。

圭屿建塔后，又更建佛阁及文昌祠等，各类事迹见于明张燮的文章：

水国烟深，涛门天尽。望冠山之回沫，有屿如圭；乘破浪之长风，连壶作岛。灵气之所支柱，夙建霞起之标；名胜于焉废兴，宜补石炼之色。有柱下史曰周仲先，簪笔触邪，则邦之司直；下车过里，乃乡之津梁。既龙种以来归，增蜃楼以永结。爰白当路，立主胜缘。泛截流之横波，中开砥柱。时凌霄之倒影，忽涌支提。境既现夫化城，事宜环乎香界。是用辟旃檀之宝地，宏泻法流；护璎珞之慈容，重辉慧炬。盖清凉之小叶，即控镇乎大荒。别有文昌之宫，浑帝车而登进；伣天之妹，奠川后以安流。是皆震亘之所乞灵，坤维之所受福。数楹并峙，百堵繁兴。行挟如来以渡江，俟揖群真而登峤。将使河光似幕，连慧日于扶桑；霓舞为裳，荫阆风于铁网。灵气倍爽，名胜常鲜。人文鹊起以缤纷，即是睢涣之绩水；贾舶鳞次而晏堵，何妨潮汐之天池。真水国之芳，因涛门之盛业也。

此外，还有云霄县的石矾塔之建等，也体现出人文建设对于地方城池兴盛的重要性。

云霄扶舆磅礴，名山环映，独缺东南一面。漳江自西林至佳洲，合南北港过石关，逶迤弥漫，由是入海。内有南北涂塞其口，外有南北岐束其腰，出两岐山，始潴而成巨浸。有小岛突起其中，巉岩秀削，适当其缺，高数丈如笋尖，其名曰“石矾”。后因巨寇系船曳倒，其塔震撼粉碎，云霄文物由是就衰。康熙（1662—1722）时，邑令陈公于岛石上，募建石塔以补其缺，“高不盈丈，低小不称”。乾隆四十三年至四十四年（1778—1779）间，少尹李公，相视地形，复与诸生议增其制，以经费维艰中止。倾颓缺陷，客过是间，辄流连叹息，盖越百余年于兹矣。而后塔之建成，建四门，玲珑洞彻。其正门颜曰“斯文永昌”，与将军山对峙，具天乙、太乙两峰，拱护胜概，以壮一邑之舆图。云之士庶，买舟往视者日以百计，又以余金砌石蛇尾渡头石磴十余丈，乌坵渡头津亭一椽，以利济者。此塔亦可称为云霄之巨观。

石矾塔为楼阁式空心塔，通体均用花岗岩条石砌成。塔平面呈八角形，塔基周长22.2米，为简易须弥式塔座。塔通高24.81米，高7层，逐层收分。一层塔壁厚2.19米，七层塔壁厚0.9米，逐层减薄。塔壁条石为一顺一丁砌法，每层分隔处以条石横铺叠涩出檐，八角各设飞檐。塔内以条石作螺旋梯，可通顶层，梯宽0.39～0.49米不等。塔刹为葫芦顶，塔顶屋面条石有浮雕覆莲纹。每层均开设拱门。第二层朝西的门额镶嵌青石横匾一方，长1.27米，宽0.54米，匾面镌“斯文永昌”，字径24厘米；右镌“嘉庆十九年八月谷旦”，字径4厘米；左镌“赐进士出身前内阁侍讲侍读特授云霄同知薛凝度书”，字径3厘米，下钤篆印二方。朝南门额刻“天乙”，朝北刻“太乙”。

邑人薛凝度在《新建云霄石矾塔碑记》中有论：“夫是议之兴也，百年废坠，创兴一朝，宜有难焉者矣！乃陈公募建而规模未称，李公议增而经费难筹，今则一倡议而绅士皆有同心，殷富乐输。所有雨风顾轨，朝夕安流，不数月而葳事，若有阴驱而默相之者。是何前此之难，而今日之易欤？岂石矾之兴废，固自有其时欤？”云霄之文运，“由衰将盛，灵秀之气，散而复钟，天将启之，而石矾不得不砥柱中流，为东南补其缺，有莫之为而为者欤？余虽不能文，而幸莅兹土，以观厥成，且深望乎云霄之人士，争自濯磨相与，文物声名，克复其始，以大副乎石矾之钟灵毓秀于是也”。云霄石矾塔之胜，皆因陈公、李公之倡议，绅士之同心，从而使之“钟灵毓秀”，以壮一邑之观瞻，成一邑之巨观。

云霄石矾塔

后 记

考古与文物保护工作的田野实践，使我可以放飞于乡间，穿梭在八闽大地的各个区县，得以拥抱自然、感受历史与人文，也一步一步地夯实对于古代福建的原始感知。回望30多年的工作经历与经验累积，漳州无疑是我专业知识和阅历成长过程中至为重要的一环。

漳州地处福建最南，在20世纪90年代仍属于省内交通较差区域之一，也是初涉田野的年轻人较为惮于前往的工作地。我的第一次漳州之旅，是在1992年冬至1993年春，两次随同栗建安老师去华安的东溪窑调查并采集整理标本。人生初次的窑址田野调查，就深入华安与南靖交界之处博平岭的莽莽群山。前后5天的山中行走，几乎不见调查队之外的其他人，住的是路边窝棚，吃的是一辆手扶拖拉机载着的米面瓜菜，饮的是山间清泉。白天沿着护林员踩出的林间小道四出调查，晚上回到窝棚数星星。现在回想起来，那份与大自然“同呼吸、共命运”的水乳交融仍历历在目。艰辛的野外调查留下难忘的记忆，其间的经历成为记忆深处的那份真实与感动，让我可以时时看到过去那个成长中的自己。

1998年10—12月，我在漳州参加了国家文物局的文物保护工程培训（南方）班。受益于国内顶尖专家的授业解惑以及与南方诸省从业精英的朝夕相处，在增智扩容的同时，完成了文保知识从书本学习到实践操作的重要蜕变。培训地漳州文庙处在历史街区，每日的行走给我们带来对这座千年古城的深深眷恋。早起的慵懒、日间的嘈杂和晚上的喧嚣组成古城古街的印象，朝霞夕辉透过街上的石牌坊和长长的骑楼映在各色商铺招牌上，也弥散在各种身影与大小吆喝声中，让人不由自主地沉浸在这座千年古城远去的时光里。

世纪之交的漳州文物保护实践，让我领略了漳州古城之美，也让我走进了华安、南靖、平和、漳浦的座座土楼。在完成了漳州新行街及沿街几处古建筑的测绘后，又对华安的二宜楼、南靖的怀远楼、平和的龙见楼等开启了探索之路。所接受的田野考古训练，让我习惯于长时间地蹲点、吃住在各类研究对象中，并由此接触到外人很难见到的陈年族谱、老旧账本与俗语传说。各种各样的建筑形象由此变得更加丰富而立体。难忘九龙江畔、漳水上下的大片田园，分布着如此之多的文化遗产，纵然我们日夜奔波，也难展现其万一。在关注地面文物保护的同时，因为自身工作的需要，我对漳州范围内的古代遗址进行了考古调查与发掘，其中主要有闽越遗存调查以及龙海许林头、漳州文庙等考古发掘项目。此外，在国家博物馆水下考古中心带领下，在东山、漳浦、龙海境内进行了多项水下考古工作。从地下到地面再到水下的漳州考古工作实践，让我接触到了漳州历史的方方面面，也让我可以将漳州从远古传说到近代建筑中的吉光片羽慢慢地具象化，渐渐地形成一份完整的认知。

得益于国家文物局的支持，我在 2015 年申请的“福建明清海防考古调查”项目获批，得以对福建沿海的各类海防遗址进行逐处调查。漳州地区的调查主要集中在 2017 年 11—12 月，范围覆盖海、陆防御体系，时间上尽量向前追溯，并借助于文献资料，对漳州的城防历史轨迹有了一个全面的梳理。从远古到近代，福建经历了与周边地区长时期的抗拒与整合，漳州作为东南福建的极南一隅，处山海之间、闽粤交界之所，无论是官方主持修建的城池、卫所，还是民间自发营筑的寨堡与土楼，无不功用明显，又与山势地形融为一体。漳州因其动荡而曲折的文明发展史，在不长的历史轨迹中，诞生了数量众多、形式多样的城防类建筑，也成就了东南福建城池发展史中的灿烂一页。

考古调查与发掘工作的完成，依赖于众多同行的心血付出。此书的完成，需要感谢诸多参与此次考古调查的工作人员。其中主要有漳州市的蔡少菁、王丰丰、张长水、李茹芳、阮永好，华安的林艺谋、张丽梅，平和的杨征、曾凤荣，南靖的简荣伟、王建能，诏安的陈浩、许焜武，东山的陈立群、徐凌，漳浦的林雪铭，云霄的汤毓贤，长泰的陈志明、陈阿忠、林海南，龙海的郑云等人。当然，还要感谢我们调查团队的陈玭、陈闻达、邓雨、张涛、林博，以及指导并全程参与考古发掘与勘探工作的林粪务、林聿亮两位老师。所接触到的地方领导或博物馆同行，都抽出时间，陪同我们下乡或是蹲工地，或是遍寻、记录并提供资料，使得本书的资料性与真实性有了充足的保障。

楼建龙

2022 年 12 月